Inhalt

1. Kapitel

Unternehmenskultur: Die Mode der 80er Jahre

Die Urväter Gottlieb Daimler und Karl Benz verlangten „Das Beste oder nichts“, und das gilt auch heute noch bei der Stuttgarter Daimler Benz AG. Selbst die modernsten Roboter arbeiten dem Mercedes-Hersteller nicht exakt genug. Wenn die Rohkarosserien zusammentreffen, werden deshalb die ersten sechs Schweißpunkte noch von Hand ausgeführt. Erst dann darf der Roboter schweißen. Ergebnis: Bei keinem anderen Auto der Welt sind die Türfugen so eng wie bei einem Mercedes. Nicht von ungefähr spricht man vom „Sindelfinger Geist“, wenn die Daimler-Arbeiter solange an den Türen schrauben, bis sie mit dem berühmten „Plopp“ ins Schloß fallen (1).

Dem Erfolgsgeheimnis so erfolgreicher Unternehmen wie Daimler Benz versuchen neuerdings amerikanische Managementexperten auf die Spur zu kommen. Die Ergebnisse dieser Suche, ein neuer Typ von Managementbüchern, werden den Buchhändlern geradezu aus den Händen gerissen. Zu den bekanntesten zählen „In Search of Excellence“ von Peters und Waterman, „Theory Z“ von Ouchi, „Corporate Cultures“ von Deal und Kennedy oder „The Art of Japanese Management“ von Pascale und Athos. Sie haben andere populäre Bestsellerthemen wie Jogging, chinesische Küche oder Sexualität weit hinter sich gelassen. Die scheinbar unersättliche Wißbegierde nach ökonomischen Erfolgsrezepten hält in den USA schon einige Jahre an. Die Auflagen gehen in die Millionen. Von dem Superseller „In Search of Excellence“ wurden allein in den USA bereits über vier Millionen Exemplare verkauft. Die 1983 erschienene deutsche Ausgabe „Auf der Suche nach Spitzenleistungen“ erreichte binnen Jahresfrist die 10. Auflage.

Natürlich ist das New-Wave-Management in den USA eine Reaktion auf den ungewöhnlichen Erfolg japanischer Konzerne auf amerikanischen Märkten. In jedem der Managementbestseller stehen die Menschen des Betriebes im Mittelpunkt – es geht um die Art des Motivierens, Kommunizierens, Inspirierens und Führens, die erfolgreiche Organisationen kennzeichnet.

In „Theory Z" bringt Ouchi seine Erkenntnisse aus vergleichenden Untersuchungen mit japanischen und amerikanischen Firmen auf einen einfachen Nenner: „Engagierte Mitarbeiter sind der Schlüssel für Produktivität." Nach Ouchi sind unabdingbare Voraussetzungen dafür vertrauens- und respektvolle persönliche Beziehungen, gleich welcher Ebene der Interaktionspartner entstammt. Pascale und Athos argumentieren in „The Art of Japanese Management", daß der innere Zusammenhalt aufgrund gemeinsam geteilter Werte „vermutlich die der Öffentlichkeit am wenigsten bekannte Geheimwaffe der ganz großen Unternehmen ist".

Nach Peters und Waterman ist es ein Merkmal exzellenter Unternehmen, daß sie ihre Mitarbeiter voll in die Firmenkultur integrieren können. Aufgabe der Unternehmensleitung sei es, „Wertvorstellungen zu prägen und sie durch Schulung und innerbetriebliche Festgottesdienste zu festigen und zu fördern – zusammen mit den Mitarbeitern und zum Wohl des Produktes, von dem man voll überzeugt ist" (2).

Peters und Waterman übernehmen das von der Beratungsfirma McKinsey entwickelte 7-S-Modell, das die Kernidee der neuen Managementlehre auf einen einfachen Nenner bringt. Das Modell faßt 7 Faktoren zusammen, die als Bedingungen für Unternehmenserfolg zu sehen sind. Im Zentrum befinden sich die übergeordneten Unternehmensziele, der Kern der unverwechselbaren Firmenkultur. Die Ziele prägen die anderen „harten" und „weichen" Faktoren und werden von ihnen geprägt. Die drei „harten" der sieben Faktoren sollen für das *amerikanische* Management typisch sein: Structure, Strategies, Systems. Die *Japaner* dagegen bauen mehr auf die drei weichen Faktoren Staffing, Skills, Style (3):

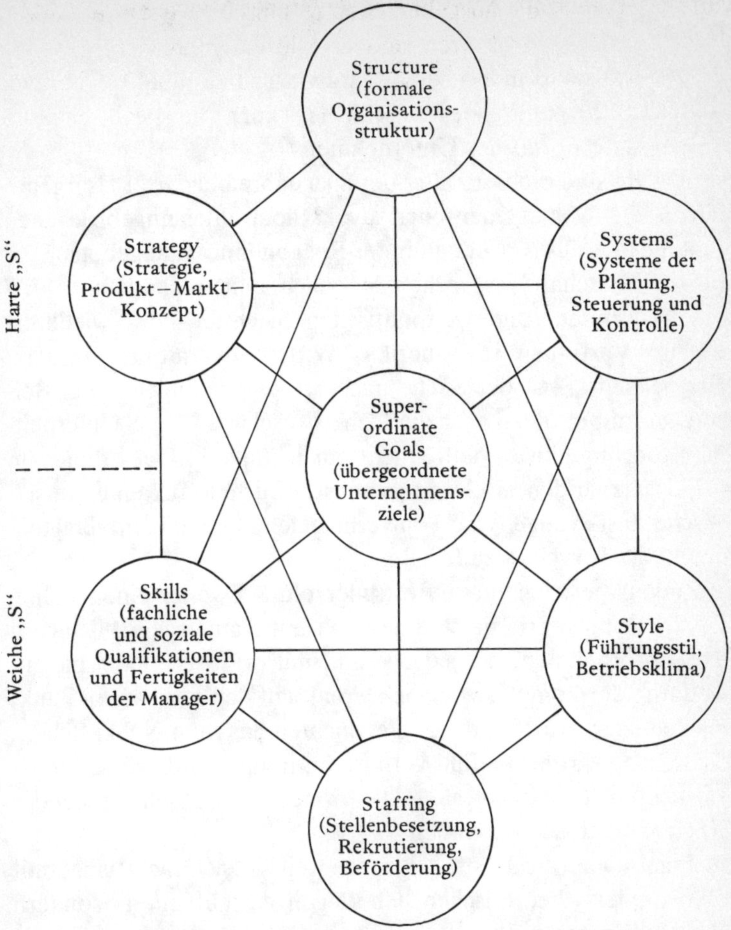

Die weichen Faktoren unterscheiden sich im wesentlichen von den harten dadurch, daß

- sie quantitativ nicht erfaßbar,
- technologisch nicht machbar und
- rational nicht restlos aufklärbar sind.

Die allzuoft vernachlässigten weichen Faktoren sind für die Kultur-Diagnose und Kultur-Gestaltung unverzichtbar – eine Erkenntnis, die auch dem Managementbestseller „Auf der Suche nach Spitzenleistungen“ zugrundeliegt: Nicht die rationalen Pläne und Strategien, die ausgeklügelten technischen Systeme und die differenzierten Strukturen sind es, die ein Unternehmen groß werden lassen, sondern das Unwägbare, Irrationale, Kreative, Spontane, Dynamische, Menschliche – kurz: die spezifische und ausgeprägte *Kultur* des Unternehmens.

Warum sind die Bestseller der 80er Jahre begehrter als irgendein anderes Managementbuch zuvor? Sie strahlen ungebrochenen Optimismus aus. Im Zeitalter der Reagonomics („angebotsorientierte Wirtschaft") sprechen sie nach einem Jahrzehnt wirtschafts-, innen- und weltpolitischen Siechtums das wiedererwachte Vertrauen in Amerikas Wirtschaftskraft an. In dem Erfolgsbuch „Auf der Suche nach Spitzenleistungen" zum Beispiel vernimmt der Leser die frohe Botschaft: „Gute Unternehmensführung gibt es heute nicht nur in Japan". Der oftmals im Gegensatz zu den farblosen wissenschaftlichen Texten enthusiastische, fast evangelische Ton vermag den Leser mitzureißen und ihn an die Botschaft zu fesseln.

Zudem besitzen diese Bestseller ohne Zweifel einen hohen Unterhaltungswert: sie sind gespickt mit Namen von Managern und Unternehmen, die jeder kennt, mit drastischen Beispielen, wodurch der komplexeste Sachverhalt auf den markanten Punkt hin reduziert wird, und mit Geschichten aus dem Nähkästchen, die dem Leser das Gefühl vermitteln, intensiven Einblick in die entrückten Schaltzentralen der Macht marktbeherrschender Unternehmen zu bekommen.

Beliebt sind die Bestseller auch, weil sie sich nicht lange mit weltfremden theoretischen Überlegungen aufhalten, sondern dem Bedürfnis von Praktikern entsprechend – nach einem kurzen Lippenbekenntnis zu dieser oder jener Theorie – sehr rasch zur Sache kommen: klare Regeln, unkomplizierte Führungshilfen, demonstrative Fallbeispiele sind bewährte Erfolgsrezepte. Peters und Waterman zum Beispiel geben acht einfache Regeln für wirtschaftlichen Erfolg an:

1. *Drang zur Tat.*
   Aufgaben werden rasch angepackt, nicht zu Tode analysiert; ständiges Experimentieren, auch auf die Gefahr hin, Fehler zu machen.

2. *Dicht am Kunden.*
Regelrechte Besessenheit, dem Kunden gute Qualität und guten Service zu liefern; permanenter Kontakt zum Kunden.
3. *Eigenständigkeit und Unternehmertum.*
Unabhängig von der Unternehmensgröße sorgen kleine Dimensionen der operativen Einheiten für Überschaubarkeit und unternehmerischen Einsatz; viel Entscheidungsfreiheit und Wettbewerb auf unteren Ebenen.
4. *Produktivität durch Menschen.*
Vertrauen in die Fähigkeiten der Mitarbeiter und ihre Beteiligung an der Verbesserung von Arbeitsabläufen und Produkten stärken den Einsatzwillen und machen aus durchschnittlichen Leuten gute Leute.
5. *Sichtbar gelebtes Wertsystem.*
Unternehmenswerte wie Qualität, Zuverlässigkeit, Kundenpflege durchdringen massiv alle Aktivitäten, bestimmen die Unternehmenstrategien.
6. *In der eigenen Webart bleiben.*
Geschäftliche Aktivitäten und Firmenkäufe nur dort, wo eigenes Know-how fruchtbar eingesetzt werden kann.
7. *Einfache Formen, kleine Stäbe.*
Perfektion der Systeme und Organisationsstrukturen wird vermieden. Stäbe sind mager ausgestattet, das Berichtswesen ist auf das Notwendigste beschränkt; breite informelle Kommunikation.
8. *Führung zugleich locker und straff.*
Ausgewogene Mischung zentraler und dezentraler Strukturen. Viel Freiraum für Initiative und eigene Lösungswege, soweit sie im Rahmen der klar definierten Unternehmensziele und der strikt beachteten Firmenwerte zu Resultaten führen.

Verbreitung von Optimismus, Anbieten einfacher Regeln, unmittelbarer Praxisbezug oder gute Lesbarkeit sind nur vordergründige Argumente für das ungewöhnlich starke Interesse an den Erkenntnissen von „Excellence & Co.“. Ihre Botschaften beinhalten alles andere als schnell wirksame Allheilmittel für wirtschaftlichen Erfolg. Vielmehr braucht es lange Zeiträume, bis sich jene organisationstypischen Merkmale herausbilden, die exzellente Unternehmen auszeichnen. Daimler-Chef Breitschwerdt unterstrich diese Schwierigkeit, als er nach dem Erfolgsgeheimnis von Mercedes gefragt wurde, mit einem Vergleich über das Geheimnis des englischen Rasens: „Wenigstens dreimal in der Woche ganz kurz schneiden, ihn täglich sprengen, und dies 100 Jahre lang." (4) Untergründig beschwor er damit die traditionellen Werte der Gründerzeit herauf, appellierte für die Konservierung bewährter Grundtugenden unternehmerischen Handelns. Genau in dieses Horn bläst lautstark die neue Managementlehre, angeführt von Peters und Waterman. Ihr wichtigstes Kapitel lautet „Besinnen auf Grundtugenden". Sie erlösen die Führungs- und Managerkaste von der Galbraithschen Schreckensvision des unternehmerlosen Unternehmens, des Unternehmers als „aussterbende Rasse" (in fortgeschrittenen Industriegesellschaften). Der Aktivist, Macher, Gestalter, sprich: „Unternehmer" erlebt seine Renaissance. Der neue Manager hält ständigen Kontakt zu seinen Kunden. Der Kunde ist wieder der König, in dessen Dienste sich jeder ausnahmslos zu stellen hat. IBM rühmt sich, jede Kundenbeschwerde innerhalb von 24 Stunden zu beantworten. Selbst der Präsident ist zuweilen gefordert – so wird von Delta Airlines berichtet –, sich bei berechtigten Beschwerden persönlich beim Kunden zu entschuldigen. Der neue Manager ist kein Schreibtischtäter mehr. Probleme innerhalb des Betriebs werden hemdsärmelig von Angesicht zu Angesicht gelöst – jetzt gleich und nicht morgen. Wenn Wolfgang Jacobi, Geschäftsbereichsleiter Pkw bei Daimler, merkt, daß bei einem Aggregat das kleinste Detail nicht stimmt, dann schickt er dem Verantwortlichen nicht etwa dicke Protokolle, sondern stellt ihm einfach das Auto hin. (5) Ein weiteres Kennzeichen dieses Führungsstils ist, Selbständigkeit und Unternehmertum *innerhalb* einer Organisation zu fördern. Durch den Abbau von bürokratischen Reglementierungen und verkrusteten Stabs- und Planungsabteilungen soll Freiraum für Spontaneität, Kreativität, Intuition und Wagemut geschaffen werden. Das neue Schlagwort dafür heißt „Intrapreneurship" (6). Dieses Kunstwort soll – in Assoziation an „entrepreneurship" (Unternehmertum) – das unternehmerische Denken *innerhalb* der Firma charakterisieren. In den „Zehn Geboten für den Intrapreneur" kommt der Geist dieser Wende deutlich zum Ausdruck:

1. Komme täglich zur Arbeit mit der Bereitschaft, dich feuern zu lassen.
2. Umgehe alle Anweisungen, die dich daran hindern, deinen Traum zu verwirklichen.
3. Unternimm alles, um dein Projekt fortzuführen, ganz gleich, was in deiner Stellenbeschreibung steht.
4. Suche dir Mitarbeiter, die dich dabei unterstützen.
5. Folge deiner Intuition, welche Leute du aussuchst, und arbeite nur mit den besten.
6. Arbeite im Untergrund solange du irgendwie kannst – Publicity löst den Immunmechanismus eines Unternehmens aus.
7. Setze nie auf ein Rennen, an dem du nicht beteiligt bist.
8. Denke daran, daß es einfacher ist, um Vergebung als um Erlaubnis zu bitten.
9. Bleibe deinen Zielen treu, aber bleibe auch realistisch im Hinblick auf die Wege zu ihrer Erreichung.
10. Erkenne deine Sponsoren an. (7)

Auf der anderen Seite soll die Anpassungsfähigkeit des Unternehmens durch ein experimentierfreudiges Klima unterstützt werden, bei dem Fehler, inoffizielle Eigeninitiative und Produkt-„Champions“ (Mitarbeiter, die von einer Idee besessen sind und sie gegen alle Widerstände durchboxen) ausdrücklich akzeptiert werden. Peters und Waterman haben dafür den Grundsatz geprägt „Do it, try it, fix it“, wodurch sie ausdrücken, daß zuerst gehandelt und erst danach darüber nachgesonnen werden soll. Sie wenden sich damit gegen die Reglementierung durch die „Theoretiker“, die mit „Paralyse durch Analyse“ die Schlagkraft und Impulsivität eines Unternehmens hemmen.

In dieselbe Richtung wie Intrapreneurship zielen auch Praktiken, durch die der „Markt“ in das Unternehmen hineingetragen werden soll. IBM fördert ausdrücklich die Mehrfachbearbeitung desselben Problems. „Leistungsstechen“ zwischen konkurrierenden Gruppen entscheiden dann, wessen Produktentwicklung weiterverfolgt wird. Der „Kannibalismus“ zwischen den Marken ist bei Procter & Gamble zur offiziellen Politik erklärt worden. Konkurrenz und Wettbewerb beleben das Geschäft – wie auf gesamtwirtschaftlicher Ebene so auch innerhalb der Organisation.

Die Restauration unternehmerischen Denkens ist begleitet von Angriffen auf die gängigen Managementtheorien und der Forderung nach einer neuen Sichtweise von Organisationsstrukturen und -prozessen. Die *traditionelle* Theorie betrachtet die Organisation als ein rationales System bewußt koordinierter Tätigkeiten. Ein Unternehmen ist danach steuerbar durch Faktoren wie Technik, Ökonomie, strategische Planung, situative Führung oder formale Organisationsstruktur. Bei diesen Konzepten wird – so die zentrale Kritik an ihnen – die Rechnung ohne den Wirt gemacht. Eine Unternehmensstrategie beispielsweise bleibt solange nur ein Stück Papier, wie es nicht gelingt, die Fähigkeiten und Energien einer Vielzahl von Mitarbeitern zu koordinieren und zu integrieren.

Unternehmenserfolg ist auf den durchschnittlichen Mitarbeiter angewiesen, der eine überdurchschnittliche Leistung erbringt. Die *neuen* Managementtheoretiker sehen als entscheidende Faktoren für Unternehmenserfolg Verantwortlichkeit, Bindung und Engagement der Mitarbeiter an. Dies ist aber kaum durch rationale Steuerung des Unternehmens zu erreichen, sondern Ausdruck seiner langjährig gewachsenen Unternehmenskultur.

2. Kapitel

Die gewohnte Unübersichtlichkeit: Der Begriff Unternehmenskultur

Nach Maschine, Uhrwerk, Organismus, kybernetischem System ist *Unternehmenskultur* eine neue Metapher in der Organisationstheorie. Nur auf den ersten Blick scheint klar, was damit ausgedrückt ist: Kultur ist der „Geist" oder „Stil des Hauses", seine „Linie", sein „Charakter", sein „besonderes Profil", kurz: die Summe der Überzeugungen, Regeln und Werte, die das Typische und Einmalige eines Unternehmens ausmachen.

Der Begriff *Unternehmenskultur* (auch Organisations- oder Firmenkultur) wird seit wenigen Jahren von Organisationspraktikern und -theoretikern zwar viel gebraucht, aber gleichzeitig sehr uneinheitlich verwendet. Wir haben einige wenige Beispiele für Definitionen von Kultur und Unternehmenskultur unkommentiert aneinandergereiht. Die Aufstellungen zeigen, daß immer wieder zentrale Begriffe aufgeführt werden (Werte, Grundannahmen, Kognitionen, Handlungsmuster), daß der systematische Zusammenhang dieser Konzepte aber nicht offengelegt wird.

Kultur ist:

„... der Satz wichtiger (oft nicht ausdrücklich formulierter) Annahmen, die Mitglieder einer Gemeinschaft miteinander teilen." (1)

„Kultur wird definiert als kollektive Bewußtseinsprogrammierung." (2)

„Kultur besteht aus (expliziten und impliziten) Mustern von und für Verhaltensweisen, die – über Symbole erworben und weitergegeben – die charakteristische Errungenschaft menschlicher Gruppen, einschließlich ihrer Verkörperung in Artefakten darstellen; der wesentlichste Kern von Kultur besteht aus traditionalen (d.h. geschichtlich hergeleiteten und ausgewählten) Ideen und insbesondere den mit ihnen verbundenen Werten ..." (3)

„Die Kultur einer Gesellschaft besteht aus all dem, was man wissen oder glauben muß, damit man so handeln kann, daß es für ihre Mitglieder akzeptabel ist. Kultur ist kein materielles Phänomen; sie besteht nicht aus Dingen, Menschen, Verhalten oder Emotionen. Sie ist vielmehr eine Organisation dieser Dinge. Es ist die Form der Dinge, die die Menschen im Kopf haben, ihre Modelle, mit denen sie sie wahrnehmen, in Beziehung setzen oder anderweitig interpretieren." (4)

Unternehmenskultur ist:

„Artefakte, Perspektiven, Werte und Annahmen, die von den Organisationsmitgliedern geteilt werden." (5)

„Wir versuchen den Begriff der Kultur wiederzubeleben – eine stabile Sammlung von Werten, Symbolen, Helden, Ritualen und Geschichten, die unterhalb der Oberfläche wirken und mächtigen Einfluß auf das Verhalten am Arbeitsplatz ausüben." (6)

„Unternehmenskultur ist als Werte- und Normengefüge der Zweckgemeinschaft Unternehmen zu verstehen." (7)

„... Zielgerichtetheit, Verpflichtung und Ordnung werden in einer Organisation erzeugt durch die Legierung von Glaubensüberzeugungen, Ideologie, Sprache, Ritual und Mythos, die wir im Etikett Organisationskultur zusammenfassen." (8)

„Organisationskultur ist das Muster der Grundannahmen, die eine bestimmte Gruppe erfunden, entdeckt oder entwickelt hat, indem sie gelernt hat, ihre Probleme externer Anpassung und interner Integration zu bewältigen und die sich soweit bewährt haben, daß sie als gültig betrachtet werden und deshalb neuen Mitgliedern als die richtige Haltung gelehrt werden sollen, mit der sie im Hinblick auf die genannten Probleme wahrnehmen, denken und fühlen sollen." (9)

Den Versuch einer Ordnung hat zum Beispiel Sackmann unternommen, indem sie veranschaulicht hat, wie die einzelnen Inhalte von Unternehmenskulturdefinitionen zusammenhängen. Dabei hat sie, ausgehend vom „Kulturkern", die anderen Konzepte konzentrisch in zunehmender Distanz von diesem Mittelpunkt angeordnet (10):

Mit zunehmender Geschichte und Erfahrung beginnt sich ein immer größer und dichter werdendes Netzwerk um den Kulturkern zu spinnen. Dieses besteht aus ideellem und materiellem Kulturgut. Je näher Elemente des Kulturnetzes beim Kulturkern liegen, um so wichtiger sind sie für die Aufrechterhaltung der bestehenden Kultur.

Die Darstellung ist deshalb aufschlußreich, weil es Sackmann gelungen ist, in *einer* Abbildung fast alle Konzepte zu integrieren, die in der Unternehmenskulturdiskussion eine wichtige Rolle spielen.

Wir wollen einen anderen Versuch vorstellen, bei dem wir uns stärker an Einteilungen und Erkenntnissen der kulturanthropologischen Diskussion orientieren. Wir werden dabei folgendermaßen vorgehen:

Zuerst wird kurz auf das Konzept „Unternehmenskultur" als organisationstheoretische Metapher eingegangen (Das Unternehmen *ist* eine Kultur). Danach werden wir uns näher mit den *Inhalten* des Kulturbegriffs auseinandersetzen (Das Unternehmen *hat* eine Kultur) und dabei zwischen Struktur des Verhaltens („pattern of behavior") und Struktur für das Verhalten („pattern for behavior") unterscheiden. Damit ist eine in kulturtheoretischen Diskussionen vielfach erörterte Unterteilung eingeführt: In der ersten Gruppe (Erscheinungsformen) werden – eher beschreibend – die manifesten, sichtbaren, expliziten Bedingungen, Prozesse und Ergebnisse von Kultur behandelt, während in der zweiten Gruppe (Wesensinhalte) die erschlossenen Begründungen für die kulturellen Manifestationen untersucht werden: die zugrundeliegenden immateriellen, impliziten Gehalte einer Kultur.

Diese Grobuntertcilung (in – wie wir es nennen – „soziokulturelle Gestaltung" und „mentale Faktoren") werden wir dann, erweitert um die Dimension der Veränderung und Entwicklung, in einem Vierfelderschema ausführlicher darstellen.

Bevor wir unsere Einteilung entwickeln, wollen wir unsere bisherigen Ausführungen kurz zusammenfassen: Was ist – nach Meinung seiner engagierten Vertreter – das Neue und Bedeutsame am Unternehmenskulturansatz? Was sind die Leistungen, die ihn am deutlichsten von konkurrierenden Modellen unterscheiden?

Im Merkwort ELITE haben wir die nach unserer Sicht wichtigsten Beiträge des Unternehmenskulturansatzes zusammengefaßt. Es geht ihm nämlich in erster Linie um

- ver-**E**inigen (Gemeinschaft, Einheit, Wirgefühl schaffen)
- ver-**L**ebendigen (revitalisieren, aktivieren, entkalken, erneuern, begeistern)
- ver-**I**nnerlichen (Außensteuerung durch Innensteuerung ersetzen, mentale Programmierung, Ver-Wertung)
- ver-**T**iefen (hinter die Kulissen sehen, die „objektive" Wirklichkeit dechiffrieren und deuten, Sinn suchen und geben)
- ver-**E**wigen (den Bezug zu Tradition und Geschichte herstellen und in Routine oder Ritualen verfestigen, verdinglichen, automatisieren).

Mit diesem Kennwort beschreiben wir den *Anspruch* des Ansatzes, seine Bewertung werden wir im Schlußkapitel vornehmen.

Das Unternehmen *ist* Kultur

Das Unternehmen als Untersuchungsgegenstand der Organisationsforschung kann – gleich jedem sozialwissenschaftlichen Phänomen – nicht als konkreter objektiver Gegenstand untersucht werden, der eindeutig und unstrittig abgegrenzt ist und materiell „vorliegt".

Einzelne Gruppen, die mit einem Unternehmen verbunden sind, wie Mitarbeiter, Führungskräfte, Aktionäre oder Kunden, können es jeweils unterschiedlich beschreiben. Entsprechend unterschiedlich sind auch die Auffassungen der Organisationsforscher darüber, was den Kern oder den Gehalt eines Unternehmens ausmacht. Diese Auffassungen sind nicht davon geprägt, was „draußen", „an sich" oder „objektiv" als Unternehmen existiert, sondern welche subjektiven Schablonen und Orientierungsmuster der Forscher an die Wirklichkeit anlegt. Bei diesem Prozeß der Wirklichkeitskonstruktion spielt die Verwendung von *Metaphern* oder *Analogien* eine wichtige Rolle. Sie helfen, bildhafte Vorstellungen über das Unternehmen zu erzeugen.

Die Weiterentwicklung der Organisationstheorie ist gekennzeichnet durch die Verwendung immer neuer Metaphern. In der Vergangenheit wurden vor allem die Metaphern von Maschine und Organismus bevorzugt, um das komplexe Phänomen der wirtschaftlichen Organisation besser verstehen zu können. Die *Maschinen*metapher beschreibt zum Beispiel ein Unternehmen als ein Instrument, mit dem ein bestimmtes Ziel erreicht werden soll und dessen einzelne Teile in wohlabgestimmter Anordnung effektiv ineinandergreifen. Diese Vorstellung mag typisch für einen Werksleiter sein, der seinen Betrieb wie eine „gut geölte Maschine" laufen sehen will. Die *Organismus*metapher läßt dagegen das Unternehmen als ein System sehen, das innerhalb sich ändernder Umweltbedingungen durch Anpassungsprozesse ums Überleben kämpft.

Andere – wenngleich weniger verbreitete Metaphern – sind dem sozialen Bereich entnommen. So betont die Sicht von Unternehmen als *Theater* die Bedeutung von Rollenspiel, Drehbüchern, Maskerade und Bühnengestaltung; das Bild einer *politischen Arena* hebt Aspekte von Machtnutzung und Interessenkonflikten hervor. Jedes dieser metaphorischen Bilder lenkt die Aufmerksamkeit auf bestimmte, aber jeweils unterschiedliche Merkmale. Jede Organisationstheorie liefert mithin prinzipiell nur eine begrenzte und einseitige Erklärung des Geschehens in Organisationen.

Entsprechende Einschränkungen treffen auch auf die Metapher der *Unternehmenskultur* zu, die ebenso wie die Metapher des Theaters oder der politischen Arena die *soziale* Dimension des Unternehmens beleuchtet, aber im Gegensatz zu dieser weitaus vagere Vorstellungsinhalte auslöst. Der Grund dafür ist, daß der Begriff der Kultur sowohl im Alltags- als auch im wissenschaftlichen Verständnis eine Palette höchst unterschiedlicher Bedeutungen aufweist. Dies braucht nicht zwangsläufig ein Manko zu sein, da sich soziale Prozesse und Strukturen, auf die sich der Kulturbegriff bezieht, einer eindeutigen, objektiven und umfassenden Erklärung entziehen.

Hinter den hauptsächlichen Ansätzen oder „Schulen" stehen sehr unterschiedliche und meist nicht offengelegte Grundannahmen (11). Diese Vor-Entscheidungen werden zwar wie selbstverständlich eingeführt, damit aber wird verdeckt, daß es zu ihnen auch Alternativen gibt. Dies ist deshalb wichtig, weil aus den unreflektierten Grundannahmen Konsequenzen folgen, die die konkrete Gestaltung der Unternehmenswirklichkeit betreffen. Wer ein Unternehmen als *Maschine* sieht, wird selbstverständlich andere Aufbauprinzipien, Analysemethoden und Gestaltungsinstrumente benutzen als jemand, der Unternehmen als *politische Arena* oder als *Kultur* versteht.

Das Unternehmen *hat* Kultur

Wenn man sich entschlossen hat, ein Unternehmen als Kultur aufzufassen, dann muß im nächsten Schritt untersucht werden, was das Spezifische an dieser Metapher ist und was sie geeignet macht, dem Verständnis und der Gestaltung von Unternehmen neue Impulse zu geben.

Es gibt eine Reihe von wissenschaftlichen Disziplinen, die sich intensiv mit dem Kulturkonzept auseinandergesetzt haben, vor allem die Philosophie, Soziologie und Kulturanthropologie. Es ist uns nicht möglich, diese Diskussion auch nur annähernd hier wiederzugeben. Wir orientieren uns deshalb im folgenden an kulturanthropologischen Einteilungen, die sich zur überblickhaften Ordnung der zahlreichen Einzelerkenntnisse bewährt haben (12).

In der Anthropologie wird der Begriff Kultur in unterschiedlichen Bedeutungen verwendet. Seit Tylor Mitte des 19. Jahrhunderts Kultur umfassend definiert hat als „jene komplexe Ganzheit, die Kenntnisse, Glaubensüberzeugungen, Künste, Sitte, Recht, Gewohnheiten und jede andere Art von Fähigkeiten und Dauerbetätigungen einschließt, die ein Mensch als Mitglied einer Gesellschaft erwirbt", sind daran anlehnend oder davon abweichend eine Reihe anderer Definitionen verfaßt worden. Rückblikkend lassen sich diese Bemühungen um Abklärung des Kulturbegriffs dahingehend bewerten, daß dabei häufig der Unterschied zwischen zwei verschiedenen Sachverhaltsklassen, nämlich *pattern of behavior* und *pattern for behavior,* verwischt wurde (13).

Mit Kultur im Sinne von *pattern of behavior* (Muster, Struktur *von* Handlungen) wird die typische Lebensweise innerhalb eines Kollektivs (Gesellschaft, Stamm, Organisation) ausgedrückt. Das Muster der Lebensgestaltung bezieht sich auf regelmäßig wiederholte Handlungen, materielle Anordnungen und soziale Einrichtungen, die eine Gruppe von Menschen charakterisieren. Damit wird Kultur auf den Bereich *beobachtbarer* Phänomene, auf konkrete Objekte und Ereignisse bezogen.

Kultur im Sinne von *pattern for behavior* (Muster, Programme, Schablonen, Folien *für* Handlungen) verweist dagegen auf sozial vermittelte *psychische* Strukturen im Menschen, die der Beobachtung nicht zugänglich sind. Diese inneren Strukturen umfassen das organisierte Wissens- und Überzeugungsgebäude, auf dessen Basis Mitglieder eines Kollektivs ihre Erfahrungen und Wahrnehmungen ordnen, zwischen Alternativen wählen und Handlungen einleiten. Es ist aus zwei Gründen wichtig, die beiden Analyseebenen auseinanderzuhalten:

1. „Patterns *of* behavior" sind selten in sich verständlich. Als Außenstehender mag man ein Gespräch zwischen Vorgesetztem und Mitarbeiter als das Bemühen beider Gesprächspartner ansehen, zu einer gerechten Leistungsbeurteilung zu kommen. Tatsächlich kann es dabei aber in Form einer stillschweigenden Vereinbarung um das „Spiel" gehen: „Wir tun uns nichts zuleide".
2. Aus den „patterns *for* behavior", die nur zugänglich sind über Beobachtung aktuellen Verhaltens, erzeugen sowohl Außenstehende als auch Handlungsträger selbst Sinn und Bedeutung von beobachtbaren Handlungsmustern. Ein „pattern *for* behavior" stellt nur die *Möglichkeit* dar, kollektiv handeln zu können. Einzelne Mitglieder mögen davon aufgrund idiosynkratischer Motive abweichen, etwa der Konzertbesucher, der eine musikalische Leistung mit Pfeifen statt mit Klatschen würdigt. Darüber hinaus können Kollektive aufgrund externer Bedingungen dazu gezwungen sein, sich anders zu verhalten als es ihren „paterns for behavior" entspricht. Beispiele dafür finden sich bei Berufsgruppen (wie zum Beispiel Heizer oder Setzer), deren Berufsbild sich infolge des technischen Wandels radikal verändert hat.

Die theoretische Herausforderung, die sich aus der Unterscheidung zwischen *pattern for behavior* und *pattern of behavior* ergibt, besteht darin aufzuzeigen, wie diese beiden Ebenen von Kultur *zusammenhängen* (14). In der traditionellen Organisationsforschung ist die Möglichkeit des Auseinanderdriftens zwischen *Bedeutungssystem* (pattern for, implizite immaterielle Kultur) und *instrumentellem System* (pattern of, explizite, materielle Kultur) bisher zu wenig beachtet worden, weil angenommen wird, daß etwa durch gezielte Personalauswahlpolitik, Mitarbeiterführung und organisatorische Sozialisationsprozesse die Anpassung des *Bedeutungssystems* an die Belange der Organisation gesichert ist. Beide Systeme können sich jedoch unabhängig voneinander entwickeln (zum Beispiel wenn ein Arbeitskräftemangel die Einstellung von Gastarbeitern verlangt, die von den übrigen Mitarbeitern abgelehnt werden) oder sich wechselseitig beeinflussen (zum Beispiel versuchen Ideologien – als „pattern for“ – herrschende Verhältnisse zu legitimieren, werden gleichzeitig aber von diesen genährt). Die Art ihrer Beziehung ist weitgehend ungeklärt. Sie läßt sich nicht umstandslos in einfachen linear-kausalen Verknüpfungen darstellen, zumal noch weitere Variablen, insbesondere das ökologische und gesellschaftliche Umfeld und biologische Komponenten (Triebe, Anlagen, Altersstruktur und Geschlechtsmerkmale) in diese Beziehung hineinwirken.

Die elf Gesichter der Unternehmenskultur: Ein Klassifikationsschema

Die folgende Klassifizierung und Beschreibung von Theorien soll helfen, einzelne Kulturdefinitionen einordnen zu können und damit auch Konzepte der Organisationskultur verständlicher zu machen:

A) Kerninhalte des Kulturbegriffs	B) Zeitperspektive I. statisch Was bewirkt/ermöglicht kollektives Handeln?	II. dynamisch Wie entwickelt/verändert sich kollektives Handeln?
I. soziokulturelle Gestaltung	1. Funktionalismus 2. Strukturfunktionalismus	3. Evolutionismus 4. Kulturökologie 5. Diffusionismus 6. Historischer Partikularismus
II. mentale Faktoren	7. „Kultur-und-Persönlichkeits"-Ansatz 8. Kognitiver Ansatz 9. Interpretativer Ansatz	10. Modelle sozialer Beeinflussung 11. „Idealistische" Kulturökologie

Bevor auf die in der Vierfeldertafel aufgeführten 11 Ansätze im einzelnen eingegangen wird, soll das Prinzip der Einteilung zusammenfassend skizziert werden:

Die Dimension A (Kerninhalte) bezieht sich auf die Unterscheidung in *pattern of behavior* (I. soziokulturelle Gestaltung) und *pattern for behavior* (II. mentale Faktoren).

AI (soziokulturelle Gestaltung) sieht Kultur als das Insgesamt der manifesten Kulturleistungen (Werkzeuge, Bauten, Sprache, Religion, Handlungsstrukturen, Institutionen).

AII (mentale Faktoren) versteht unter Kultur das Insgesamt der handlungssteuernden und orientierenden Werte, Normen, Regeln, Wirklichkeitsauffassungen, Programme.

Die Dimension B (Zeitperspektive) unterscheidet zwischen (aktuellem) *Bestand* und (historischem) *Zustandekommen.* Die *statische* Perspektive (BI) erfaßt – eher beschreibend –, welche Strukturen und Hintergründe die gegenwärtige Kultur kennzeichnen, während die *dynamische* Perspektive (BII) kausal oder evolutionär argumentiert: sie enthält jene Modellvorstellungen, die erklären, warum und wie sich Kulturen zu dem Zustand entwickeln, den sie zeigen.

Nach einer kurzen Skizze des Kerngedankens jedes Ansatzes wird jeweils auf seine *Bedeutung für Unternehmenskultur* eingegangen, das heißt, es werden beispielhafte Anwendungsmöglichkeiten geschildert.

1. Funktionalismus

Ausgangspunkt sind *menschliche Grundbedürfnisse,* zu deren Befriedigung in jeder Gesellschaft kollektive Aktivitäten erforderlich sind. Da diese Aktivitäten dauerhaft geregelt werden müssen, entsteht als instrumentelles kulturelles Erfordernis, daß zum Beispiel Institutionen wie Wirtschaft, Recht und Erziehung geschaffen werden. In einer auf diese Weise mit Kultur ausgestatteten Gesellschaft bestehen integrative Erfordernisse, die die Herausbildung weiterer Institutionen wie Magie, Kunst oder Religion bewirken (15).

Bedeutung für Unternehmenskultur:

Nach dem funktionalistischen Prinzip ist jedes Element in einem Betrieb (materielle Ausstattung, Gewohnheiten, Interaktionsregelungen und so weiter), und sei es noch so irrational oder abwegig, erklärungsbedürftig – und zwar im Hinblick darauf, *welche Funktion* es für die Befriedigung der Bedürfnisse der Belegschaftsmitglieder erfüllt. So vermitteln subkulturelle Gruppierungen ihren Mitgliedern ein Gefühl der Geborgenheit und Zugehörigkeit. *Gemeinschaftliche Aktivitäten,* die nichts mit der formalen Zielerfüllung des Unternehmens zu tun haben, wie Betriebsausflüge, gemeinsames Mittagessen oder Kaffeetrinken, Weihnachts- oder Geburtstagsfeiern, schaffen Abwechslung von der Monotonie des Arbeitsalltags, bieten Gelegenheit zur Entspannung und Erholung oder ermöglichen Interaktionsfreiräume, in denen man andere näher kennenlernt, Freundschaften schließt oder gar einen Ehepartner findet. Auch scheinbar rationale *Managementtechniken,* wie Marktanalysen, strategische Planung, Personalauswahl oder -beurteilungsmethoden, die in ihrer Unbrauchbarkeit längst entlarvt sind, sind keine kulturellen Überbleibsel aus einer Zeit, in der der Glaube an die Möglichkeit einer wissenschaftlichen Grundlage der Unternehmensführung dominierte. Vielmehr dienen solche magischen Techniken der Milderung von Angst und Unsicherheit in Situationen, in denen Taten verlangt werden, aber sichere Kriterien für ihre Begründung fehlen.

2. Strukturfunktionalismus

Bezugspunkt ist hier das *soziale System* und die Frage, welche funktionalen Erfordernisse (zum Beispiel Selbsterhaltung, Zielerreichung, Umweltanpassung) in einem System erfüllt werden müssen, damit es fortbesteht. Der Strukturfunktionalismus befaßt sich mit *strukturellen* Problemlösungen, also überpersönlichen dauerhaften Ordnungen (und nicht etwa mit den Motiven oder Fähigkeiten von Personen, deren Handeln durch diese Strukturen vor-geregelt ist). (16)

Bedeutung für Unternehmenskultur:
In der betriebswirtschaftlichen Organisationslehre ist der Aspekt der Zielerreichung die zentrale funktionelle Aufgabe eines Unternehmens. Alle Elemente einer Organisation werden auf dieses Ziel, das heißt der ökonomisch-effizienten Produktion von Gütern und Dienstleistungen, abgestimmt. Um dieses Ziel zu erreichen, sind *formale* Organisationsstrukturen (Hierarchie, Standardisierung, Spezialisierung) nötig. Betriebspsychologische Studien zeigten jedoch die Folgen dieser formalen Strukturen für die Betriebsangehörigen auf: Entfremdung, Unpersönlichkeit, verminderte Leistung. Aus dieser Erkenntnis entwickelte sich die „Human Relations"-Schule der Unternehmensführung, bei der zur Befriedung der Mitarbeiter *sozialpflegerische Maßnahmen* (zum Beispiel Schulung der Vorgesetzten in nondirektiver Gesprächsführung) eingesetzt werden. Die Unternehmenskulturbewegung à la Peters und Waterman setzt diese Intention fort, aber weniger durch Verbesserung von Sozialtechniken als vielmehr durch Gestaltung *kultureller* Elemente, wie Geschichte, Riten oder Zeremonien, die „hinter dem Rücken des Subjekts" sein Denken und Handeln beeinflussen. Eine geschickte Inszenierung dieser „Kultur" vermag den Mitarbeitern ein Gefühl der Identität zu geben; ihre Bindung an etwas, das über ihre eigenen Interessen hinausgeht, zu stärken; Sinn zu stiften für Vorgänge, die nicht unmittelbar einsichtig sind; kurzum die Stabilität und Leistungsfähigkeit des Sozialsystems „Unternehmen" zu bewahren.

3. Evolutionismus
Der evolutionistische Ansatz versucht die *Entwicklungslinien* gesellschaftlicher Veränderungen (zum Beispiel von Religionssystemen oder Formen sozialer Kooperation) nachzuzeichnen und zu erklären. Zum Teil wird dabei Evolution als stetiger Aufstieg zu jeweils höheren Entwicklungsebenen verstanden (zum Beispiel wachsende Differenzierung, Komplexität oder Integration). Im (klassischen) Evolutionismus dominierte die Vorstellung von einer einem mehr oder minder starren Schema folgenden soziokulturellen Entwicklung (Jagen, Herdenwesen, Ackerbau und so weiter).

Neuere evolutionistische Ansätze, die ausdrücklich *materialistisch* ausgerichtet sind („Das Sein bestimmt das Bewußtsein!"), formulieren innere Gesetzmäßigkeiten zur Erklärung kultureller Dynamik. Zum Beispiel, daß allen sozialen Veränderungen technologische Entwicklungen, etwa auf dem Gebiet der Bewässerung, zugrunde liegen (17).

Bedeutung für Unternehmenskultur:
Der evolutionistische Gedanke findet sich in *Stufenmodellen* der Organisationsentwicklung wieder. Sie definieren zentrale Charakteristika von Unternehmen (zum Beispiel Unternehmensziele, Struktur, Führungsstil, Kontrollsystem) und stellen allgemeingültige Sequenzen auf, nach denen diese Merkmale variieren. Innere Anlässe bringen danach Entwicklungen in Gang. Vor allem Veränderungen in der *Macht*ausübung und -verteilung prägen den Entwicklungszyklus einer Organisation (18). In jeder Machtkonfiguration sind Kräfte zu ihrer Zerstörung angelegt, wodurch entweder neue Konfigurationen entstehen oder das Unternehmen untergeht. Eine dieser Konfigurationen ist die missionarische, die sich aus einer autokratischen entwickelt: das Charisma des Firmengründers wird in Form von Sagen, Normen oder Traditionen gefestigt und institutionalisiert. Dadurch wird die Belegschaft auf die Mission des Gründers eingeschworen und die autoritäre Machtstruktur entbehrlich. Diesen missionarischen Geist propagieren Peters und Waterman oder Deal und Kennedy in ihren Bestsellern als Erfolgsrezept. Er entspricht den „starken Kulturen", die exzellente Unternehmen ausmachen. Dieser missionarische Eifer kann jedoch früher oder später erlahmen: Begeisterung wird zu Verpflichtung, Tradition zu Dogma, Normen zu Regeln. Verkrustungen und bürokratische Lähmungen machen sich breit, bis auch dieses Stadium durch Eruption politischer Konflikte überwunden wird. Die Folge ist Auseinanderbrechen der Organisation – oder autokratische Erneuerung.

4. Kulturökologie

In diesem Ansatz steht die Beziehung zwischen dem soziokulturellen System einer Gesellschaft und ihrer *Umwelt* im Vordergrund. Kultur wird als Instrument gesehen, das die Überlebensfähigkeit einer Gesellschaft unter wechselnden Umweltbedingungen sicherstellt. Kulturelle Veränderungen sind daher Folge von *Anpassungsprozessen* des Gesamtsystems oder einzelner Institutionen an Umweltveränderungen (19). In der materialistischen Version der Kulturökologie wird der Anpassung des *technologischen* Systems die führende Rolle für die kulturelle Entwicklung zugesprochen: technologische Änderungen bewirken sozialstrukturelle Anpassungen, die wiederum das Überzeugungssystem einer Gesellschaft beeinflussen.

Bedeutung für Unternehmenskultur:
Ökologische Gedanken prägen die nach wie vor in der Organisationsforschung dominierenden *situativen* beziehungsweise *kontingenztheoretischen* Ansätze (20). Sie gehen davon aus, daß unterschiedliche Umwelten jeweils unterschiedliche Organisationsstrukturen verlangen, die auf der Basis objektivierbarer Variablen, wie Spezialisierung oder Formalisierung, beschrieben werden.

Der kontingenztheoretische Ansatz kann ebenso auf die Unternehmenskultur übertragen werden. Wilkins und Ouchi unterscheiden drei Formen organisationsinterner Kontrolle: „Clan"-Kontrolle, Markt und Bürokratie. Sie nehmen an, daß unter Bedingungen unsicherer und komplexer Umwelten der Clan, das heißt eine eingeschworene Betriebsgemeinschaft, die anpassungsfähigste Organisationsform ist.

In jüngster Zeit werden verstärkt auch *populationsökologische* Modelle in der Organisationsliteratur diskutiert (21). Organisationen werden demnach nicht mehr als isoliert voneinander existierende Systeme gesehen, sondern als Mitglieder einer Gattung, die in einer ökologischen Nische um knappe Ressourcen (Kunden, Rohstoffe, Finanzmittel und so weiter) konkurrieren. Die Herausbildung einer Organisationsform (zum Beispiel bürokratischer Art) innerhalb einer ökologischen Nische wird durch drei Prinzipien erklärt: Produktion von Varietäten, Selektion gemäß den Umweltbedingungen und Konservierung günstiger Varietäten. Für Unternehmen wird daher die Fähigkeit, die Trägheit ihrer Strukturen zu überwinden zu dem alles entscheidenden Überlebenskriterium. Nicht planvolle, durchorganisierte, geradlinige oder zielgerichtete Organisationen sind verlangt, sondern – so der Organisationspsychologe Weick – schwatzhafte, unbeholfene, abergläubische, heuchlerische, gräßliche, tintenfischartige, umherirrende oder quengelige.

5. Diffusionismus

Grundlegende These des Diffusionismus ist, daß es Urkulturen oder Kulturzentren gibt, von denen sich kulturelle Merkmale auf andere Gesellschaften ausbreiten. Kulturelle Entwicklung folgt daher nicht einer inneren Logik im Sinne der Evolution, sondern sie wird geprägt durch direkte oder indirekte *Kontakte,* bei denen Kulturgüter aus einer Kultur in eine andere weitergegeben beziehungsweise übernommen werden (22).

Bedeutung für Unternehmenskultur:

Folgt man dem diffusionistischen Prinzip, muß der Glaube aufgegeben werden, daß erfolgreiche Unternehmensentwicklung Produkt von unternehmerischer Kreativität oder Erfindungsgabe sei. Vielmehr gilt es, am Markt bewährte Modelle *einzukaufen* oder zu *kopieren.* Waterman, der Koautor von „In Search of Excellence", kritisiert in einem Interview mit der Zeitschrift „Wirtschaftswoche" die in vielen Firmen in Europa und USA vorherrschende Haltung, immer wieder das Ei des Kolumbus erfinden zu wollen. Japan dagegen, mit seiner ständig praktizierten Aufnahme fremder Impulse und gründlicher Analyse ausländischer Märkte, sei ein Meister der Imitation technologischer Produkte. Einige westliche Firmen beherrschen indessen auch diese Taktik. IBM präsentiert sich selten mit der modernsten Technologie am Markt. Sie läßt

Wettbewerbern meist den Vortritt und schlägt dann mit der geballten Kraft des Marktführers zurück. Diffusionen, und zwar zum Teil in extremer Form, sind ebenso auf dem Feld der Sozialtechniken zu beobachten. Viele der in bundesdeutschen Unternehmen eingesetzten Führungsmodelle kommen aus den USA. Auch Unternehmenskulturen diffundieren von den USA zu uns herüber – nicht zuletzt auch dank dem Verkaufserfolg von „In Search of Excellence" auf dem heimischen Markt. Insbesondere lehnen sich deutsche Töchter von US-Firmen eng an die Philosophie und Unternehmenskultur der Muttergesellschaften an. Bei Hewlett-Packard in Böblingen wird etwa – wie bei der Mutter in den USA – Wert darauf gelegt, daß sich die Belegschaftsmitglieder mit dem Vornamen anreden, Führungskräfte *Management by Wandering Around* oder eine Politik der offenen Tür pflegen. Sozialtechniken diffundieren zudem innerhalb nationaler Märkte. Die Idee der Unternehmenskultur, die bisher vorwiegend von Großunternehmen zielstrebig ausgenutzt wurde, kommt neuerdings auch im mittelständischen Lager stark in Mode. Die Richtung der Diffusion geht keineswegs nur von Groß- zu Kleinbetrieben. Was zählt ist der Erfolg, etwa wie im Falle des Senkrechtstarters Apple in der US-Computerbranche. Dessen von seinem Gründer Steven Jobs gepflegtes Turnschuhimage fand unzählige Nachahmer unter den konventionellen EDV-Konzernen, darunter sogar durch den Branchenriesen IBM.

6. Historischer Partikularismus

Dieser Ansatz lehnt deterministische Aussagen über kulturelle Entwicklungen ab, wie sie etwa der Evolutionismus oder Varianten eines extremen Diffusionismus machen. Jede Gesellschaft besitzt einen *einmaligen* Entwicklungsverlauf, wodurch sich jeweils eine besondere kulturelle Gestalt oder Konfiguration herausbildet. Ihre Entstehung kann nur verstanden werden unter Berücksichtigung der für eine Gesellschaft typischen historischen und ökologischen Umstände sowie der besonderen psychischen Natur der Mitglieder dieser Gesellschaft (23).

Bedeutung für Unternehmenskultur:

Die Idee von historisch partikularen Umständen betonen vor allem jene Arbeiten in der Organisationsliteratur, die die Rolle des *Firmengründers* in der Kulturgestaltung untersuchen. Die charakteristischen Überzeugungen der Gründer und Väter können nachhaltig das Selbstverständnis eines Unternehmens prägen. Gottlieb Benz impfte Mercedes durch seine Maxime „Das Beste oder nichts" das bis heute vorherrschende Qualitätsbewußtsein ein. Ein anderes Beispiel ist der legendäre IBM-Gründer Thomas J. Watson. Die Grundregeln der von ihm in Beton gegossenen Unternehmenskultur sind nach wie vor unantastbar. Es wird behauptet, daß die von Watson formulierte Leitlinie „Von allen Firmen der Welt wollen wir den besten Kundendienst bieten" IBM bis in den letzten

Winkel durchdringt: die besten Verkäufer werden beispielsweise zu Assistenten der Geschäftsleitung gemacht, wo sie nur eine Aufgabe haben, nämlich jede Kundenbeschwerde innerhalb von 24 Stunden zu beantworten. Neben dem Pioniergeist wirken ebenso *äußere Faktoren* bei der Gestaltung der Unternehmenskultur mit. Nach der Annahme des historischen Partikularismus können aber vorliegende Gestaltungsangebote nicht unbesehen übernommen werden, sondern müssen auf die besonderen Bedürfnisse des jeweiligen Unternehmens zugeschnitten werden.

Versuche von in den USA ansässigen japanischen Firmen, etwa spezifische japanische Managementmethoden zu transplantieren, stoßen daher auf Schwierigkeiten (24). „Nemawashi" (Verwurzelung), ein aufwärtsgerichteter und konsensusorientierter Prozeß der Entscheidungsfindung, vermag sicherlich der Grundhaltung japanischer Manager nach Gruppeneinbindung, Verantwortungsteilung, Abhängigkeit und Abstimmung entsprechen. Für viele US-Manager, mit ihrer individualistischen, zupackenden und risikofreudigen Einstellung, die in japanischen Unternehmen tätig sind, ist „Nemawashi" allerdings ein rotes Tuch. Ihre Tendenz zum Beispiel in Gruppensituationen zu kontrollieren, zu dominieren und zu konkurrieren, ist mit dem japanischen Ansatz unvereinbar.

7. „Kultur-und-Persönlichkeits"-Ansatz

Diese durch die *Psychoanalyse* inspirierten kulturanthropologischen Ansätze gehen von einer *Kongruenz* zwischen der Persönlichkeitsstruktur der Mitglieder einer Gesellschaft und ihren Institutionen aus. Einerseits ist diese Kongruenz bedingt durch einheitliche Sozialisationspraktiken. Andererseits erfolgt eine Anpassung gesellschaftlicher Institutionen (zum Beispiel Religion oder Mythologie) an unbewußte Phantasien und Ängste derart, daß die Institutionen geeignete Schablonen für die Bewältigung dieser Phantasien und Ängste sind und bereitstellen (25).

Bedeutung für Unternehmenskultur:

Nach diesem Ansatz bewirken verschiedene Prozesse, daß sich die Organisationsmitglieder in ihren mentalen Eigenschaften angleichen und somit Voraussetzungen für orchestriertes Handeln schaffen, das auch ohne ständig dirigierende Eingriffe auskommt. Schon in der *vorberuflichen* Sozialisation wird der für ein reibungsloses Funktionieren unseres Wirtschaftssystems unabdingbare „Sozialcharakter des Lohnarbeiters" geformt und durch *innerorganisatorische* Sozialisation zu einer berufsspezifischen „Haltung" verfeinert (26). *Selektive* Mechanismen, wie Selbstselektion oder Personalausleseprozeduren, unterstützen diesen Prozeß. Das Ergebnis davon ist, daß sich gleichartige – mitunter auch sich ergänzende – Persönlichkeitstypen in einer für sie geeigneten Organisation wiederfinden. Maccoby unterscheidet in seiner Managerstudie vier Persönlichkeitstypen: Fachmann, Dschungelkämpfer, Firmenmensch und Spielmacher. Der Dschungelkämpfer etwa, als Räuberbaron oder Sozialdarwinist des Unternehmens, findet seine Existenzberechtigung in stark auf Wettbewerb ausgerichteten Industrien (wie Bekleidungsbranche). Auch einzelne Unternehmen sind bekannt für ihren besonderen Menschenschlag (der „IBM-Mensch“ oder „Siemens-Mensch“). Die Überlegungen des Persönlichkeits-und-Kultur-Ansatzes tragen aber noch weiter: Das gemeinsame Sozialisationsschicksal hinterläßt Wunden, die durch fortwährende Erneuerung von Strukturen, Inszenierung von sozialen Dramen und Kultivierung von Riten vernarben. Diese Perspektive der *institutionalisierten Abwehr* kollektiver Ängste werden wir an späterer Stelle vertiefen.

8. Kognitiver Ansatz

Diese Richtung geht davon aus, daß menschliches Handeln kognitiv vorbereitet wird („Denken ist das Ordnen des Tuns“). Es ist deshalb wichtig, jene Programme, Wahrnehmungsraster, Verhaltenspläne, Hypothesen, Ideologien und so weiter zu kennen, die das Handeln steuern – denn die Wirklichkeit wird selektiv wahrgenommen und für bestimmte An-Sichten der Wirklichkeiten werden *„innere Modelle“* des Handelns in kollektiver Übereinstimmung entworfen, die wie eine „Software“ festlegen, was zu geschehen hat (27).

Bedeutung für Unternehmenskultur:

Die Botschaft, daß Menschen in unterschiedlichen Kollektiven auch unterschiedliche Weltsichten besitzen, wurde in einer Reihe von Arbeiten zur Unternehmenskultur aufgegriffen. Diese gehen davon aus, daß Mitglieder einer Organisation ein System von *grundlegenden* Annahmen und Werthaltungen erwerben müssen, um koordiniert interagieren zu können. Dieses Überzeugungssystem, das in hohem Maße als selbstverständlich hingenommen wird und daher kaum bewußt ist, beinhaltet neben dem „offiziellen“ Wissen über ein Unternehmen vor allem Annahmen darüber, wie eine Organisation „zwischen den Zeilen“ zu lesen ist. Empirische Zugänge dazu sind zum Beispiel die in Unternehmen verbreiteten Geschichten und Mythen, die Witze, Slogans, Sprachregelungen und „herrschende Meinungen“ darüber, wie man miteinander umzugehen hat. Eine enge Beziehung zu der kognitiven Richtung der Unternehmenskultur besitzt das Konzept des *Organisationsklimas.* Es bezieht sich auf die von Angehörigen eines Unternehmens kollektiv geteilte und überdauernde Wahrnehmung von Organisationsmerkmalen. Die Unternehmenskultur, als ein System von Basisannahmen, gibt dabei ein Raster vor, das die Wahrnehmung der Betriebswirklichkeit strukturiert. Die Grundannahme, daß zum Beispiel andere Menschen grundsätzlich gut sind, könnte zu einer Wahrnehmung von Kollegen führen, bei der diese als kooperativ, unterstützend oder verständnisvoll erlebt werden.

9. Interpretativer Ansatz
Nach diesem Ansatz existiert Wirklichkeit nicht an sich, sondern ist sozial produziert. Was als „wirklich" *gilt,* ist Ergebnis eines Deutungs- und Aushandlungsprozesses, weil zum einen die Kategorien der Wahrnehmung von und Verständigung über Wirklichkeit *symbolisch* vermittelt sind (vor allem durch gemeinsamen Sprachgebrauch) und zum zweiten, weil gesellschaftliche Machtpositionen bestimmen, welche Be-Deutung verschiedenen Aspekten der Wirklichkeit zukommt („Definitionsmacht"). Die Symbole als Grundstock der Wirklichkeit werden permanent gesellschaftlich rekonstruiert.

Bedeutung für Unternehmenskultur:
Im Rahmen der interpretativen Perspektive wird das Unternehmen als ein System verstanden, das sich aus einem Ablaufmuster symbolischer Diskurse konstituiert. Um es zu verstehen, bedarf es der *Interpretation,* des *Lesens* oder der *Entschlüsselung* von Symbolen. Ein Unternehmen, selbst eine durch und durch rational strukturierte bürokratische Organisation, ist überladen mit Symbolen. Dies beginnt bereits mit der Außen-*architektur,* etwa den Palästen von Versicherungen oder Banken, oder der Anordnung und Ausstattung der Büros, die in der Regel Hierarchie und Statusdifferenz signalisieren. Die *Sprache* ist ein anderes wichtiges Symbolsystem. Die Wertschätzung des Mitarbeiters kann zum Beispiel daraus abgelesen werden, ob er als Beamter, Partner, Vasall, Held, Unterstellter, Kapital, Potential, Kraft und so weiter bezeichnet wird. Weiterhin sind formale *Regeln* und *Prozeduren* und die Verpflichtung, sie einzuhalten, in sich symbolträchtig. Sie verweisen darauf, daß die Richtigkeit einer Handlung solange unbewiesen ist, bis man nicht zum Beispiel ein Stück Papier mit dem richtigen Briefkopf, gültigen Datum oder der berechtigten Unterschrift vorlegen kann. Weitere symbolische Bereiche eines Unternehmens sind *Mythen, Geschichten* oder *Firmenwitze.* Daneben existieren umfassendere Symbolkomplexe, die eine Palette symbolischer Einzelelemente in eine geschlossene Form gießen, wie *Rituale* (die Regenzauber eines Unternehmens) oder *Zeremonien* (als deren Theaterstücke oder Gottesdienste). Wir werden auf diese Symbole noch ausführlich eingehen.

10. Modelle sozialer Beeinflussung
Einzelne Personen oder Gruppen setzen Innovationen durch oder übertragen ihre Ideologien, Werte und Normen auf andere Gesellschaften (Akkulturation, Enkulturation, Kolonialisierung, Modernisierung, „Westernizing"). Ob solche Veränderungsbemühungen angenommen, verwirklicht oder zurückgewiesen werden, hängt von einer Reihe von Faktoren ab (zum Beispiel Machtgrundlagen und „strategische Positionen" der Veränderer, Persönlichkeit und Ressourcen der Adressaten, Koalitionsmöglichkeiten mit Dritten und so weiter).

Bedeutung für Unternehmenskultur:
Die längste Tradition hat die These, daß einzelne herausragende *Persönlichkeiten* („great men") alle bedeutsamen Umwälzungen einleiten; die Verklärung der Gründer beziehungsweise der Kult um die gegenwärtigen Vorstände oder die Betonung der Führungsauslese („Assessment Center") sind Belege der ungebrochenen Aktualität dieser Auffassung. Auch der Gedanke, daß man Organisationen „revitalisieren" könne, indem man personenzentrierte Ansätze der *Organisationsentwicklung* praktiziert (Sensitivity Training, Vorgesetztenschulung, Arbeitstechniken) gehört hierher: auf eine zuweilen äußerst manipulative Art wird versucht, sich der Herzen und Köpfe der Zielgruppe zu bemächtigen (vor allem in der besonders sensiblen Phase der Einführung neuer Mitarbeiter). Man kann schließlich auch *strukturelle* Bedingungen schaffen, um die „mentale Programmierung" zu steuern. So kann man zum Beispiel die Machtvoraussetzungen für autoritäre Führung herstellen, unternehmensinternen Wettbewerb und persönliche Verantwortlichkeit anreizen oder der Tatsache Rechnung tragen, daß für Innovationen nicht nur Fachleute („Fachpromotoren"), sondern auch Machtpolitiker („Machtpromotoren") vonnöten sind: Die Durchsetzung einer Idee hängt nicht ab von ihrer Güte, sondern von der Güte der Beziehungen, die der Ideenproduzent hat.

11. „Idealistische" Kulturökologie
Ausgehend von einer Analyse der konkreten Anpassungsprobleme und der daraus resultierenden Praxis einer Gesellschaft wird – anders als bei der materialistischen Kulturökologie – untersucht, durch welchen *ideologischen* Überbau die Praxis stabilisiert oder sich ändernden Umweltbedingungen angepaßt wird. Der Überbau kann sich *verselbständigen* und eine von der Praxis abgehobene Wirksamkeit entfalten. Langfristig können systemdestabilisierende Effekte eintreten, wenn die aufgebaute Scheinwelt von den konkreten praktischen Verhältnissen überrollt wird (28).

Bedeutung für Unternehmenskultur:
Dieser Ansatz hebt die Funktion von Unternehmens*ideologien* für die Abwehr äußerer oder innerer Bedrohungen hervor. Dies geschieht nach innen, indem ein *liturgisches* System heiliger Werte oder letzter Autoritäten installiert wird. Beredtes Zeugnis davon gibt die in letzter Zeit stark in Mode gekommene Praxis der Unternehmen, sich in Hochglanzbroschüren präsentierte ethische Prinzipien oder Normen, Führungsgrundsätze oder -richtlinien, Unternehmensverfassungen oder -philosophien zu verschreiben. Weil aber diese obersten Werte in sich widersprüchlich und die praktischen Verhältnisse widerborstig sind, verbreiten die Broschüren nicht selten Allgemeinplätze, unter deren Deckmantel (fast) alles erlaubt ist. Damit sie nicht als Potemkinsche Dörfer entlarvt werden, muß die

Kluft zwischen verordneter Ideologie und urwüchsiger Praxis fortwährend durch *„symbolisches Management“* überbrückt werden. Dazu zählen etwa die Verbreitung von „heile Welt“- oder Karrieremythen oder Lippenbekenntnisse und Sonntagsreden anläßlich der Ehrung von Jubilaren.

Auch nach außen hin muß ein Unternehmen die rechte Ideologie zelebrieren, durch die es sich bei wichtigen externen Koalitionären (Kunden, Banken, Aktionären, Behörden) als leistungsstarkes, dynamisches, modernes oder auch soziales Unternehmen legitimieren kann. Der Ideologiepflege dienen Company-Programme, Öffentlichkeitsauftritte von Vorständen, PR-Maßnahmen, Mäzenatentum oder „Good will“-Aktionen. Eine andere Technik der Verschleierung ist die strukturale Mimikry, durch die sich ein Unternehmen zwar eine der Umweltideologie angepaßte Organisationsstruktur schafft, die aber entkoppelt ist von den traditionell bewährten internen Programmen und Prozessen (29). Die Einrichtung einer Planungsabteilung – deren Pläne in Ablagen verstauben – vermag Rationalität und Zukunftsorientierung signalisieren; eine Projektorganisation Flexibilität und Zielstrebigkeit, obwohl die gemeinsamen Zusammenkünfte nur der Selbstdarstellung der Projektteilnehmer dienen.

3. Kapitel

Die Diagnose von Unternehmenskultur

Der Begriff „Unternehmenskultur", der seit kurzem in der Organisationspsychologie Hochkonjunktur hat, soll eine andere Sichtweise alltäglicher Erscheinungen anregen oder zum Ausdruck bringen. Was in Unternehmen geschieht wird dabei nicht mehr als die Fleischwerdung des sprichwörtlichen homo oeconomicus gesehen, sondern als Verwirklichung eines universellen zeitlosen Programms: In modernen Organisationen der Wirtschaft und Verwaltung – so die Annahme – wirken dieselben Prozesse wie in primitiven Stammeskulturen der Vor- und Jetztzeit. In Unternehmen werden heute – wie seit jeher – nicht nur absatzfähige Güter und komplexe Leistungen produziert, sondern auch Macht, Gewohnheiten, Sinn, Persönlichkeit, Beziehungen, Ängste, Umwelten.

Unter dem dünnen Lack technologischer Vernunft verbergen sich atavistische Muster der Deutung und Bewältigung einer undurchschauten Wirklichkeit. Auch wenn im Zusammenhang mit dem Begriff „Unternehmenskultur" von Mythen, Ritualen, Kultur-Gütern die Rede ist, so ist das im allgemeinen keine romantische Verklärung oder eine Überschwemmung durch die „schwarze Schlammflut des Okkultismus" (Freud). Ganz im Gegenteil: Der Ansatz versteht sich im besten Fall als aufklärerisch, im schlechtesten als bloß technizistisch:

Aufklärerisch kann der Ansatz deshalb genannt werden, weil Rationalität und Modernität als Illusion entlarvt werden: die geltenden Selbstverständlichkeiten werden als Mythen entschlüsselt. Mythos wird dabei nicht im Sinne tradierter heiliger Erzählungen über Götter und Geschlechter, Tod und Teufel, Schöpfung und Schuld verstanden, sondern als das Andere der Wahrheit: als

Fiktion, Illusion, Täuschung, Irreführung. Die herrschende Auffassung wird zum Mythos (beziehungsweise als Mythos) erklärt, der sich „in Wirklichkeit" nicht halten läßt; was aber diese „Wirklichkeit" ist, wird ebensowenig gesagt. Am Ende steht deshalb keine neue Dogmatik der Realität, sondern die Anerkennung verschiedener Sichtweisen der sozialen, organisatorischen, physischen Wirklichkeit, die sich jeweils mit guten Gründen rechtfertigen müssen.

Technizistisch ist der Ansatz deshalb, weil er benutzt werden soll, um Menschen in Organisationen noch umfassender steuern und beherrschen zu können – nicht nur über Einsicht und Verstand, sondern mit Leib und Seele sollen Menschen vereinnahmt werden, wie im folgenden an Beispielen gezeigt werden wird.

Was mit „Unternehmenskultur" gemeint ist, hat – wie gezeigt – noch keine scharfen Konturen.

Für erfahrene und durch schnellebige Modetrends abgehärtete Manager ist Unternehmenskultur zunächst nur eine neue Formel, ähnlich dem „Faktor X" in der Zahnpastawerbung. Sie möchten konkretere Informationen darüber haben, was denn das neue Modewort Kultur eigentlich bedeutet: das diffuse Thema soll greifbar werden, damit man die Aufgaben (oder Feinde) genauer sieht, um die man sich zu kümmern hat. Außerdem: Wenn man günstige Kulturen schaffen möchte, muß man zunächst eine Art Kultur-Check durchführen, um zu wissen, wo das Unternehmen steht und wie es gezielt verändert werden kann und muß. Für den ungeduldigen pragmatischen Macher liegt es nahe, von Beratern und Wissenschaftlern den KQ (Kulturquotienten) oder – in Analogie zu Cattells „16 Persönlichkeitsfaktoren" ein „16-Kultur-Faktoren-Profil" zu fordern. Die Lokalisation der eigenen Kultur in Dimensionen, Profilen, Kennziffern und Diagrammen gibt Sicherheit: Man weiß dann, wo man steht und erkennt klarer, wo und wie es langgehen soll.

Auf welche Weise aber läßt sich der Status Quo der Unternehmenskultur dingfest machen, wie ist das Ungreifbare von „Geist und Stil" zu (er)fassen?

Die Ordnung des Supermarkts

So vielgestaltig der Begriff „Unternehmenskultur“ auch ist, weitaus vielfältiger noch sind die Methoden, mit denen er erfaßt werden soll. Wie in einem Supermarkt finden sich die unterschiedlichsten Angebote; wir wollen sie zunächst sortieren. Zu diesem Zweck greifen wir auf die Vierfeldertafel zurück, in der wir unsere Analyse des Begriffs „Unternehmenskultur“ entwickelt haben. Aus ihr entnehmen wir die Unterscheidung zwischen „soziokulturellen Gestaltungen“ und „mentalen Faktoren“ (also interpretativen Programmen). Dies ist der erste Einteilungsgesichtspunkt für Erhebungsverfahren. Als zweiten wählen wir eine methodologische Unterscheidung. Die beiden Varianten, die wir gegeneinanderstellen, haben wir verkürzend mit „reaktiv-quantitativ“ und „nonreaktiv-qualitativ“ überschrieben. Mit diesen Benennungen knüpfen wir an sozialwissenschaftliche Forschungstraditionen an: Bei den „reaktiv-quantitativen“ Verfahren ist der Untersuchte gezwungen, auf vorformulierte Fragen (bei denen Inhalt, Abfolge und Antwortmöglichkeiten weitgehend festgelegt sind) zu *reagieren* und die Antworten werden *zählend* ausgewertet, indem Verteilungen und Durchschnittswerte bestimmt werden. Bei den „nonreaktiv-qualitativen“ Methoden wird der Befragte nicht zu Re-Aktionen gezwungen, es wird lediglich erfaßt, was schon existiert oder spontan produziert wird (zum Beispiel vorhandene Schriftstücke, Kleidungssitten, Raumaufteilungen, Verhaltensregelmäßigkeiten). Diese Bestandsaufnahme von unprovoziertem Material wird zudem „verstehend“ ausgewertet: es geht darum, Bedeutungen nachzuvollziehen und Funktionen zu erschließen. Dabei kommt es nicht auf großzahlige Erhebungen an, weil ja nicht Mittelwerte interessieren, sondern Sinn-Zusammenhänge.

Klassifikationsschema für Verfahren zur Erfassung der Unternehmenskultur

Inhalte der Unternehmenskultur	*Methode*	
	reaktiv-quantitativ	nonreaktiv-qualitativ
soziokulturelle Gestaltung	I Interviews mit „Schlüsselpersonen" (zum Beispiel Vorstandsmitglieder) Fragebogen zur Beschreibung des Führungsverhaltens, des Organisationsklimas, strukturierte Interaktionsanalyse bei Konferenzen. Systematisch-quantitative Auswertung von Protokollen	III Geschichten, Slogans, Sprachregelungen, Witze Sitten, Bräuche, Riten, Traditionen Kleidung, Statussymbole, Firmenlogo, Auszeichnungen
mentale Faktoren (latente Strukturen)	II Strukturierte Fragebögen zur Erfassung von Normen, Werten, Denkschemata Identifizierung latenter Strukturen von Führungsstil- oder Organisationsklimabeschreibungen	IV Spontane Selbstdeutungen von Sinn und Funktionen bestehender Praktiken; „verstehende" Fremdinterpretation von Geschichten, Ritualen, Artefakten ...

In den Feldern I und III finden sich die „sozialen Tatsachen", also das, was man unmittelbar zu sehen und hören bekommt, wenn man sich mit dem Unternehmen näher befaßt.

In II und IV steht demgegenüber der „Code", das direkt nicht erkennbare und offengelegte „Gesetz, nach dem sie angetreten", die den Mitgliedern des Unternehmens selbst möglicherweise gar nicht bewußte „software" (wie zum Beispiel Werte, Normen, Denkschemata, Stereotype). Zu diesen nicht evidenten, sondern erschlossenen „latenten Strukturen" kann man auf quantitative Weise kommen (wenn man zum Beispiel direkt nach herrschenden Werten oder Normen fragt oder mit statistischen Verfahren die inneren Zusammenhänge der erhobenen Daten entschlüsselt). Man kann sie aber auch durch verstehende Interpretation der vorgefundenen Artefakte, Sprachdokumente, Sitten und Gebräuche entschlüsseln. Bevor wir nun näher auf die vier Quadranten eingehen und Beispiele für die verschiedenen Vorgehensweisen geben, soll in einer Vorbemerkung die Grundstruktur von Befragungsinstrumenten skizziert werden, weil die bisherige sozialwissenschaftliche Forschung weitgehend Papier-und-Bleistift-Forschung ist und auch die Unternehmenskulturdiagnose – siehe die Felder I und II – häufig auf diese Weise vorgeht.

Die Grundstruktur von Befragungsinstrumenten

Es ist interessant, daß plötzlich allerorten Unternehmenskulturfragebögen auftauchen, die früher unter ganz anderen Bezeichnungen veröffentlicht worden wären (zum Beispiel Organisationsdiagnostik, Organisationsklima, Moral, eventuell sogar Arbeitszufriedenheit). Bereits jetzt liegt eine nahezu unübersehbare Fülle von Fragebögen vor, die Themenbereiche mit Kulturrelevanz erfassen. Sie gehen ein auf Werte, Normen, Praktiken, Regeln, Besonderheiten.

Diesen innerbetrieblichen Befragungen liegt eine sehr einfache Struktur zugrunde; die verschiedenen Varianten von Befragungsinstrumenten entstehen dadurch, daß jeweils unterschiedliche Positionen dieser Grundstruktur betont (oder ausgelassen) werden. Gemeinsamer Ausgangspunkt ist, daß eine *einzelne* Person nach dem Motto „Wie ich es sehe trifft zu, daß ..." zu den vorgegebenen Fragen Stellung nimmt. (Wir klammern also den seltenen Fall aus, daß eine Gruppe sich auf eine gemeinsame Meinung einigen muß.)

Die Grundstruktur einer Befragung sieht folgende Leerstellen vor:

1. *Verursacher:* Wer oder was verursacht Wirkungen oder Zustände? In Frage kommen zum Beispiel der Befragte selbst, Vorgesetzte, Kollegen, Unternehmensleitung, Betriebsrat, eine Gruppe oder Abteilung, Tarifparteien, Gesetzgeber ...
2. *Geltungsbereich:* Für welchen Personenkreis trifft eine Feststellung zu? Gilt die Aussage nur für den/die Befragte(n), für eine bestimmte Gruppe oder für das ganze Unternehmen?
3. *Inhalt:* Worum geht es? Welche Inhalte, Zustände, Problembereiche sind berührt? Geht es um Bezahlung, Information, Anerkennung,

Leistungsnormen, Zusammenarbeit, Problemlösung, Weiterbildung, Beförderung, Arbeitsbedingungen und -inhalte, Sozialleistungen, Klima, Positionen ...?

4. *Modalitäten* (Bewertungsaspekte): Gekoppelt mit den Inhalten sind meist spezifische Modalitäten der Einwirkung: die Bezahlung zum Beispiel kann systematisch, fair, hoch, transparent ... gestaltet werden, die Information kann umfassend, verständlich, schnell, unbürokratisch erfolgen.
   Im Prinzip könnte man diese Modalitäten inhaltsübergreifend als eigenständige Dimensionen betrachten, mit denen Gruppen oder Organisationen insgesamt gekennzeichnet werden können (Fairneß, Systematik, Transparenz, Flexibilität, Ressourcenreichtum, Selbständigkeit, Gesundheit, Wirksamkeit ...). Weil aber nicht alle Modalitäten mit allen Inhalten gekoppelt werden können, muß man abstrakte Klassen bilden (um eine „selbständige Bezahlung", eine „hohe Information" zu vermeiden).
5. *Ausprägungsgrad:* Hier geht es um die Kennzeichnung des „wie sehr" oder „wie oft" einer Feststellung.

Die allgemeine Struktur lautet somit:

x bewirkt	für y	mit Intensität oder Häufigkeit z	im Hinblick auf m	einen Zustand oder eine Veränderung der Art n

setze ein für:

x: Vorgesetzter, Firmenleitung, Betriebsrat ...	y: mich, unsere Gruppe, das Unternehmen ...	z: immer, manchmal, sehr, wenig ...	m: Bezahlung, Arbeitsbedingungen, Aufstieg, Zusammenarbeit, Kontrolle, Sozialleistungen ...	n: flexibel, fair, großzügig, stark, freundlich, effizient ...

Eine typische *Arbeitszufriedenheits*frage lautet:

$$\text{„Mit } \underbrace{\text{meiner}}_{y}\ \underbrace{\text{Bezahlung}}_{m} \text{ bin } \underbrace{\text{ich}}_{y}\ \underbrace{\text{(völlig … überhaupt nicht)}}_{z}\ \underbrace{\text{zufrieden!“}}_{n}$$

(ausgelassen ist hier x; man weiß somit nicht, ob an der Bezahlung der Vorgesetzte, die Personalabteilung, die Tarifparteien „schuld“ sind (x); von den möglichen Bewertungsmaßstäben der Bezahlung (m) wird hier nur die „Zufriedenheit“ (n) registriert, nicht aber zum Beispiel die Höhe, die Gerechtigkeit, die Transparenz ... Entscheidend für die Klassifizierung als Arbeitszufriedenheitsfrage ist, daß bei y der *Ichbezug* hergestellt ist).

Eine *Gruppenklima*frage wäre:

$$\text{„Es ist } \underbrace{\text{(sehr … nicht)}}_{z}\ \underbrace{\text{leicht}}_{n}\text{, in } \underbrace{\text{dieser Gruppe}}_{y}\ \underbrace{\text{Mitglied zu werden“}}_{m}$$

(auch hier ist x ausgelassen, aber der Geltungsbereich ist die *Gruppe,* nicht die Einzelperson).

Eine *Organisationsklima*frage ist:

$$\underbrace{\text{„Die Stimmung}}_{m}\ \underbrace{\text{im Betrieb}}_{y} \text{ ist } \underbrace{\text{abhängig von den Launen}}_{n} \text{ der } \underbrace{\text{Vorgesetzten“}}_{x}$$

$$\underbrace{\text{Stimmt}}_{z} \text{ …}$$

Hier wird zu allen Leerstellen eine Aussage gemacht und der Geltungsbereich y ist die *gesamte Organisation.*

Was ist nun das Spezifische einer *Unternehmenskultur*frage? Gemäß unserer Bestimmung von Unternehmenskultur (s. das Vierfelderschema auf S. 26) sind alle Erscheinungen „soziokultureller Gestaltung“ und die aus ihnen erschließbaren „Programme“ Indikatoren der Unternehmenskultur. Somit ist alles, was in der Aufstellung auf Seite 45f. („Worin zeigt sich Unternehmenskultur?“) genannt wird, Gegenstand der Kulturdiagnose. Fragebögen interessieren sich dabei weniger für die „objektiven“ Gegebenheiten (wie Handbücher, Arbeitszettel, Datenausdrucke, Telefonnotizblöcke), sondern eher für die Programm*wahrnehmungen* oder *-deutungen* der Befragten (Normen, Werte, Denkmuster, Weltanschauungen). Damit verschwindet der Unterschied zwischen „Organisationsklima-“ und „Unternehmenskulturfragebögen“: beide beschreiben wahrgenommene Merkmale des Unternehmens als ganzes.

Interessant ist es aber, die möglichen Akzentsetzungen und Abstraktionsstufen zu berücksichtigen:

Sie können bei fast allen Leerstellen des oben vorgestellten Grundmusters einer Befragung ansetzen. Um es an einem Beispiel vorzuführen:

Eine Organisationsklima- oder Unternehmenskulturfrage lautet zum Beispiel:

$$\underbrace{\text{„Jede(r)}}_{x}\ \text{kann}\ \underbrace{\text{hier}}_{y}\ \underbrace{\text{seine/ihre Arbeit machen}}_{m},\ \underbrace{\text{wie er/sie es für richtig hält“}}_{n}\ \underbrace{(1 \ldots 5)}_{z}$$

Die Frage könnte abstrakter auch so formuliert sein:

$$\underbrace{\text{„Die Arbeitsdurchführung}}_{m}\ \text{erfolgt}\ \underbrace{\text{hier}}_{y}\ \underbrace{\text{selbstbestimmt“}}_{n}\ \underbrace{(1 \ldots 5)}_{z}$$

(x-Aussage weggelassen)

oder:

$$\text{„Es gibt}\ \underbrace{\text{hier}}_{y}\ \underbrace{\text{Selbstbestimmung“}}_{n}\ \underbrace{(1 \ldots 5)}_{z}$$

(m- und x-Aussage fehlen)

oder:

$\underbrace{\text{„Die Firmenleitung}}_{x}$ ermöglicht $\underbrace{\text{Selbstbestimmung“}}_{n}$ $\underbrace{(1 \ldots 5)}_{z}$

(Die y- und m-Aussage fehlen)

Damit eine Befragung als Unternehmenskulturerhebung durchgehen kann, ist somit nur erforderlich, daß spätestens bei der Auswertung der Bezug zum *Gesamtunternehmen* hergestellt wird. Man kann auf diese Weise auch Arbeitszufriedenheits- oder Gruppenklimabefragungen zu Unternehmenskulturuntersuchungen umfunktionieren, wenn man als unternehmenstypische Aussage zum Beispiel die Gleichmäßigkeit oder Unterschiedlichkeit der individuellen Zufriedenheitsniveaus oder der verschiedenen Abteilungsklimata als kennzeichnend für das Unternehmen herausstellt. Damit wird einmal mehr unterstrichen, welch integrierende Kraft das Unternehmenskulturkonzept hat: praktisch alle Informationen können genutzt werden, um Aufschluß über die interne Situation des Unternehmens zu erhalten.

Das zeigt auch unser Klassifikationsschema, dessen vier Felder wir nun kurz erläutern wollen:

Feld I: Interviews mit „Schlüsselpersonen“

Dies ist die Domäne der konventionellen Organisationsforschung. Hier geht es um die „objektive Messung“ von Organisationsstrukturen und -prozessen, indem zum Beispiel anhand eines ausgefeilten Frageleitfadens wichtige „Schlüsselpersonen“ (wie höhere Vorgesetzte) interviewt werden.

Aber auch Erhebungen mit Hilfe standardisierter Fragebögen gehören hierher (etwa der „Fragebogen zur Vorgesetztenverhaltensbeschreibung“ oder der Organisationsklimafragebogen von v. Rosenstiel und Mitarbeitern. Ein Ausschnitt daraus ist auf Seite 47ff. abgedruckt). Auch Diskussionanalyseverfahren (wie zum Beispiel Robert Bales' „Interaktionsprozeßanalyse“) sind in diesem Zusammenhang zu nennen.

Die wichtigsten Kennzeichen der in Feld I zusammengefaßten Verfahren sind:

Worin zeigt sich Unternehmenskultur?

1. Unternehmensorganisation

a) Aufbauorganisation: Hierarchische Struktur („Steilheit", Kontrollspanne), Formalisierungs- und Standardisierungsgrad, Ausmaß der Spezialisierung und Positions- bzw. Rollendifferenzierung; praktizierte Organisationsprinzipien (Linie, Funktionalisierung, Divisionalisierung ...);

b) Ablauforganisation: Eingesetzte „Systeme" (etwa der Information, Leistungs-, Qualitäts-, Anwesenheitskontrolle, Bezahlung, Beförderung, Aus- und Weiterbildung, Planung ...).

2. Unternehmenspolitik

Grundsätze und Strategien zum Beispiel im Bereich Marketing, Finanzierung, Produktion, Beschaffung, Personal, Forschung und Entwicklung ...

Verhalten gegenüber öffentlicher Hand, Tarifpartnern, Umwelt, Kapitalgebern, Lieferanten, Kunden ...

3. Tatsächliches Verhalten und aktuelle Erfolgsmaße in all den unter 2. genannten Aspekten.

Beispiel aus dem Bereich „Personalpolitik": Welche Kriterien werden *tatsächlich* bei der Anwerbung, Auswahl, Beförderung, dem „Aufbauen" und „Kaltstellen", der Kündigung, Pensionierung, Schulung, Anerkennung etc. benutzt?

4. Praktizierter Führungsstil und Betriebsklima

Ausmaß von Offenheit, Reglementierung, Mitbeteiligung, Fairneß, Feedback, Motivation, Entfremdung, Zufriedenheit, Engagement ...

5. Handlungsstrukturen (soweit nicht unter 1b)

Traditionen, Bräuche, Sitten; Riten und Zeremonien; „Spiele" (politics, Mikropolitik).

6. Verbales Verhalten

Geschichten, Slogans, Jargon, Sprachregelungen, Witze, Tabus, Anekdoten, „Moralen".

7. Corporate Identity (äußeres Erscheinungsbild)

Einheitliche Linie der Außendarstellung des Unternehmens, zum Beispiel Gebäude, Logo, Briefköpfe, Visitenkarten, Kantine, Produktdesign, System der Statussymbole und materiellen Auszeichnungen.

- Sie liefern weitgehend uninterpretierte quantifizierte Bestandsaufnahmen des Istzustandes.
- Sie stützen sich auf *vorher* (von den Forschern) entwickelte Fragen- oder Beobachtungsraster.
- Ihr typisches Ergebnis sind Tabellen, Grafiken von Verteilungen, Mittel- oder Summenwerte.

Organisationsklimafragebogen

Lutz v. Rosenstiel, Thomas Falkenberg, Walter Hehn, Elisabeth Henschel und Irmgard Warns haben im Auftrag des Bayerischen Staatsministeriums für Arbeit und Sozialordnung eine sogenannte Betriebsklimastudie in bayerischen Mittelbetrieben durchgeführt. Ihr Abschlußbericht enthält neben dem Fragebogen und differenzierten Ergebnisdarstellungen auch eine gründliche Auseinandersetzung mit Begriffen und Methoden von Betriebsuntersuchungen (1). Ihre eigene Studie ist eine Organisationsklimauntersuchung, die sie aber – ein Zugeständnis, das sie dem Auftraggeber und den befragten Firmen machen – fälschlicherweise Betriebsklimauntersuchung nennen. Es geht ihnen nämlich nicht um das Betriebsklima (also der Qualität der *sozialen* Beziehungen in einer Unternehmung), sondern viel umfassender um eine Beschreibung der Unternehmenswirklichkeit, so wie sie von den Mitarbeitern erlebt wird. Zu diesem Zweck haben v. Rosenstiel und sein Team nach einigen Vorstudien mehrere Skalen entwickelt, von denen im folgenden eine – die Vorgesetztenskala – abgedruckt ist. Die anderen Skalen sind: Allgemeine Einschätzung des Betriebes, Kollegen, Organisation, Information und Mitsprache, Interessenvertretung, betriebliche Leistungen (wie Aufstieg, Weiterbildung, Einkommen und so weiter). Besonders interessant ist, daß die Forschergruppe auch Normwerte (Prozentränge) errechnet hat, die auf der Verteilung der Antworten basieren, die sie in ihrer Untersuchungspopulation erhalten haben.

So zeigt sich zum Beispiel, wenn man alle Aussagen zur Skala „Vorgesetzter“ mittelt und über alle Befragten hinweg vergleicht, daß der durchschnittliche Mittelwert etwa bei 3.15 liegt – und nicht, wie bei der Antwortabstufung von 1 bis 5 theoretisch zu erwarten, bei 3. Betriebe, in denen der Vorgesetztenmittelwert bei 3.44 oder höher liegt, gehören zu den besten 25 Prozent, während ein Wert unter 2.90 die Zugehörigkeit zur Gruppe der schlechtesten 25 Prozent markiert.

Kommentar: Der Fragebogen erlaubt eine erste allgemeine Diagnose pragmatisch wichtiger Bereiche. Er vermischt – in unserer Sprache – x- und m-Aussagen (4 Skalen erfassen „Verursacher": Kollegen, Vorgesetzter, Organisation, Interessenvertretung; drei Skalen beziehen sich auf Inhalte: Information und Mitsprache, Allgemeines und betriebliche Leistungen). Die n-Aussagen werden – das zeigt die abgedruckte Vorgesetztenskala sehr deutlich – jeweils bereichsspezifisch variiert. Für eine Unternehmenskulturdiagnose sind vermutlich nicht die Skalensummenwerte, sondern eher die Einzelfragen aufschlußreich, weil in ihnen die spezifischen Besonderheiten von Abteilungen oder Betrieben unvermischt zum Ausdruck kommen.

Bitte beantworten Sie jetzt die Fragen zum Bereich Vorgesetzte
(Denken Sie dabei nicht nur an Ihren unmittelbaren Vorgesetzten)

	stimmt				stimmt nicht
21. Gute Arbeit wird von unseren Vorgesetzten entsprechend anerkannt.	□ 1	□ 2	□ 3	□ 4	□ 5
22. Die meisten Problemlösungen werden im Gespräch mit den Vorgesetzten in wirklicher Übereinstimmung mit den Auffassungen der Mitarbeiter erzielt.	□ 1	□ 2	□ 3	□ 4	□ 5
23. Unsere Vorgesetzten sorgen dafür, daß unter uns Kollegen die Zusammenarbeit reibungslos funktioniert.	□ 1	□ 2	□ 3	□ 4	□ 5
24. Unsere Vorgesetzten möchten gerne so wirken, als wüßten sie alles.	□ 1	□ 2	□ 3	□ 4	□ 5
25. Die Stimmung im Betrieb ist abhängig von den Launen der Vorgesetzten.	□ 1	□ 2	□ 3	□ 4	□ 5
26. Die Vorgesetzten versuchen oft, von Ihnen selbst gemachte Fehler auf uns abzuwälzen.	□ 1	□ 2	□ 3	□ 4	□ 5
27. Entscheidungen werden zwar mit den Mitarbeitern besprochen, hinterher sieht die Verwirklichung aber immer ganz anders aus, als wir uns das vorgestellt haben.	□ 1	□ 2	□ 3	□ 4	□ 5
28. Die Vorgesetzten verstehen es, die Situation so zu gestalten, daß jeder seine tatsächliche Leistungsfähigkeit entfalten kann.	□ 1	□ 2	□ 3	□ 4	□ 5
29. Die Vorgesetzten gehen auf unsere Sorgen und Beschwerden ein.	□ 1	□ 2	□ 3	□ 4	□ 5
30. Die Vorgesetzten behandeln uns oft unfair.	□ 1	□ 2	□ 3	□ 4	□ 5
31. Wenn man mit etwas unzufrieden ist, kann man hier mit den Vorgesetzten ganz offen darüber sprechen.	□ 1	□ 2	□ 3	□ 4	□ 5
32. Hier wird man ständig zur Arbeit angetrieben.	□ 1	□ 2	□ 3	□ 4	□ 5
33. Die Vorgesetzten setzen sich für unsere Anliegen ein, soweit dies im Rahmen ihrer Möglichkeiten liegt.	□ 1	□ 2	□ 3	□ 4	□ 5
34. Selbst bei Entscheidungen, die direkt die Interessen der Mitarbeiter betreffen, werden diese vorher nicht nach Ihrer Meinung gefragt.	□ 1	□ 2	□ 3	□ 4	□ 5

Bitte beurteilen Sie nun den Bereich „Führung" durch die Vorgesetzten insgesamt

	gut				schlecht
Die Führung durch die Vorgesetzten ist	○	○	○	○	○
	besonders wichtig				**nicht so wichtig**
Daß die Führung durch die Vorgesetzten gut ist, halte ich für	○	○	○	○	○

Feld II: Strukturierte Fragebögen
Ziel der Methodengruppe in diesem Quadrat ist es, die Strukturen, Muster, Ideen, Werte, Absichten, die „hinter“ den in Feld I erfaßten sozialen Tatsachen stecken, zu identifizieren. Meist wird dieses Ziel direkt angegangen: Man fragt die Handelnden und Betroffenen nach ihren Wahrnehmungen oder Interpretationen von herrschenden Normen und Werten. Beispiele hierfür sind die großangelegte Hofstedesche Wertestudie (2) und der Normenfragebogen von Kilmann und Saxton, den wir unten beschreiben.

Dem quantitativ-reaktiven Programm folgend, werden differenziert formulierte und konstruierte, oft sogar geeichte (das heißt mit Normwerten versehene) Instrumente eingesetzt: Werteinventare, Checklisten über Ziele, Erhebungen der vorherrschenden Orientierungen. Wichtig ist auch hier, die *Auswertung* der in Feld I erhobenen Datenmengen zu erwähnen: So wird zum Beispiel aus Führungsstilfragebögen immer wieder eine Zweifaktorenstruktur destilliert: Führungsverhalten läßt sich demzufolge in einem (zweidimensionalen) Koordinatensystem abbilden, dessen eine Achse „Mitarbeiterorientierung“ und dessen andere „Leistungsorientierung“ ist.

Auch bei den Organisationsstruktur- und Organisationsklimastudien werden zugrundeliegende Strukturen ermittelt, die es erlauben, die großen Datenmengen – auf zentrale Dimensionen zurückgeführt – übersichtlich und sparsam zu präsentieren.

Normenfragebogen

Eine unkomplizierte und schnelle Ermittlung wichtiger Gruppen*normen* verspricht der „Kulturlücken“-Fragebogen von Kilmann und Saxton (3). Die Befragten haben aus 28 Alternativenpaaren, die zweimal hintereinander dargeboten werden, jeweils eine Äußerung auszuwählen. Beim ersten Durchgang lautet die Instruktion sinngemäß:

„Wie geht es bei Ihnen *wirklich* zu? Markieren Sie jene Norm, auf deren Einhaltung Ihre Gruppe mit Nachdruck besteht!“

Beim zweiten Durchgang ist die Anweisung: „Kreuzen Sie an, wie es sein *sollte!* Was ist die *erwünschte* Gruppennorm?"

Die 28 Fragen beziehen sich auf vier Verhaltensbereiche, die offensichtlich von den Autoren als die Grunddimensionen der Unternehmenskultur angesehen werden:

Arbeitserleichterung
Beispiel: Frage 21 A) Hilf anderen bei der Erledigung ihrer Aufgaben!
B) Konzentriere dich allein auf deine Aufgaben!

Soziale Beziehungen
Beispiel: Frage 11 A) Bemühe dich um freundschaftliche Beziehungen zu deinen Kollegen!
B) Bemühe dich nicht um freundschaftliche Beziehungen zu deinen Kollegen!

Aufgabeninnovation
Beispiel: Frage 6 A) Laß alles beim alten!
B) Setze Änderungen durch!

Persönliche Freiheit
Beispiel: Frage 20 A) Bringe deine persönlichen Vorlieben bei der Arbeit zum Ausdruck!
B) Behalte deine persönlichen Vorlieben für dich!

Die Ergebnisse der Befragung werden durch Balkendiagramme sehr eingängig veranschaulicht: Wenn zwischen Soll und Ist ein Unterschied besteht, gilt das als „Kulturlücke", die um so größer ist, je mehr von den sieben Fragen pro Bereich solche Defizite aufweisen.

Auf S. 52 ist ein „Kulturlücken"-Diagramm nach Kilmann und Saxton abgebildet. Die vier Kulturdimensionen sind „Aufgabenerleichterung" (AE), „Aufgabeninnovation" (AI), „Sozialbeziehungen" (SB) und „Persönliche Freiheit" (PF). Je größer die Diskrepanz zwischen Sollnorm und Istnorm, desto größer die „Kulturlücke" – und desto länger der Balken:

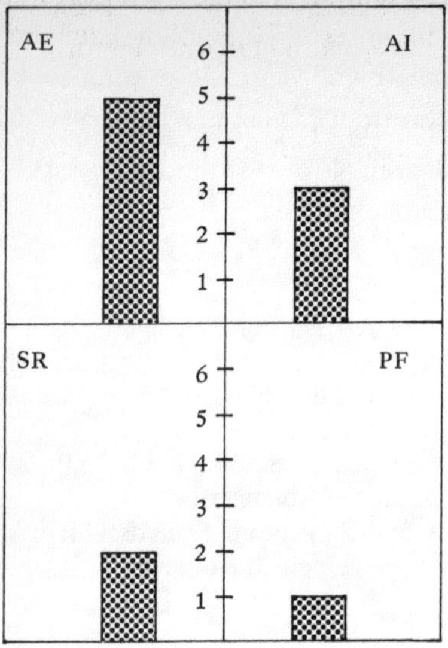

Kurzdiagnose: In dieser Organisationseinheit besteht die größte Diskrepanz in dem Normbereich, der sich auf die gegenseitige Unterstützung bei der Arbeit bezieht. Die gegenwärtige Praxis enttäuscht auch die Forderung nach Neuerungen im Arbeitsbereich. Dagegen bleiben kaum Wünsche offen im Hinblick auf angenehme Sozialbeziehungen und die Möglichkeit, persönliche Vorstellungen zu verwirklichen.

Kommentar: Ein typisch amerikanisches „Schnellschußverfahren", leicht durchführ- und auswertbar, mit übersichtlicher Ergebnisdarstellung. Aber es wird nicht einleuchtend begründet, warum nur und gerade diese vier Kulturdimensionen gewählt wurden, ob die sieben Fragen pro Bereich wirklich jeweils das gleiche erfassen und ob der einzelne Antwortende über die *Gruppen*(!)-Norm Auskunft gibt. Fragwürdig auch der Einsatzvorschlag der Autoren: Man könne durch den *Vergleich der Diagramme* von Abteilungen, Bereichen, ja sogar ganzen Unternehmen auf einen Blick erkennen, wo die wichtigsten erfolgsrelevanten Unterschiede liegen und Abhilfe am nötigsten ist.

Feld III: Zur Besonderheit qualitativer Organisationsforschung
Diesem Feld werden wir in unserer Darstellung den größten Raum widmen, denn der Anstoß zur Unternehmenskultur-„Bewegung“ kam durch Veröffentlichungen, die diesen Ansatz praktizieren. Der Untersucher ist hier nicht Fragensteller, sondern Beobachter und Sammler von Informationen, die ohne sein Zutun vorliegen; er mischt sich so wenig wie möglich ein, sondern zeichnet nur auf. Die im ersten Kapitel erwähnten Bestseller sind journalistisch aufbereitete Varianten dieser Vorgehensweise: Es werden in der Organisation erzählte typische Geschichten und Anekdoten wiedergegeben, vorherrschende Bräuche und Rituale erfaßt, das äußere Erscheinungsbild von Anlagen, Arbeitsräumen, Arbeitsmitteln, Personen, Mitteilungen und so weiter registriert. Dabei zeigen sich sowohl Gleichartigkeiten wie auch erhebliche und „typische“ Unterschiede zwischen verschiedenen Unternehmen.

Feld IV: Spontane Selbstdeutungen
Hier steht wiederum die zugrundeliegende oder erschlossene Struktur der Beobachtungen zur Debatte. Peters und Waterman haben zum Beispiel die Fülle ihrer Beobachtungen auf acht Grundthemen zurückgeführt, die sie als das Erfolgsgeheimnis exzellenter Unternehmen bezeichnen (s. S. 12f.).

Manchmal bieten Unternehmensmitglieder spontane subjektive Handlungsinterpretationen an („Wir machen das, weil ...“ oder „Ich will damit erreichen, daß ...“); insbesondere in ungelenkten Interviews oder im Laufe teilnehmender Beobachtungen werden Reflexionen oder Selbstdeutungen unaufgefordert formuliert. Eine Fundgrube für solche Sinnzuschreibungen sind auch Werke der sogenannten „Arbeiterliteratur“.

Einem solchen Selbstverstehen kann das Fremdverstehen gegenübergestellt werden. Im Grunde besteht dabei dieselbe Situation, die auch ein Völkerkundler vorfindet, der die Kultur eines Eingeborenenstammes kennenlernen möchte: Würde der Forscher seine mitgebrachten Wert-, Normen- und Denksysteme anwenden, bliebe sein Verständnis immer äußerlich, verzerrt und oberflächlich. Es kommt vielmehr darauf an, wie ein Schüler oder wie ein Kind Sprache, Handlungen, Werkzeuggebrauch *zu erlernen.*

Die Beherrschung des kulturrelevanten Wissens zeigt sich dann darin, daß man am Stammesleben teilnehmen kann, und zwar ohne als Fremdling aufzufallen.

Ein Beispiel für eine systematische Methode des Fremdverstehens, die gegenwärtig in der sozialwissenschaftlichen Forschung große Beachtung findet, ist die „objektive Hermeneutik" (4). Deren Ziel ist die Ermittlung von objektiven sinnproduzierenden Strukturen, die Erscheinungen der Alltagswelt zugrundeliegen. Das Vorgehen dieser Methode besteht darin, daß man – nah am Material – Inhalte und Abfolgen von Aussagen (zum Beispiel Erzählungen) und Handlungen (zum Beispiel Bräuche), Leistungen oder Produkten und Handlungsbedingungen (zum Beispiel Fließband, Großraumbüro) auf ihren Sinngehalt hin interpretiert und möglichst viele Deutungen erzeugt, die wiederum an neuem Material überprüft und mit Betroffenen oder anderen Forschern diskutiert werden.

Das Typische einer verstehenden beziehungsweise hermeneutischen oder interpretativen Kulturbeschreibung, worin sie sich von strukturierten Interview- und Fragebogenmethoden unterscheidet (vergleiche Feld I und II unseres Klassifikationsschemas), besteht somit in folgenden Merkmalen: offen, begleitend, flexibel, probierend, lernend, relativierend, zyklisch – Beschreibungen haben vorläufigen Charakter, sind revidierbar im Untersuchungsverlauf.

Wie am Beispiel der objektiven Hermeneutik deutlich wird, beschränkt sich die verstehende Kulturbeschreibung nicht allein auf die getreue Wiedergabe der Innenperspektive, sondern möchte dahintersehen, um somit zu ergründen, warum die Welt von den Mitgliedern einer Kultur so und nicht anders gedeutet wird. Es wird also angenommen, daß es einige übergreifende Prinzipien gibt, die als Bauplan der mentalen Programmierung zugrundeliegen.

In der objektiven Hermeneutik werden sie „latente Sinnstrukturen" genannt. Aber auch in der Anthropologie sind derartige Prinzipien postuliert worden wie Paradigma, Muster, Ethos, Thema und dergleichen, durch die auf theoretischer Ebene eine

Integration vielfältiger kultureller Erscheinungen zu erreichen versucht wird. In der Unternehmenskulturforschung hat sich für diese Prinzipien der Begriff *Basisannahmen* eingebürgert. Anhand eines Beispiels aus der Firma Levi-Strauss wird illustriert, wie eine Basisannahme erschlossen werden kann (5). Das beobachtete Vorkommnis (die Geheimniskrämerei um den Jahresbericht) wird auf verschiedenen Abstraktionsstufen interpretiert: Während die „Anschauungen“ lediglich eine Art Generalisierung der Beobachtung sind, formuliert der „Wert“ eine Verhaltensvorschrift und die „Basisannahme“ geht auf eine vielleicht den Handelnden selbst verborgene Grundeinstellung zurück.

Kulturelles Artefakt (jährliches Ritual) ↓	Über Generationen hinweg waren die jährlichen Geschäftsberichte streng gehütete Familiengeheimnisse. Um der Gesetzesbestimmung zu entsprechen, daß jeder Aktionär Einsicht in den Geschäftsbericht nehmen kann, hatte David Beronio, ein Berater, der das Vertrauen der Familie besaß, ein Exemplar getippt und trug es persönlich im Raum umher, um es jedem Aktionär, der die Versammlung besuchte, zu zeigen. Leitende Angestellte aus dem zweiten Glied und Kleinaktionäre konnten nur einen kurzen Blick auf die Bilanz tun, bevor der Bericht in Beronios verschlossener Schublade verschwand. Mit der Erweiterung der Geschäftsführung und der Multiplikation der steuerlichen Probleme der Firma vermehrten sich auch die Kopien – aber jede war numeriert und alle wurden am Schluß der Jahresversammlung eingesammelt.
Anschauung ↓	Nur Familienmitglieder und Berater, die ihr Vertrauen besitzen, dürfen die Jahresberichte der Firma eingehend analysieren.
Wert ↓	Geheimhaltung in bezug auf Firmenangelegenheiten ist wichtig.
Basisannahme	„Außenstehenden“ kann man nicht vertrauen.

Ein solches Vorgehen kann grundsätzlich nicht für sich in Anspruch nehmen, zu der „wahren Natur“ des Unternehmens oder der einzig richtigen objektiven Erkenntnis dessen, was die Organisationswelt im Innersten zusammenhält, zu kommen. Es gibt viele Wahrheiten und – das ist das Typische an der qualitativen Forschung – es gibt keine unumstößliche Regel, die besagt, daß solche Wahrheiten verallgemeinerbar, miteinander vereinbar, zeitlos und situationsunabhängig gültig sein müssen. Zwei Untersucher mögen, wenn sie gleichzeitig in ein und derselben Organisation qualitativ forschen, zu völlig unterschiedlichen Ergebnissen gelangen. Nur wenn man naturwissenschaftliche Forschungsideale (wie Objektivität, Wiederholbarkeit, Isolierbarkeit, Quantifizierbarkeit) verabsolutiert, kann man diese Situation bedauern. Wir werden im 5. Kapitel, in dem wir auf psychodynamische Erklärungen von Unternehmenskultur eingehen, Gelegenheit haben, die Bedeutung von „irrationalen" Ängsten und Wünschen, den Einfluß längst vergangener Lebensstationen, die unkalkulierbare Dynamik von Gruppen, die reale Bedeutung von Mythen und Phantasien zu belegen.

Wie schon angekündigt, werden wir im folgenden ausführlicher jene methodischen Zugänge darstellen, die in den Feldern III und IV lokalisiert sind. Diese Akzentsetzung nehmen wir vor, weil die „Stoff- und Faktenhuberei" der quantitativen Vorgehensweisen seit geraumer Zeit keine Erkenntnisfortschritte mehr bringt. Als Motto kann vielmehr gelten: Neue Fragebögen, gleiche Masche, alte Ergebnisse. Die klare und sparsame Ordnung der Welt, die diese Ansätze voraussetzen und produzieren, läßt viele Phänomene unberücksichtigt und unerklärt: so zum Beispiel Irrationalitäten, Widersprüche, Mehrdeutigkeiten, plötzlicher Wandel, Traditionalismen. Der qualitative Zugang ist demgegenüber weniger diktatorisch in den Zwängen, in die er Daten preßt, er läßt mehr „soziologische Phantasie" zu. Statt immergleicher normierter Fastfood-Forschung mit Papier-und-Bleistifterhebungen, erlaubt der qualitative Ansatz, *vorhandenes* Material auszuwerten: unetikettierte Alltagsbeobachtungen am Arbeitsplatz, Humor, Kaffeeklatsch und Kantinengespräche, Gewohnheiten und subversive Widerstandsformen, Führungsgrundsätze und Möbelordnungen. Beispiele für diese Datenquellen bringt das folgende Kapitel.

4. Kapitel

Indizienbeweise: Der qualitative Zugang zur Unternehmenskultur

In diesem Kapitel geht es um Zugänge zur Unternehmenskultur, die

a) auf „nonreaktiver“ Datensammlung aufbauen, das heißt nur solche Information nutzen, die im Prinzip jedem Unternehmensmitglied bekannt sind, oder in offenen ungelenkten Gesprächen berichtet werden. Das geht von alltäglichen Nebensächlichkeiten (wie Toilettensprüchen) bis hin zu dramatischen Vorkommnissen (Unfälle, Streiks, Reorganisationen);
b) qualitativ interpretiert werden. Es geht also nicht um eine abschließende offizielle Lesart, sondern um mögliche versteckte Botschaften, um auf diese Weise den „Code“ der Unternehmenskultur zu knacken.

Wir gliedern die Darstellung aus pragmatischen Gründen in drei Themenbereiche, obwohl wir uns der zahlreichen Überschneidungen bewußt sind:

1. *Sprachliche Äußerungen*
   (Geschichten, Anekdoten, Legenden, Jargons, Slogans, Witze)
2. *Handlungen*
   (Routineprozeduren, Traditionen, Bräuche, Rituale, „Spiele“)
3. *Kulturgüter* (Artefakte)
   Kulturverdinglichungen, die eine personenunabhängige nichtsprachliche Existenz haben (Gebäude, Statussymbole, Firmenlogos, Ehrennadeln).

Geschichten, Anekdoten, Fabeln, Legenden, Gleichnisse

Es ist ein Allgemeinplatz, daß unsere Weltsicht durch Sprache geprägt ist, daß wir durch Sprache vermittelt lernen, das heißt uns die Grundlagen für Anwendung und Entwicklung der soziokulturellen Errungenschaften aneignen (Wissen, Können, Wollen, Wünschen), daß wir durch Sprache in Kontakt treten und (uns) mitteilen und schließlich uns selbst kennen- und verstehenlernen. Darum ist es nicht überraschend, wenn der unmittelbarste Ansatz der Unternehmenskulturdiagnose die Sammlung und Auswertung von Sprachproduktionen betreibt, die ja unverzichtbare Vorbedingungen und Begleiterscheinungen der Güterproduktion sind. Wir werden im folgenden auf mehrere Gruppen sprachlicher Äußerungen näher eingehen, nämlich auf

- Geschichten, Anekdoten, Fabeln, Legenden
- Sprüche und Sprachregelungen
- Graffiti
- Pseudogesetze
- Humor und Witze.

Wir werden jede Äußerungsform durch Praxisbeispiele belegen und im Sinne des qualitativen Programms Vermutungen darüber anstellen, welche Facetten der Unternehmenskultur durch diese Daten verständlich werden. Zunächst aber geht es um Geschichten.

In Unternehmen werden pausenlos Geschichten erzählt. „Hast du schon gehört ..." oder „Übrigens, in der Abteilung X haben sie ..." gehören zu typischen Einleitungen, wenn man sich auf dem Gang, in der Kantine, im Waschraum, am Fotokopierer trifft. Neben aktuellen Geschichten und Gerüchten gibt es auch ein Standardrepertoire, das dem Neuling in der Firma oder Abteilung beigebracht wird.

In Geschichten geht es nicht um Kosten-Nutzen-Analyse, strategische Planung oder technische Produktspezifikationen, sondern um die *Bedeutung* solcher und anderer sachrationaler Fakten für den einzelnen, um die wahren Hintergründe von Maßnahmen, um die verschlungenen Wege, die zu Entscheidungen geführt haben, um Hoffnungen und Enttäuschungen, Rivalitäten und Seilschaften, Animositäten und Empfindlichkeiten, Verhaltensregeln und -normen.

Ein Beispiel:
In der Firma IBM wird eine Geschichte über eine junge Frau erzählt, die vor kurzem eingestellt worden war und den Zugang zu einem Sicherheitsbereich zu kontrollieren hatte. Als eines Tages (der oberste Chef) Watson mit einer Schar von Direktoren kam, verweigerte sie ihm zur Bestürzung aller Umstehenden den Zutritt, weil er den erforderlichen Sicherheitsausweis nicht hatte. Entgegen dem befürchteten Wutanfall lobte Watson die junge Frau und schickte einen der Direktoren fort, um einen Ausweis zu besorgen.

Was ist die Moral von der Geschicht'? Warum wird sie – mehr oder weniger offiziell – bei IBM-Seminaren erzählt, Journalisten und Sozialwissenschaftlern präsentiert, neuen Firmenmitgliedern aufgetischt?

Offenbar ist in der Geschichte eine Mitteilung enthalten, die dem Berichtenden am Herzen liegt. Natürlich haben solche Erzählungen auch einen Unterhaltungswert, man will sich mit ihnen wichtig machen, genießt ein Alter-Hase-Image, aber das erklärt sicher nicht alles. Wenn man die Geschichte dechiffriert, kommt man auf unterschwellige Botschaften, die zu dem beitragen, was wir „Herrschaft dritten Grades“ nennen: Bewußtseinsprogrammierung.

Der Entschlüsselungsprozeß arbeitet mit Hypothesen und Vermutungen; entscheidend ist, daß er für die Beteiligten und Auswerter *Sinn macht,* das heißt die eigene Situation in einem neuen Licht erscheinen läßt beziehungsweise bisher übersehene Zusammenhänge entschleiert.

Die vier Funktionen von Mythen

Geschichten sind ein wichtiges Ausgangsmaterial zur Dechiffrierung von Unternehmensmythen. Unter Mythos wird hier eine grundsätzliche, nicht wahrheitsfähige Wirklichkeitserklärung verstanden. (In ihrem Wörterbuch definieren die Gebrüder Grimm, daß der Begriff mythisch „in der neueren täglichen rede der gebildeten gebraucht (wird) wie zweifelhaft, des sicheren bodens entbehrend.“) Jeder Mythos hat seinen Anti- oder Alternativmythos, demgegenüber er als Lüge, Illusion, Täuschung erscheint (und der genauso wenig bewiesen werden kann). Für eine bestimmte Gruppe ist ein Mythos eine Art fraglose Selbstverständlichkeit. Daß diese Grund-Annahme aber frag-würdig ist, zeigt sich daran, daß sie durch Denkverbote geschützt ist und durch bestätigende Geschichten immer wieder erhärtet und immunisiert werden muß.

Um die Bedeutung von „Mythen“ verstehen zu können, muß man sich ihren Stellenwert in einem Handlungsmodell vergegenwärtigen. Ausgangsüberlegung ist, daß es in einer bestimmten Situation immer mehrere Handlungsmöglichkeiten gibt. Erklärungsbedürftig ist, welche dieser Möglichkeiten gewählt wird. Der Erklärungsansatz, den wir in diesem Zusammenhang nutzen, betrachtet die Person als aktives informationsverarbeitendes System: Auf der Basis „einprogrammierter“ Such-, Auswertungs- und Handlungsregeln werden die situativen Bedingungen analysiert und Reaktionen vorbereitet. *Mythen* sind solche *allgemeinen* Handlungsprogramme (Synonyme für Mythen sind: Basisannahmen, Grundhaltungen, Denkschemata und so weiter). Ein und dieselbe Situation kann ganz verschieden behandelt werden, je nachdem, aus welchem „Blickwinkel“ sie betrachtet wird (siehe die folgende Abbildung). Die Situation „Ein Mitarbeiter beschwert sich lautstark“ kann man zum Beispiel aus der Perspektive M1 sehen: „Mitarbeiter sollen Zivilcourage haben und offen aussprechen, was ihnen nicht paßt!“. Eine geeignete Reaktion H1 bei *dieser* Vor-Annahme wäre dann, die Beschwerde vernünftig zu diskutieren, um Lösungen zu finden. Geht man jedoch von der Grundhaltung M2 aus: „Mitarbeiter können nie alle Gründe und Informationen für Entscheidungen kennen, sie müssen ihren Vorgesetzten vertrauen, diese handeln immer richtig!“ – dann kann die Beschwerde als Infragestellung der Vorgesetztenautorität gesehen werden und die Reaktion H2 wäre eine Zurechtweisung oder Kritik.

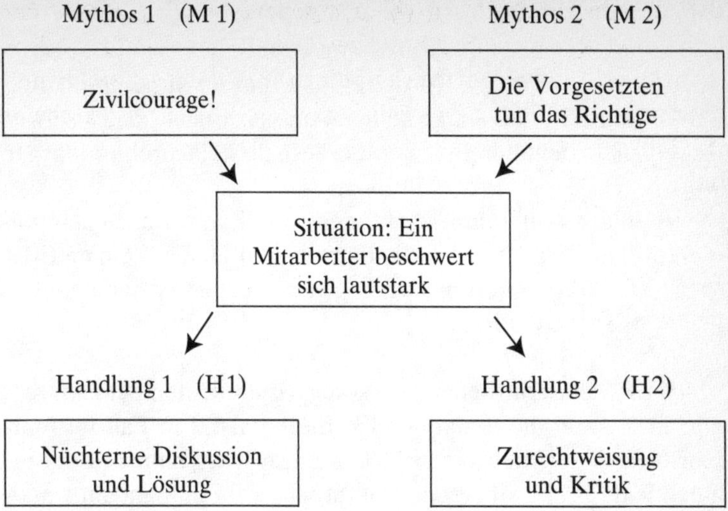

Wenn wir im folgenden über die Geschichten reden werden, unterstellen wir, daß diese Erzählungen wichtige Unternehmensmythen enthalten. (Hier wird die durchaus erwünschte Doppelbedeutung von „Mythos" sichtbar, denn Mythen sind einerseits die erzählten Geschichten, andererseits die in diesen Geschichten verborgenen Grundannahmen.) Die Geschichten sind jedoch nicht nur deshalb besonders interessant, weil aus ihnen abstrakte Sätze mit allgemeiner Geltung destilliert werden können, sondern weil sie eine bestimmte Sicht der Dinge nahelegen (Aufmerksamkeit lenken, sensibilisieren), kognitive Raster und Einordnungen anbieten (Mehrdeutigkeit beseitigen), konkretes Handeln modellhaft vorführen (Vorbilder ausmalen) und auch zeigen, auf welche Präzedenzfälle man sich berufen kann, wenn man in einer ähnlichen Situation ähnlich handelt.

In Geschichten präsentierte Mythen haben also vier Funktionen: sie *selektieren, etikettieren, modellieren* und *legitimieren.*

Am Beispiel der oben erwähnten IBM-Story sollen diese vier Funktionen erläutert werden:

Mythen selektieren

Die konkrete Situation, in der sich die Frau befand, hat viele Facetten: Es ist möglich, daß sie gestern eine Sicherheitsbelehrung hatte, daß sie kurz vorher zwei Mitarbeiter durchgelassen hatte ohne Ausweis und deshalb von ihrem Chef zur Rede gestellt worden war, daß ihr die Korona hoher Führungskräfte imponiert, daß ihr auffällt, daß einige keinen Ausweis tragen, daß sie ihren Arbeitsplatz behalten möchte und deshalb keine Fehler machen will ...

Neben den konkreten Erfahrungen und Erwartungen determinieren die *allgemeinen* Werthaltungen und Denkschemata (Mythen), was in einer bestimmten Lage für wichtig und handlungsrelevant gehalten wird.

Mythen etikettieren (benennen, kategorisieren, stempeln ab)
Die Frau kann die Situation etikettieren als „Ein Fall für Vorschrift 4: Jeder muß einen Sicherheitsausweis haben" oder als einen Fall für „Flexibel, unbürokratisch, effizient handeln!" oder „Jetzt stellt sich heraus, ob ich wirklich Mumm und Zivilcourage habe".

Mythen sagen was zu tun ist
Wenn die Frau schon mehrere Präzedenzfälle erzählt bekommen hat, wie in solchen Situationen zu verfahren ist, wird sie das Modellverhalten nachahmen können. Hat sie zum Beispiel schon mehrere „Vorschriften-sind-einzuhalten-Geschichten" gehört, wird sie anders handeln als wenn ihr dramatische Geschichten über „erfolgreiches Sich-hinwegsetzen-über-Vorschriften" in Erinnerung sind.

Mythen rechtfertigen (begründen)
Wenn das, was die Frau tut, von den betroffenen Personen (zum Beispiel Watson) in Frage gestellt würde, könnte sich die Frau auf unstrittige höchste Werte berufen (Normen, Vorschriften, Gesetze) und mit ihnen gewissermaßen eine Koalition bilden gegen eine aktuell drohende Übermacht. Denn Kritik an ihrem Verhalten würde ja die Basiswerte außer Kraft setzen oder zumindest fragwürdig relativieren (oder neue Prioritäten dokumentieren).

Ein wichtiges Problem ist nun, daß es nie nur *einen* Unternehmensmythos gibt, sondern mehrere. Solange diese Grundanschauungen sehr abstrakt formuliert werden, können sie konfliktfrei nebeneinander existieren. Schwierigkeiten entstehen erst, wenn man versucht, aus den allgemeinen Sätzen konkretere Handlungsempfehlungen abzuleiten. Es stellt sich dabei meist sehr schnell heraus, daß die Konkretisierungen zum Teil miteinander in Konflikt stehen.

Diese Situation ist in der folgenden Abbildung am Beispiel der IBM-Story illustriert. In der Kopfzeile dieser Darstellung sind einige mögliche Unternehmensmythen aufgeführt. Die konkrete Situation, in der sich die Frau befindet, ist im mittleren Rechteck beschrieben. Die fundamentalen Mythen erlauben verschiedene Ansichten dieser Situation („Blickwinkel"). Beispielhaft sind unterhalb der Ebene der allgemeinen Mythen konkretere Handlungsmaximen angeführt, die aus den Mythen abzuleiten wären.

Gilt für die Frau als oberster Grundsatz „Ordnung muß sein!", dann bleibt ihr keine andere Wahl als den Sicherheitsausweis auch von Watson zu verlangen. Geht sie aber davon aus, daß jeder einzelne Mitarbeiter verantwortlich nach bestem Wissen und Gewissen entscheiden soll und muß, dann kann sie in diesem konkreten Fall eine Ausnahme machen.

Hat sich die Frau nun für eine bestimmte Handlung entschieden („Ein Auge zudrücken und Watson ohne Ausweis hereinlassen"), dann kann sie dafür zur Rechenschaft gezogen werden (weil sie Vorschriften verletzt hat). Könnte sie sich nun auf Prinz-von-Homburg-Geschichten berufen (Anordnungen zuwiderhandeln, um ein höheres Ziel zu erreichen), dann würde sie sich der Kritik entziehen können.

Diese „weiche" Methode der Verhaltenssteuerung durch Mythen (mentale Programme) trägt der Tatsache Rechnung, daß sowohl die Ziele wie die Handlungsbedingungen in Organisationen mehrdeutig, komplex und widersprüchlich sind, so daß „Ermessensspielraum", „Gespür", „gesunder Menschenverstand", „Nutzung von Chancen" und so weiter als vage Generalklauseln eingeführt werden, um bei Normenkollisionen dennoch handlungsfähig zu bleiben. Allerdings bedeutet das auch, daß bei Mißerfolgen mühelos Norm- und Pflichtverletzungen nachgewie-

Die Bedeutung von Mythen für Handlungsauswahl und -begründung (am Beispiel der IBM-Story).

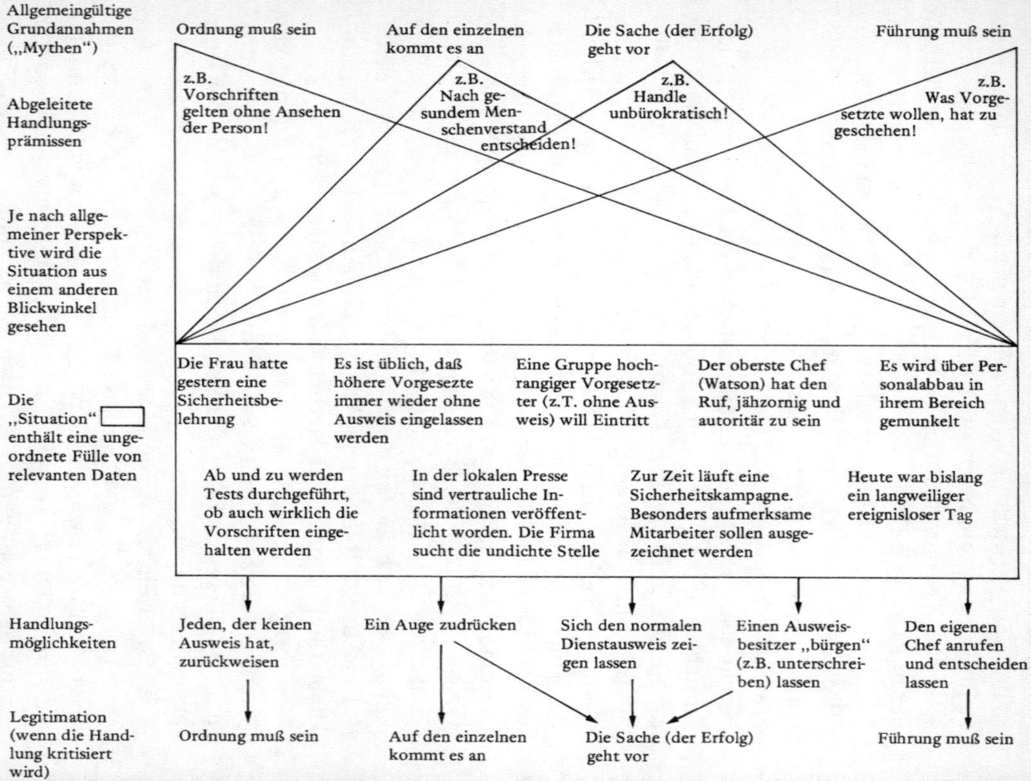

sen werden können. Deshalb spielt in Organisationen die *Legitimation* des eigenen Handelns und seiner Folgen durch Rückgriff auf Grundwerte, Mythen und allgemeine Handlungsprinzipien eine so bedeutsame Rolle.

Der Hintersinn von Geschichten: 15 Wertepolaritäten

Bevor wir nun Beispiele für Firmengeschichten bringen, wollen wir noch kurz auf das Ordnungsprinzip eingehen, das wir unserem Material zugrundegelegt haben. Weil wir davon ausgehen, daß in Geschichten Werte, Normen und Basisannahmen (Mythen) eines Unternehmens zum Ausdruck kommen, haben wir unsere Beispiele entsprechend zugeordnet. Wir nennen und erläutern zuerst also jeweils die Inhalte des „mentalen Programms" (das die Tiefenstruktur der Unternehmenskultur ausmacht – siehe S. 26). Dabei gehen wir von der These aus, daß diese „Software" nie eindimensional-unstrittigen, sondern (meist) in sich widersprüchlichen Regeln folgt. Wer in Unternehmen handeln muß, befindet sich häufig in Dilemmatas: Er muß zum Beispiel auf der einen Seite vorhandene Vorschriften streng beachten – aber andererseits würde ein „Dienst nach Vorschrift" das Unternehmen lahmlegen; es soll keine Günstlingswirtschaft geben, aber gleichzeitig sollen soziale Beziehungen gepflegt und die individuellen Stärken und Schwächen jedes einzelnen genutzt werden.

Wir werden deshalb jeweils beide Pole des Dilemmas kurz erläutern und dann Geschichtenbelege dazu aufführen. Ein Überblick über alle 15 Polaritäten findet sich in der Zusammenstellung auf den Seiten 94–96.

1. Zivilcourage – Anpassung

Unternehmen fordern auf der einen Seite den Mitarbeiter mit Rückgrat, Ausdauer und Hartnäckigkeit (siehe die oben erwähnten „Champions" und „Intrapreneurs"), auf der anderen Seite aber auch Unterordnungsbereitschaft und das Zurückstellen persönlicher Interessen zugunsten des Ganzen.

Die Extremisierung der obigen Polarität würde dann zur Gegenüberstellung von Märtyrertum und Duckmäusertum führen.

Beispiele:

Harold Geneen, der ehemalige Boß der ITT, berichtet in seinen Memoiren, daß er nach seinem ersten Grundsatzreferat, mit dem er den europäischen ITT-Managern die neue Politik deutlich machte, um Fragen und Kritik dazu bat. Es gab keine einzige Wortmeldung. Später erfuhr er, daß sein Vorgänger, Oberst Behn, vor einiger Zeit eine ähnliche Aufforderung ausgesprochen hatte und der Mann, der daraufhin einige kritische Fragen gestellt hatte, kurze Zeit später gefeuert worden war.

In der Firma Hoechst wurde über den früheren Vorstandsvorsitzenden Rolf Sammet die Geschichte eines „Zusammenstoßes" mit dem allgewaltigen Karl Winnacker erzählt. Sammet war damals in der Technischen Direktionsabteilung und hatte sich im Verband Angestellter Akademiker (VAA), einer Art Union leitender Angestellter, unter anderem für eine weite Fassung des Begriffs „Leitender Angestellter" engagiert und den Boykott der Betriebsratswahlen betrieben. Winnacker war gegen diese Aktivitäten und lud den Vorstand der VAA vor. Aber nur Sammet erschien, die anderen ließen sich verleugnen. Es kam zu einem Wortwechsel, aber Sammet ließ sich nicht umstimmen und verfaßte den geplanten Aufruf, der in der Mitgliederversammlung mit großer Mehrheit angenommen wurde. Sammet war sich darüber klar, daß ein solches Vorgehen den Zorn Winnackers auf sich lenken konnte. In seiner Biografie heißt es dazu:

„Es kam jedoch ganz anders: Winnacker, souverän genug, betrachtete Sammet fortan keineswegs als unbequem oder gar aufsässigen jungen Mann, sondern er schätzte es offenbar, daß dieser seine Meinung so konsequent vertreten hatte. Nicht nur Sammet ist es so ergangen" (1).

In der Deutschen Bank kursiert eine ähnliche Geschichte über den Vorstandssprecher Christians: Er habe, als er noch „kleiner" Zweigstellenleiter gewesen sei, einem Vorstandsmitglied der DB, das zu Inspektionsbesuch anwesend war, die Tür gewiesen, weil er sich und seine Leute durch das Verhalten dieses Vorstands beleidigt und verletzt gefühlt hatte. Einen Vorstand der DB hinauswerfen – das ist in der Tat ein Vergehen, das gleich nach einem Sakrileg kommt. Kein Wunder, daß der übrige Vorstand auf diesen jungen Mann, der sich durch solche Zivilcourage ausgezeichnet hatte, aufmerksam wurde – und das weitere ergab sich ...

Ob sich die Geschichte so zugetragen hat oder nicht, ist nicht wichtig; entscheidend ist die Botschaft: Rückgrat lohnt sich. (Man darf nicht die Hunderte von für immer Gelähmten zählen, die bei ähnlichen Versuchen mit gebrochenem Rückgrat auf der Strecke geblieben sind.)

„3M hat das sehr menschliche Phänomen verstanden, daß Erfolg weiteren Erfolg nach sich zieht. Aber auch Mißerfolge finden Rückendeckung. Einmal mehr gibt die Firmenlegende Aufschluß. Chairman Lehr predigt: ‚Zu dem Geschäft mit dem Besandungsmaterial für Bitumenbedachungen sind wir gekommen, weil ein Mitarbeiter unablässig versuchte, eine Verwendung für Sandpapierabfälle zu finden. Er wurde schließlich entlassen (anscheinend werden sogar bei 3M bisweilen Champions vor die Tür gesetzt), weil er zu viel Zeit und Mühe auf diese Sache verwandt hatte. Dennoch kam er einfach immer weiter zur Arbeit. Heute erzielt unser Bereich Bedachungsmineralien ansehnliche Erträge. Der Vater des Gedanken trat vor zehn Jahren als Vizepräsident des Bereichs in den Ruhestand ...‘ Kurz nach dem Zweiten Weltkrieg hatten wir ein Programm zur Entwicklung steriler Tücher für die Chirurgie. Das Programm wurde von der Unternehmensleitung zweimal eingestellt. Aber mit steter Beharrlichkeit kamen wir schließlich doch zu einem geeigneten Produkt und legten damit den Grundstein für unseren heutigen Gesundheitspflegeumsatz von 400 Millionen Dollar pro Jahr ... Wir halten diese Geschichten wach und erzählen sie immer wieder, damit jeder Mitarbeiter mit Unternehmergeist, der sich in einem großen Unternehmen entmutigt, frustriert und ausgeliefert fühlt, erfährt, daß er nicht der erste ist, der auf gewaltige Widerstände stößt ...“ (2).

2. Ordnung – Improvisation

Auf der einen Seite stehen hier Struktur, Verläßlichkeit, Berechenbarkeit, Rechtmäßigkeit, auf der anderen Spontaneität, Kompetenzüberschreitung, situationsangemessenes Verhalten. Ins Extrem gewendet stehen sich Bürokratismus. Vorschriftendenken auf der einen Seite und Chaos, Impulsivität und Gesetzlosigkeit auf der anderen gegenüber.

Beispiele:

Hier geht es um Geschichten, in denen ein hoher Vorgesetzter von der Notlage eines seiner Mitarbeiter oder eines Kunden erfährt und spontan, unbürokratisch und effektiv hilft. So die Geschichte des Delta-Airline-Vorstands, der davon hörte, daß eine Frau ein früher zum Superspartarif gekauftes Ticket nicht hatte wahrnehmen können und abgewiesen wurde, als sie es nach Ablauf der Begünstigungsfrist nutzen wollte. Weil er gerade da war und die Bedeutung von Kundenservice demonstrativ unterstreichen wollte, ging er der Frau am Flugsteig entgegen und überreichte ihr ein neues Ticket (3).

In dieser Anekdote kommt das Spannungsverhältnis zwischen Ordnung und Spontaneität besonders kraß zum Ausdruck: Was wäre, wenn sich in Zukunft jeder Delta-Mitarbeiter nach diesem Vorbild verhalten und Vorschriften mißachten würde?

In diesem Zusammenhang ist auch eine vielzitierte Anekdote aufschlußreich, die IBM-Chef Watson im Standardrepertoire seiner Reden hatte (und die von Kierkegaard stammt). Sie veranschaulicht ebenfalls das Dilemma zwischen Ordnung und Freiheitsdrang, Anpassung und Selbständigkeit:

Ein Mann, der an einem See wohnte, fütterte die auf ihrem Flug nach Süden landenden Wildenten. Von Jahr zu Jahr blieben immer mehr an seinem See – er konnte sie nicht mehr dazu bringen, weiterzufliegen. Die Moral: „Man kann Wildenten zahm machen, aber zahme nicht mehr wild!" – ein Appell an Forscher und Außendienstmitarbeiter, in ungebändigtem Drang und wildem Eifer nicht zu erlahmen, undressiert nonkonforme Wege zu suchen.

Dies ist bezeichnend wegen der erzwungenen und in den USA lange Zeit sprichwörtlichen Uniformität der Mitarbeiter der IBM („the button-down guys with the button-down shirts"). So wurde auch ein Zuruf, den ein Mitarbeiter während einer der Wildentenpräsentationen Watsons machte, sofort aufgegriffen und in die weiteren Erzählungen integriert: „Sie sind zwar wild, aber sie fliegen in Formation!"

Eine bewährte Protestmaßnahme gegen einengende Reglementierung ist, sie ad absurdum zu führen, indem sie peinlich genau befolgt wird (Dienst nach Vorschrift):

„Die Betriebsleitung wollte in unserer Werkstatt die Frühstückspause neu regeln. In Verhandlungen mit dem Betriebsleiter wurde die negative Seite aufgezeigt und von einer Festlegung abgeraten. Aber die Betriebsleitung wußte es besser, sie bestimmte die Durchführung der Pause, nach einer von ihr bestimmten Zeit. Der Zufall wollte es, daß während einer

Pause ein Umbau der Walzgerüste vorgenommen werden mußte. Die Kollegen richteten sich jedoch nach der Pausenordnung. Durch die Einhaltung der Anordnung der Betriebsleitung entstand der Firma ein großer Schaden. Die Pausenregelung wurde ab sofort wieder aufgehoben" (4).

„Die Durchsicht der Zeichnungen ergab zwei schwerwiegende Fehler, die die Arbeiter normalerweise durch eine persönliche geistige Zutat zum Produktionsprozeß schweigend ausgeglichen haben würden. Im Kampf um die Vorgabezeit arbeiteten sie demgegenüber genau nach Zeichnung und stellten zielstrebig mangelhafte Werkstücke her, deren Fehlerhaftigkeit allerdings nicht ihnen, sondern der Arbeitsvorbereitung anzulasten war. Im Ergebnis der Auseinandersetzung wurde die strittige Vorgabezeit im Sinne der Arbeiter geändert. Darüber hinaus wurden ihnen sechs Stunden für die Nachbesserung der Stücke zugestanden, von denen eine benötigt wurde" (5).

3. Menschlichkeit – Sachlichkeit

Diese Gegenüberstellung betont auf der einen Seite Nähe zum Mitarbeiter, Freundlichkeit, Fürsorge, auf der anderen Seite aber nüchterne kühle Sachlichkeit und Rationalität. Im Extrem: Kumpelhafte Vertraulichkeit versus Behandlung der Mitarbeiter als Dinge, Waren, Ersatzteile.

Wir sind bereits auf den zentralen Stellenwert der „Mitarbeiterorientierung" in Peters und Watermans acht Erfolgsregeln eingegangen und auf das von ihnen propagierte „Management by Wandering Around" (hautnaher Kontakt mit den Leuten vor Ort).

„Der frühere ARCO-Chairman, Robert O. Anderson, sagt, daß er während seiner fünfzehn Jahre an der Spitze im Durchschnitt täglich 500 Meilen mit dem Auto gefahren ist. Dabei brachte er seine Ansichten an die Front und hat so den Erfolg der einst verschlafenen ARCO immens verbessert" (6).

Anmerkung: Das bedeutet, daß Anderson täglich im Durchschnitt (!) circa neun Stunden im Auto gesessen sein muß, wenn er die US-Geschwindigkeitsbegrenzungen beachtet hat.

In der 3M-Company wird der Fall eines jungen Mannes berichtet, der ein Projekt in den Sand gesetzt hatte und mit dem Gefühl zu C. C. March, dem zuständigen Vizepräsidenten, ging, daß er jetzt wohl seine Sachen packen könnte. Aber, als er ihm seinen Fehler erzählt hatte, sah ihn March eine Minute lang schweigend an und sagte dann: „Hören Sie mal, ich habe Ihr Projekt befürwortet und wenn es einen Fehler gibt, dann haben wir ihn beide gemacht!"

Günter Wallraff berichtet aus den Melitta-Werken, daß eine Mitarbeiterin mit der neu eingeführten Samstagsarbeit nicht einverstanden war, weil sie Adventistin war und deshalb um ein Gespräch mit Bentz, dem Unternehmensleiter, nachsuchte. Sie berichtet folgendes: „Nehmen Sie Platz, hat er gesagt. Und dann habe ich gesagt: Herr Bentz, ich komme mit einer großen Bitte zu Ihnen. Ich sage, ich habe einen anderen Glaubensweg; wir feiern den Samstag, wie es in der Heiligen Schrift steht. Dann hat er mich ausgefragt, Familienverhältnisse usw., und wo ich her bin. Und ich habe ihm gesagt: Sie als Arbeitgeber und unser Chef erwarten von Ihren Mitarbeitern Pünktlichkeit, Ehrlichkeit und Gehorsam, was ja Grundbedingung ist. Ich sage: Und genauso erwartet Gott von uns, daß wir doch seinen Geboten treu sein sollen. Er war sehr bewegt, ja. Und er sagte zu mir, er sorge dafür, daß ich meinen Samstag freikriege. Wie der mir entgegenkam, werde ich nie vergessen. Nie" (7).

Auch auf den in vielen Firmen gepflegten Mythos der „Politik der offenen Tür" ist hier hinzuweisen (derzufolge jeder Mitarbeiter, der mit einer Beschwerde bei seinem Chef nicht durchkommt, sich unmittelbar an den nächsthöheren Vorgesetzten bis hinauf zum Vorstand wenden kann). Es ist völlig klar, daß dies in einem Unternehmen wie etwa IBM mit mehreren 100000 Mitarbeitern für einen Vorstand zeitlich nicht zu verkraften wäre – und trotzdem werden solche Geschichten immer wieder wachgehalten und aktiv verbreitet.

Wie bei IBM ist auch bei Delta Airlines die offene Tür allgegenwärtig; bei Levi Strauss steht sie so hoch im Kurs, daß sie auch die „5. Freiheit" genannt wird (neben der in der Verfassung verbrieften Religions-, Meinungs-, Presse- und Versammlungsfreiheit).

Bei Delta Airlines erklärt der ehemalige Präsident dazu: „Mein Teppich muß einmal im Monat gereinigt werden. Mechaniker, Piloten, Flugbegleiter – alle kommen zu mir herein: Wenn sie uns wirklich etwas zu sagen haben, dann geben wir ihnen auch die Zeit dafür. Sie brauchen sich nicht zuerst an irgendjemand anderen zu wenden. Der Chairman, der Präsident, der Vizepräsident – niemand von uns hat auch nur einen einzigen ‚Referenten', der die Leute vorsortiert; niemand ist dazwischengeschaltet" (8).

Vor allem in der Arbeiterliteratur findet sich die Kehrseite der Medaille. Hier gibt es zahlreiche Geschichten, in denen rücksichtslose Ausbeutung angeprangert wird – bis hin zur fahrlässigen Körperverletzung.

„Eine ständige Gefahrenquelle sind die überladenen Karren. Immer, wenn was passiert ist – und es passiert mit den Karren dauernd was –, hängt die Werksleitung einen Anschlag aus: ‚Die Karren dürfen nur bis zu einer bestimmten Höhe beladen werden.' Acht bis vierzehn Tage nach dem letzten Aushang hält man sich bereits nicht mehr an die Bestimmung, und die Werksleitung toleriert das stillschweigend bis zum nächsten Unfall. Der Akkordler belädt seinen Karren in doppelter Höhe, spart dadurch einen Gang ein, spart so kostbare Zeit, die für ihn Geld ist. (Geld für das Werk ohnehin, denn von jeder Mehrarbeitsleistung kommt dem Arbeiter nur ein Bruchteil zugute.) So kippen akrobatisch aufgetürmte Stapel von Rohren nach wie vor von den Karren herunter, krachen auf Schädeldecken, Schulterblätter und Rippen, zerschlagen Schienbeine und zerbrechen Zehen. Das muß hingenommen werden, das bringt der Akkord eben mit sich" (9).

4. Kooperation – Individualismus

Zum einen geht es hier um Zusammenarbeit und Zusammenhalt, um gegenseitige Hilfeleistung und Solidarität, andererseits aber um Einzelgängertum und Selbstverwirklichung. Auf die Spitze getrieben lautet die Polarität: Harmonie der glücklichen Betriebsfamilie gegenüber rücksichtslosem Egoismus.

In vielen Unternehmen oder Abteilungen finden sich Erzählungen wie Notlagen, Terminprobleme, Produktionsengpässe durch gemeinsames entschlossenes Handeln bewältigt wurden. Paradebeispiel in der Arbeiterliteratur ist hier die Vorbereitung und Durchführung von Streiks oder sonstigen kollektiven Protestaktionen.

In die AT&T-Annalen ist das „Wunder der 14. Straße" eingegangen. In Manhattan war durch ein Großfeuer die Schaltzentrale völlig zerstört, der größte Servicefall, der je in einer Bell-Gesellschaft vorgekommen war.

Noch bevor die Feuerwehr die Erlaubnis zum Wiederbetreten der Räume gegeben hatte, war schon die – größte je durchgeführte – Krisenmobilmachung angelaufen ... Unter der Leitung von Lee Oberst wurde ein Krisenstab gebildet, der in einem gemieteten Warenhaus in der 14. Straße tagte; er wurde natürlich Kriegshauptquartier genannt! Lee

Oberst, ein Vizepräsident der New York Telephone war wie geschaffen für eine solche Operation (er hatte seine Bell-Karriere 1946 als „Fräulein vom Amt" – für 28 Dollar die Woche – begonnen). Innerhalb von 24 Stunden war ein Nottelefondienst für betroffene Dienststellen von Krankenhäusern, Polizei, Feuerwehr eingerichtet. Kurz danach erreichte die Einsatztruppe ihre Spitzenstärke von 4000 Mann. Sie arbeiteten rund um die Uhr in 12-Stunden-Schichten, 2000 pro Schicht. Mit Ausnahme einiger *vereinzelter* Problemverbindungen arbeitete das Amt wieder ordnungsgemäß kurz vor 21. März Mitternacht – 22 Tage nach der Katastrophe (10).

Drei Sachbearbeiterinnen in einem großen Chemiekonzern hatten sich wiederholt beschwert über die unerträglichen Temperaturen, die in ihrem Arbeitsraum in der Sommerzeit ab 12 Uhr herrschten. Die Firmenleitung wies zunächst die Beschwerden zurück; als aber auch der Werksärztliche Dienst eingeschaltet worden war, wurden Messungen vorgenommen und Kostenvoranschläge erarbeitet. Dann rührte sich nichts mehr. Die drei Frauen entschlossen sich daraufhin eines Tages zu einer gemeinsamen Protestaktion, die firmenweit Aufsehen erregte: Alle drei arbeiteten im Bikini! Wie ein Lauffeuer sprach sich diese Aktion herum (und selbstverständlich erhielten die drei ungewöhnlich viele männliche Besucher). Den unmittelbaren Vorgesetzten war es sehr peinlich, daß die Aktion zum allgemeinen Gesprächsthema geworden war. Kurze Zeit später wurden leistungsstarke Ventilatoren aufgestellt und Umbauarbeiten an den Fenstern begonnen ... (11)

Zum Pol „Individualismus" sei hier nur eine kleine Bosch-Anekdote angeführt, weil auf die Thematik der Selbstdarstellung und Selbstverwirklichung unten noch ausführlicher eingegangen werden soll:

Bosch soll beim Lesen der Türschilder im Verwaltungsgebäude ausgerufen haben: „Was, so viele Doktoren! Man kommt sich ja vor wie in einem Krankenhaus! Weg mit diesen Doktortiteln!"

5. Offenheit, Aufrichtigkeit – Vertraulichkeit, Diplomatie

Transparenz, Klarheit und rückhaltloser Informationsaustausch stehen der Wahrung von Vertraulichkeit, der Geheimhaltung und der Beschränkung von Informationssammlung, -speicherung, -auswertung und -weitergabe gegenüber. Im Extrem wären die „gläserne Firma" oder aber Geheimbündelei und Cliquenwirtschaft die Pole.

Hier ist nur an den „Bürotratsch“ zu erinnern, durch den mit der größtmöglichen Geschwindigkeit alles im Unternehmen verbreitet wird, wenn es unter dem Siegel der Verschwiegenheit mitgeteilt worden war. Der amerikanische Slang für dieses Phänomen ist der jiddische Ausdruck „schmoozing“, mit dem das Umherstreunen im Bürogebäude, das Auf-eine-Zigarette-miteinander-quatschen, das gegenseitige Inkenntnissetzen von den brandneuen Entwicklungen – kurz: die innerbetriebliche Buschtrommel gemeint ist. Hier wird darüber geredet, wer mit wem eine Liaison hat, wer wen zum Gönner oder Paten hat, welche Seilschaften es gibt, warum jemand *wirklich* eingestellt oder entlassen wurde, wie groß die Verluste im Lieblingsprojekt des Vorstandes *wirklich* sind, welche Marotten welcher Chef hat und in welcher Laune er heute gerade ist ...

Diese barocke Informationsbörse erhält durch die Technisierung in Personalinformationssystemen (PIS) eine (hierarchisch) einseitige und ungeahnte Steigerungsmöglichkeit – weshalb sich um die Leistungsfähigkeit und die Einsatzpraxis von PIS neue Mythen gebildet haben.

Ein sehr anschauliches Beispiel ist der „Fall Werksbus“, der in vielen Veröffentlichungen zu PIS auftaucht (dessen Authentizität jedoch nicht eindeutig geklärt ist):

„In einem Betrieb in Nordbayern wurde festgestellt, daß im Vergleich zu betriebswirtschaftlichen Richtlinien die Belegschaft überaltert und der Anteil der Frauen zu hoch war. Der Betrieb beschloß das zu ändern. Da Kündigungen nicht möglich waren – sie wären vom Arbeitsgericht höchstwahrscheinlich als unbegründet aufgehoben worden – suchte man nach einem anderen Ausweg. Mit Hilfe des Personalinformationssystems stellte man fest, daß die älteren Frauen schwerpunktmäßig außerhalb der Stadt wohnhaft waren. Daraufhin beschloß die Betriebsleitung, den Betriebsbus stillzulegen, der diese Frauen jeden Tag abgeholt hatte, wobei sie vorgab, der Bus rentiere sich nicht mehr. Da kein öffentliches Verkehrsmittel vorhanden war und ein Umzug nicht in Frage kam, mußten die Frauen von sich aus die Stelle kündigen. Für den Betrieb war das Problem damit gelöst“ (12).

6. Erfolgsorientierung – Pflichterfüllung, Dienst

Hier stellen wir dem unbedingten Willen zum Erfolg und zur persönlichen Auszeichnung die unauffällige verläßliche Pflichterfüllung gegenüber, der auch ein Rückschlag nicht als Katastrophe gilt, sondern als eine Chance zu Lernen, Fehlersuche, Selbstwertprüfung und Solidaritätsbewährung. Der unausweichliche Schatten von Erfolg, Auszeichnung, Aufstieg, Spitzenleistung ist Scheitern und Versagen, Rückschlag und Niederlage. Meist wird diese dunkle abgelehnte Seite totgeschwiegen und es werden nur die Tellerwäschermillionärsmärchen erzählt („Wie es Wienerwald-Jahn, Computer-Nixdorf, Rundfunk-Grundig, Quelle-Schickedanz und so weiter geschafft haben"). Alle Firmenbiographien legen Zeugnis ab vom unermüdlichen Schaffensdrang, dem Einfallsreichtum und der Ausdauer, der Weitsicht und persönlichen Anspruchslosigkeit derjenigen, die aus kleinsten Anfängen bis ganz nach oben gekommen sind. Nur selten, vor allem, wenn einer auf der Strecke bleibt, wird schmutzige Wäsche gewaschen und es kommen auch die Schattenseiten zur Sprache, die ansonsten von bestellten oder selbsternannten Lobrednern verschwiegen werden. Unter den Mitarbeitern aber kursieren nicht selten Geschichten über die Praktiken am Rande der Legalität oder auch den puren Zufall, dem manche Erfolge zu verdanken sind.

Eine (scheinbare) Ausnahme vom Stereotyp des geborenen Erfolgsmenschen schildert folgendes Beispiel (13):

Einem leitenden Ingenieur waren mehrere wichtige Projekte übertragen worden – und alle scheiterten. Anstatt ihn zu feuern, bekräftigte die Firma ihre Basisannahme, daß jemand nur dann versagt, wenn ihm nicht die richtigen Aufgaben übertragen wurden. Man hat es also weiter mit ihm versucht, eine geeignete Verwendung gefunden und er wurde zum „Helden".

Hier findet sich eine unerwartete Bestätigung des Satzes, daß der Mißerfolg nur einen Vater hat – nämlich die Firma, weil sie darin versagt hat, das Potential des Mitarbeiters zu nutzen! (Siehe in diesem Zusammenhang auch die oben schon erwähnten Geschichten des unermüdlichen 3M-Sandpapierabfallverwerters und der Berichte des Projektmißerfolgs, den der Vorgesetzte aber mitzutragen bereit war.)

Die Bedeutung des unbedingten Erfolgswillens und der materiellen oder symbolischen Auszeichnung des Erfolgreichen wird im folgenden Zitat ersichtlich:

„Thomas Watson Sr. soll es sich zur Gewohnheit gemacht haben, auf der Stelle einen Scheck auszuschreiben, wenn er bei seinem typischen ‚Wandermanagement' auf besondere Leistungen stieß. Beispiele für derartige prompte Leistungshonorierung tauchten bei unserer Untersuchung immer wieder auf. So war Foxboro in der Anfangszeit des Unternehmens einmal an einem Punkt angekommen, wo das weitere Überleben davon abhing, daß schnell ein entscheidender technischer Durchbruch gelingen würde. Eines Abends kam zu später Stunde ein Wissenschaftler mit einem funktionierenden Prototyp in das Büro des Präsidenten gestürzt. Überwältigt von der Perfektion der Lösung, suchte dieser nach einer passenden Belohnung; er stöberte in seinem Schreibtisch, fand etwas, reichte es dem Wissenschaftler hinüber und sagte: ‚Da!' In der Hand hielt er eine Banane, die einzige Belohnung, die er sofort anbieten konnte. Seit jener Zeit ist die kleine ‚Goldene Banane' bei Foxboro die höchste Ehrung für wissenschaftliche Leistungen" (14).

Aus einem anderen US-Unternehmen wird berichtet, daß bei Sonderleistungen Smarties vergeben werden!

Vom Polaroid-Chef Land stammt ein Ausspruch, der für den Kapitalismus insgesamt Motto sein könnte: „Es gibt eine Regel, die sie dir nicht an der Harvard Business School beibringen, nämlich: Wenn es sich lohnt, etwas zu tun, dann lohnt es sich, es im Übermaß zu tun!" Als er sich in einer Hauptversammlung in allgemeinen philosophischen Äußerungen erging, wurde er von einem Aktionär unterbrochen: „Das ist alles gut und schön. Aber wie steht's mit der bottom line?" „Sie glauben, das einzige, was zählt, ist die bottom line?" gab Land zurück. „Wie vermessen, das zu sagen. Die bottom line ist im Himmel" (15). In diesem Wortspiel werden zwei Bedeutungen von bottom line kombiniert. Zunächst ist die bottom line die *letzte Zeile* in der Ertragsrechnung: hier steht, was „unterm Strich" an Dollars gewonnen oder verloren wurde. Andererseits ist bottom line auch der Kern der Sache, der (Erd-)Boden, die Ausgangsbasis, das Unterste – und bei Polaroid war der Gewinn „himmelhoch".

7. Wandel, Risiko – Bewahrung, Sicherheit

Weil das Bessere der Feind des Guten ist und der kapitalistische Unternehmer deshalb als „schöpferischer Zerstörer" (16) gilt, stehen Unternehmen unter einem ständigen Verbesserungs- und Innovationsdruck. Leitwerte sind Fortschrittlichkeit, Modernität, Optimismus und produktiver Konflikt. Wenn jedoch heute nicht mehr gilt, was gestern noch das einzig Richtige war, dann gleitet Wandel ab ins Extrem turbulenter Hektik, dem Mitmachen jeder

Mode, dem Aufspringen auf jeden Trend. Der Gegenpol wäre Traditionalismus und Erstarrung als Extremisierung des konservativen Anspruchs, das Bewährte zu erhalten, des Strebens nach Sicherheit, des vorsichtigen Abwägens, der ausgeglichenen Harmonie.

Zum Wandel-Pol gehören die vielen Geschichten über die neu hereingeholten oder ernannten Chefs, die möglichst schnell die Spuren ihrer Vorgänger tilgen und dem Geschehen ihren unverwechselbaren Stempel aufdrücken wollen. Sie brauchen rasche Erfolge und sind bereit, dafür nahezu jeden Preis zu zahlen und jedes Mittel einzusetzen. In den Gründerlegenden finden sich häufig auch Episoden, in denen der Unternehmer unter hohem Risiko überlebenswichtige Entscheidungen zu treffen hatte, alles auf eine Karte setzen mußte, eine Chance beim Schopf packen mußte. Er tat's – und der Erfolg gab ihm recht! An dieser Stelle lassen die Erfolgsmärchen neben dem Genius des Gründers manchmal auch den Zufall (die „Fortune") als Erfolgsfaktor gelten.

Auch Arbeitnehmer haben gelernt, nicht jede technische oder organisatorische Neuerung vorurteilslos zu begrüßen; allzuoft hat sich hinter der modernen Verkleidung der Pferdefuß gezeigt: Es gibt zahllose Geschichten, in denen quasi über Arbeitergenerationen hinweg weitergegeben wird, daß die teure neue Maschine zu einer Leistungsintensivierung und zum Personalabbau geführt hat, daß das schöne neue Bürogebäude gleichzeitig Großraumarbeit und den Verlust alter Gewohnheitsrechte und -privilegien bedeutete, daß die neue Organisation Straffung der Arbeitsverteilung, sprich: Mehrarbeit hieß.

Es ist deshalb nicht überraschend, daß hier Geschichten mit negativem oder warnend-vorsichtigem Unterton dominieren.

„In einem Frauenbetrieb ‚schrecken' überdurchschnittliche Verdienste die Betriebsleitung. Neue Zeitstudien werden angekündigt. Die Solidarität der Kolleginnen verhindert dieses Ansinnen. Sobald der Zeitnehmer am Band erschien, war der Arbeitsrhythmus gestört. Die Kolleginnen hatten mehr Reparaturen als vorher. Es fehlten plötzlich Arbeitsmittel, die erst durch den Vorarbeiter herbeigeschafft werden mußten. Die Kolleginnen hatten dringende Gespräche mit dem Betriebsrat zu führen, oder andere unaufschiebbare Arbeiten zu verrichten. Da der Arbeitsfluß der Gruppe somit ständig gestört war, konnte es zu keiner neuen Zeitaufnahme kommen" (17).

„In einem mittleren Industriebetrieb legten Arbeiterinnen, die im Zuge der Tarifauseinandersetzungen sich für die Abschaffung der Lohngruppe II engagierten, schweres Werkzeug so an einem Fließband ab, daß bei Schichtbeginn und Einschaltung des Bandes das Werkzeug herabfiel und einen Ölschlauch abriß. Die Arbeiterinnen erreichten dadurch einen Stillstand des Bandes von mehreren Stunden" (18).

8. Hierarchie – Gleichheit

Schichtung, Überordnung, Dominanz sind Kennzeichen jeder größeren Organisation, in der Rechte und Privilegien ungleich verteilt sind. Dennoch besteht auf der anderen Seite der Anspruch auf (Chancen-)Gleichheit, Gleichberechtigung, dem Abbau von Diskriminierung und übertriebener Differenzierung. Die Extreme: Absolutismus und Despotie versus Gleichmacherei.

Nachdem das berühmte Diktum des Freiherrn von Stumm, daß die Demokratie an den Werkstoren aufhöre, in einer demokratischen Gesellschaft nicht mehr hingenommen wird, müssen andere Rechtfertigungen für die Ungleichverteilung von Rechten und Pflichten gefunden werden (zum Beispiel Leistung, Bildung, Einsatz, „Marktwert"). Der kontrollierte Aufstieg in einer hierarchisch geschichteten Organisation ist eine der wirksamsten Techniken der Disziplinierung, Motivation und Anpassung an die herrschende kulturelle Programmierung. Wichtig ist nur, daß die persönliche Verantwortlichkeit für das Schmieden des eigenen Glücks verinnerlicht wird, denn dann fällt der Rechtfertigungsdruck von den Verhältnissen ab.

Schon immer haben die Führenden versucht, die Kluft zu den Geführten nicht zu groß werden zu lassen, weil die Gefahren von Informationsfilterung und -verzerrung, Protest, Rebellion und Verweigerung bekannt sind. Der Argwohn der Unteren, von den scheinbar unproduktiven und parasitären Oberen ausgenutzt zu werden, ist uralt. Er ist auch Gegenstand einer der ältesten überlieferten Parabeln, die Titus Livius in seiner „Römischen Geschichte" niederschrieb:

In Rom waren nach der Abdankung eines Diktators Wirren entstanden, die darin kulminierten, daß ein Teil der Bürger auszog und sich auf einem nahen Hügel verschanzte; es bestand die Gefahr einer Rebellion. Die Stadtväter schickten nun Menenius Agrippa, einen redegewandten und beliebten Bürger, ins Lager der Aufrührer und er erzählte ihnen nichts weiter als folgendes Gleichnis:

„Zu der Zeit, da im Menschen noch nicht wie jetzt, alles in Eins zusammenstimmte, sondern jedes einzelne Glied seinen eignen Willen, seine eigne Sprache hatte, zürnten die übrigen Glieder darüber, daß ihre Sorge, ihre Arbeit und Dienstleistung dem Magen Alles herbeischaffe; der Magen, ruhig in der Mitte, nichts weiter thue, als daß er die dargebotenen Genüsse sich behagen lasse. Sie hätten sich hierauf verschworen, die Hände sollen keine Speise zum Munde führen, der Mund keine dargebotene annehmen, die Zähne keine zermalmen. Indem sie in solchem Zorne den Magen durch Hunger bändigen wollten, seyen zugleich die Glieder selbst und der ganze Körper völlig abgezehrt. Da habe es sich gezeigt, daß auch der Magen, nicht müßig, seine Dienste leiste, und eben sowohl nähre als genährt werde, indem er das, durch Verdauung der Speisen zubereitete, Leben und Kraft gebende, Blut in den Adern gleichmäßig vertheilt, in alle Theile des Leibes zurückgebe."

Indem er nun durch Vergleichung zeigte, wie ähnlich der innerliche Aufruhr des Körpers der Erbitterung der Bürger gegen die Väter sey, habe er die Gemüther der Menge umgestimmt (19).

Eine der Strategien zur Überbrückung der Kluft zwischen Oben und Unten in modernen Betrieben ist das schon öfter erwähnte „Management by wandering around": sich bei den Leuten sehen lassen, auch mit einfachen Arbeitern sich unterhalten, möglichst viele mit Namen grüßen, sich Beschwerden geduldig anhören, für kleine Erleichterungen sorgen, auch mal in der Kantine essen und bei Betriebsfeiern nicht nur mit den Gattinnen der Vorstandskollegen tanzen.

Wenn der Chef das gleiche ißt wie wir, dann ist er wie wir! Hierzu eine von Wallraff zitierte Aussage einer Angestellten, nachdem Melitta-Chef Bentz wegen einer hohen Spende an eine rechtsradikale Gruppierung im Fernsehen angegriffen worden war:

„Und wenn er das Geld in der Toilette abspült, geht das auch keinen was an. Der Chef lebt ganz bescheiden. Er hat mal am Mittagstisch gesagt: Warum kriege ich denn das nicht, was die anderen auch kriegen? Man hatte ihm etwas Besonderes vorgesetzt. Jawohl, Salate hatten sie ihm vorgesetzt. Aber er verlangte Eintopf. Er raucht nicht und trinkt nicht“ (20).

Wer selbst auf der untersten Stufe der Hierarchie steht, hat immer noch die Möglichkeit, seine Überlegenheit gegenüber Gastarbeitern zum Ausdruck zu bringen, indem er sie mit „Du“ anredet und entwürdigendes gebrochenes Deutsch mit ihnen spricht, obwohl sie die Normalsprache genausogut verstehen.

Ein anderes Kapitel sind in diesem Zusammenhang die Vorrechte, die sich höhere Vorgesetzte herausnehmen oder von eilfertigen Höflingen angedient bekommen. Besonders grotesk nimmt sich die vielzitierte „Kühlschrankgeschichte“ aus, die DeLorean, ein ehemaliges Vorstandsmitglied von General Motors, in seinen Memoiren berichtet:

„Gern erzählt wurde ein besonders merkwürdiges Beispiel von Loyalität bei Chevrolet. Bei der Vorbereitung einer Reise eines Verkaufsmanagers erfuhren die lokalen Chevrolet-Leute aus Detroit, daß der Boß gern einen Kühlschrank mit kaltem Bier, Sandwiches und Obst im Zimmer hatte, um vor dem Schlafengehen noch einen Imbiß einzunehmen.

Sie bestellten eine Suite in einem der besseren Hotels der Stadt, mieteten einen Kühlschrank und ließen Bier und Sandwiches kommen. Leider war die Tür zur Suite zu schmal für den Kühlschrank, und das Hotel weigerte sich, die Tür und einen Teil der Wand herauszureißen.

Also mieteten die aufgeweckten GM-Jungs Kran und Kranführer, stellten sie auf das Hoteldach, bauten mehrere Fenster der Suite aus und senkten den Kühlschrank von außen ins Zimmer. Zweifellos dachte der Chevrolet-Manager nachts, bei Sandwiches, kaltem Bier und frischem Obst: Was haben wir hier für tolle Leute“ (21).

Ein Beispiel für Geschichten über Diskriminierungen und zweierlei Maß, wie sie in der Truppe erzählt werden, findet sich im Bericht des Wehrbeauftragten (1977):

„Ein Kompaniechef verhängte gegen einen Wehrpflichtigen, der als eingeteilter Kraftfahrer während einer Übung eine Flasche Bier getrunken hatte, eine Disziplinarbuße von 150 DM. Derselbe Kompaniechef hatte jedoch während eben dieser Übung ein Glas Grog getrunken.“

9. Selbstbestimmung – Fremdbestimmung

Hier stehen sich Handlungsspielraum, Freiheit, Selbständigkeit, Mündigkeit und Überwachung, Lenkung, väterliche Führung gegenüber. Im Extrem: die souveräne Autonomie dessen, der sich von niemandem etwas sagen läßt und die despotische Bevormundung und Gängelung dessen, der nichts zu sagen hat.

Wie nicht anders zu erwarten, überwiegen aus Arbeitersicht die Geschichten, in denen sich die Erfahrung der Fremdkontrolle widerspiegelt. Dabei gibt es in der Hauptsache zwei Grundtendenzen: In der einen Variante werden erfindungsreiche Schachzüge dargestellt, die die Beherrschungsversuche ins Leere laufen lassen, überlisten oder mit Gegenmacht konfrontieren, im anderen Typus schlägt ein resignativer Unterton durch, dessen mehr oder weniger deutlich ausgesprochene Botschaft ist: „Gegen das System hast du keine Chance, halte dich 'raus, sonst machen sie dich noch ganz fertig! Nur nicht unangenehm auffallen!"

In seinem Buch „Der alltägliche Arbeitskampf" berichtet Hoffmann zahlreiche Fallstudien über Abwehrstrategien von Arbeitern gegen Einengung ihres Freiheitsspielraums, insbesondere gegen die immer stärkere Intensivierung ihrer Arbeitsleistung und deren Kontrolle (22).

Zwei Beispiele:

„Ray schliff sich seine (Bohrer – R.-W.H.) selbst und bevor er gestoppt wurde, richtete er sie sich besonders her. Ein falscher Schliff läßt einen Bohrer bei einer viel geringeren Geschwindigkeit verbrennen, als der, welche er mit einem richtigen Schliff noch gut aushalten kann. Jedesmal, wenn er gestoppt wurde, ließ er alle vier bis fünf Werkstücke einen Bohrer verbrennen, und er sagte dann, die Geschwindigkeit wäre für dieses harte Material zu hoch ... Die Geschwindigkeit und Einstellung wurde dann solange verringert, bis keine Bohrer mehr verbrannten – aber danach drehte er wieder auf und bohrte durch das Zeug, als ob es Käse wäre."

„In einem Walzwerk konnte durch Heißlaufen eines bestimmten Lagers die Produktion nicht über die damit gesetzte Grenze gesteigert werden. Während der Nachtschicht setzten die Arbeiter einen speziellen Trick ein, steigerten die Produktion und konnten die entstehenden Zeitreserven als Freizeit nutzen, weil keine höheren Vorgesetzten anwesend waren."

In seiner Chronik eines Arbeitskampfes bei der BASF schreibt Hensler über die Antwort der Werksleitung auf eine Werkbesetzungsstrategie (23):

Um eine Handhabe gegen unbefugt ins Werk eindringende Agitatoren zu haben, ließ die Werksleitung der BASF um das Werk eine blaue Linie ziehen, durch die ihr „Hoheitsgebiet" markiert wurde. Ein Arbeiter, Max, hatte zufällig am Pfingstsamstag, als er sein Auto waschen ließ, die blaue Linie gesehen. Und – so schreibt Hensler – Max war nicht „untätig geblieben. Er hat dafür gesorgt, daß an diesem Morgen überall an den Werkstoren die blaue Linie kommentiert ist: HIER VERLASSEN SIE DEN DEMOKRATISCHEN SEKTOR DER BUNDESREPUBLIK. Die Flugblattverteiler kommentieren auch entsprechend. Bitte mit viel Würde über diese Grenze gehen, nicht unten durch tauchen, das haben schon einige probiert und nicht geschafft. Die liegen alle im Krankenhaus, Schädelbruch."

Unternehmenskultur wird auch geprägt durch eine Variante der Polarität von Selbst- und Fremdbestimmung: das Ausmaß, in dem die Verhältnisse gekennzeichnet sind durch Vertrauen in Augenmaß, Loyalität, Sparsamkeit und Kostenbewußtsein der Mitarbeiter oder aber pedantische Reglementierung und Mißtrauen. Bei der Inanspruchnahme von Firmenmitteln und -diensten werden Kontrollen eingeführt, die jeder vernünftigen Wirtschaftlichkeitsüberlegung Hohn sprechen. So werden aus Großunternehmen Horrorgeschichten erzählt vom umfangreichen Papierkrieg, den man führen muß, um einen Bleistift zu erhalten, von vielen Rundschreiben, in denen zu Sparsamkeit ermahnt wird (etwa die Wiederverwendung von nur einseitig gebrauchtem Schreibpapier), von Formularen, auf denen der Abteilungsleiter unterschreiben muß, wenn ein Mitarbeiter mehr als zwei Kopien machen möchte ...

Eine Anekdote über (den Schwaben) Bosch beleuchtet diesen zur unökonomischen Knauserei ausartenden Sparsamkeitsfimmel:

Es wird berichtet, daß er bei einem Bürodurchgang eine am Boden liegende Büroklammer aufhob und sie den begleitenden Führungskräften mit der Frage zeigte: „Was ist das?" Einer sagte: „Eine Büroklammer, Herr Bosch!" Er: „Ach was, das ist *mein* Geld, das hier am Boden herumliegt!" (24).

Auch auf der Managementebene werden – allerdings subtilere – Kontrollen praktiziert:

In seinen Memoiren berichtet der ehemalige VW-Chef Lotz aus seiner Zeit bei BBC einen Vorfall während einer Pünktlichkeitskampagne:

„Bei BBC war der Arbeitsbeginn für die Verwaltungsabteilungen auf 7.30 Uhr festgesetzt. Eines Tages traf ich etwa 7.45 Uhr zwei Abteilungsleiter im Fahrstuhl. Ich fragte: ‚Arbeiten Ihre Mitarbeiter schon?' ‚Selbstverständlich. Seit 7.30 Uhr!', war die Antwort und: ‚Woher wissen Sie denn das?' meine Frage. Ich sah zwei gestandene Männerköpfe erröten. Das Fahrstuhlgespräch machte die Runde. Es soll mehr Wirkung gehabt haben als alle damaligen Torkontrollen!" (25).

Sogar ganz offenkundige Märchen werden aufgetischt:

„Groß ist der Zorn eines Forrest Mars, wenn er auch nur einen falsch gewickelten Schokoladen-Nougat-Riegel aus seinem Fünf-Milliarden-Dollar-Reich entdeckt. Bis vor kurzem las J. W. Willard Marriott sen., nun über achtzig, *jede* eingegangene Kundenreklamation" (26).

Die Botschaft: „Es kommt aufs kleinste Detail an! Wir müssen fehlerfrei sein! Nimm dir ein Vorbild am Alten! Der Alte sieht alles!"

Die Glorifizierung der Freiheit des Unternehmers kontrastiert in vielen Fällen mit der Entmündigung der „Untergebenen". Wenn dem genialen Einzelnen zugestanden wird, „sein" Unternehmen nach seinem Bilde zu gestalten, dann muß man ihm auch die Möglichkeit geben, gegen Faulheit, Renitenz und Aufwiegelung vorzugehen. Hierher gehören die Berichte der Arbeiterliteratur, in denen die Schwierigkeiten, eine Betriebsratswahl durchzusetzen, geschildert werden. Immer wieder versuchen Arbeitgeber, die Rechte der Arbeitnehmer zu beschneiden oder sie an der Wahrnehmung ihrer Rechte zu hindern (indem Gewerkschaftler entlassen oder erst gar nicht eingestellt werden, indem alle denkbaren Schikanen ausgesonnen werden) – es ist fast wie die Reaktion eines gekränkten Vaters, der seine Kinder nicht in die Selbständigkeit entlassen will oder wie die Situation eines Mannes, der sein Lebenswerk durch eine Horde undankbarer und aufgehetzter Funktionäre gefährdet sieht.

Gerade im Vorfeld von und während Arbeitskampfmaßnahmen gibt es zuweilen Eingriffe außerhalb der Legalität, die dann mit dem Ende der Auseinandersetzung nicht vergessen sind, sondern in den Geschichten als kollektives Erbe bewahrt werden. Die Vertrauensschäden, die dadurch entstehen, lassen sich durch noch so salbungsvolle Reden und freiwillige Sozialleistungen nicht beseitigen.

Im Zusammenhang mit dem schon erwähnten BASF-Streik wird von einem Vorfall berichtet, der in der aufgeheizten Atmosphäre des Arbeitskampfes agitatorisch genutzt wird (27):

„Für die Teilnahme an der Urabstimmung sind zwei Stunden Abwesenheit vom Betrieb vorgesehen. Diese Zeit wird jedenfalls dem Urabstimmenden von der Organisation vergütet. Der Betrag richtet sich nach Satzung und Beitragshöhe.

Im Schikanemachen übertreffen sich viele Betriebsleiter gegenseitig. Sie richten es so ein, daß trotz der Urabstimmung voll gefahren und produziert wird. Dabei sparen sie sogar für zwei Stunden den Lohn.

Ein Betriebsleiter, man könnte meinen, er berät Gott in allen wichtigen Angelegenheiten, verbietet seiner Belegschaft kurzerhand, während der 12-Stunden-Schicht zur Urabstimmung zu gehen. Für drei außerhalb wohnende Kollegen endet das sehr tragisch. Sie fahren nach der Nachtschicht erst nach Hause. Später dann, noch unausgeschlafen, in ihrer Freizeit, zum Wahllokal. Der Fahrer übersieht dabei eine rote Ampel, es knallt, er stirbt noch am Unfallort, die beiden anderen liegen schwerverletzt wochenlang im Krankenhaus.

Von der Berufsgenossenschaft ist da nichts zu erben. Kein versicherter Wegeunfall. Daß der Betriebsleiter Mitschuld am Unfall trägt, wer will es ihm beweisen? Er hat die Kollegen doch nur daran gehindert, während der Arbeitszeit zur Urabstimmung zu gehen, und nicht geheißen, vor Müdigkeit eine rote Ampel zu übersehen. Er fühlt sich nach wie vor schuldlos, hat auch von oben keine Rüge bekommen. Was ist schon ein Menschenleben.

Im Mittelpunkt des Unternehmens steht nicht der Mensch, da steht der Profit."

10. Nüchternheit, Bescheidenheit – Phantasie, Stolz

Der eine Pol wird hier durch Werte wie Ernst, Nüchternheit, illusionsloser Realitätssinn, Entlarvung von Hohlheit, Nützlichkeit, Solidität gebildet, der andere durch Spiel, Humor, Kreativität, Vision, Träumerei. Ins Extreme verzerrt stehen sich blutlose Trockenheit und weltfremde Spinnerei gegenüber.

Wir werden später noch ausführlich auf Humor im Betrieb eingehen und deshalb an dieser Stelle die zahlreichen sprachlichen Interaktionen nur erwähnen, die den Ernst des Alltags auflockern sollen: blödeln, herumalbern, sich gegenseitig verulken und gespannte Situationen durch Heiterkeit und Eulenspiegeleien entlasten. Vielfach werden in Witzen solche Belege von Schlagfertigkeit geliefert, wie wir noch zeigen werden.

Von den Inhabern verschiedener Funktionen werden unterschiedliche Selbstdarstellungen – seriös oder kreativ-visionär – erwartet: während man im Rechnungswesen, in Organisations-, Finanzierungs- und Produktionsabteilungen vor allem bürokratische Trockenheit erwartet, gibt es in den Entwicklungs-, Forschungs- und Marketingabteilungen eher Paradiesvögel, Traumtänzer, kreative Spinner. Manche Personen erwerben sich durch ihre Leistungen (oder durch Dienstalter, Unkündbarkeit, Zugehörigkeit zur „Familie" oder Schutz durch einen Sponsor) einen Bonus, der es ihnen erlaubt, ihre Extravaganzen in Sprache, Kleidung und Benehmen zu leben und zuweilen auch die Rolle des Hofnarren zu übernehmen, der den Herrschern die ungeschminkte Wahrheit sagen kann. Die „spielerische" Haltung bei der Arbeit kann ins Extreme abgleiten, bei denen der Einfallsreichtum und die Unterhaltsamkeit nicht mehr als harmloses geselliges Vergnügen angesehen werden können. Es sind dann zwar von der Alltagsroutine abweichende, aber gefährliche aggressive Akte, in denen aufgestaute Gefühle von Unterdrükkung, Ausbeutung und Sinnlosigkeit Entladung suchen:

„Es passiert in der Firma leider viel zu oft, daß sich Deutsche und Ausländer schlagen. Es passiert auch, daß sich Ausländer gegenseitig schlagen, auch Deutsche gegenseitig schlagen ... Das kommt aber alles von daher, die Atmosphäre ist durch die Bandarbeit immer auf Messers Schneide. Die ganze Arbeit ist so monoton. Man braucht Abwechslung. Mal ein bißchen Abwechslung, egal, auf welcher Seite, ob bös oder gut gemeint, dann ist man eben dabei" (28).

„Ein weiterer Fall ist aus einem amerikanischen Automobilwerk in der Nähe von Detroit überliefert. Hier wurden regelrechte Wettbewerbe mit dem Ziel der Zerstörung von Motoren organisiert: in Absprache mit den Montagearbeitern wurden einzelne Motoren mit nicht gänzlich festgezogenen Pleuelstangen gefertigt, die dann durch die Kontrolleure auf dem Prüfstand so hochtourig examiniert wurden, daß sie auseinanderflogen" (29).

11. Gelassenheit, Geduld – Aktivität, Tatendrang

Zum Erfolgsstereotyp, insbesondere von Führungskräften, gehört es, ständig aktiv und „unter Dampf": ein Macher zu sein. Wer sich dagegen geduldig, gelassen, abwartend gibt, gerät leicht in Gefahr, zum alten Eisen gerechnet zu werden. Zwischen den extremen Polen der depressiven Antriebslosigkeit und der hysterischen Überaktivität findet sich ein breites Zwischenfeld, bei dem die gesellschaftliche Anerkennung in unserer Kultur bislang dem „Mann der Tat" gehört. Oft stilisieren sich Führungskräfte selbst zu energetisierenden und motivierenden Kräften, die „den Laden" in Schwung bringen.

Die Geschichten, die in diesem Zusammenhang von Führungskräften erzählt werden, beziehen sich vorzugsweise auf die unermüdliche Schaffenskraft und den extrem langen Arbeitstag (bis zu 15 Stunden) und eine Arbeitswoche von sieben Tagen: sie sind immer im Dienst! Eine solche monomane Arbeitswut wird von psychiatrischer Seite als Sucht („workaholics") diagnostiziert, der die Unfähigkeit entspricht, sich zu entspannen, zu genießen, zu warten. Jede scheinbar freie Minute muß mit Terminen verplant werden, denn – weil Zeit Geld ist – das Schlimmste ist vergeudete Zeit. Der New Yorker Psychiater Rohrlich bringt in seinem Buch „Arbeit und Liebe" zahlreiche eindrucksvolle Belege solcher Arbeitssucht. Die geradezu erotische Beziehung zu Arbeit und Betrieb wird insbesondere von Unternehmensgründern und -leitern als allgemeine Norm für diejenigen empfohlen, die es zu etwas bringen wollen. Die Biografen des IBM-Gründers Watson berichten als einen leitmotivischen Ausspruch von ihm: „You have to put your heart into the business und the business into your heart" (Du mußt dein Herz ans Geschäft verlieren und das Geschäft in dein Herz schließen).

Die krankhafte Arbeitshaltung führt dann unter Umständen dazu, daß die ungelebten Wünsche nach Entspannung und Freizeit auf die Untergebenen projiziert und in ihnen bekämpft werden: ihrer angeborenen Faulheit muß durch Kontrollen, Anreizsysteme und Appelle entgegengewirkt werden. Die Gegenprojektion des Arbeiters, der durch die schwere körperliche Arbeit eines 8-Stunden-Tags erschöpft ist, lautet: Bei all den Arbeitsessen, Empfängen, Gesprächen, Reisen – wann wird denn eigentlich richtig oder wirklich gearbeitet?

Harold Geneen, der ITT-Chef, erzählt, daß er um 17 Uhr, am Ende eines jeden normalen Arbeitstages, vor der Entscheidung stand, wie jeder andere Arbeitnehmer nach Hause zu gehen oder weiterzuarbeiten (30):

„Meist griff ich seufzend zum Telefon, um zu Hause anzurufen, daß es spät werden würde. Dann zog ich mein Jackett aus, lockerte meine Krawatte, zog einen alten schwarzen Pullover an und machte mich an die Arbeit. Später ließ ich mir meistens ein Abendessen kommen, das ich auf einem kleinen Beistelltisch in meinem Büro verzehrte. Meine Frau wußte, daß sie mich kaum vor Mitternacht erwarten konnte. Ich hatte wirklich nur am Abend Zeit, mich mit all den Berichten und Mitteilungen zu beschäftigen, die von überall hereinkamen. Ich tat es, bis mir die Zahlen und die Buchstaben vor den Augen verschwammen. Dann hatte ich Zeit, nachzudenken und mir meine Entscheidungen zu überlegen. Es gab Zeiten, in denen ich mich fragte, ob das alles wirklich nötig war, ob ich nicht ein Narr sei, dem Geschäft so viel Zeit und Mühe zu widmen, ob ich es nicht übertrieb. Aber ich kam immer wieder zu dem Schluß, daß es keine Alternative gab. Ich habe noch niemand getroffen, der eine wirkliche Führungspersönlichkeit und nicht eine Marionette seiner Umgebung war, der es anders gemacht hätte, koste es, was es wolle. Es geht nämlich wirklich nicht anders."

Bemerkenswert und aufschlußreich ist auch das Schlußkapitel seiner mit Moscow zusammen verfaßten Autobiografie:

„Al Moscow glaubte nicht, daß wir dieses Kapitel noch brauchten. Ich aber doch. Außerdem wollte ich das Buch nicht mit Kapitel 13 abschließen. Also einigten wir uns darauf, es hineinzunehmen.

Es ist das kürzeste Kapitel des Buches, aber vielleicht das wichtigste.

Meiner Meinung nach gibt es im Geschäftsleben ein unverrückbares Gesetz: Worte sind Worte, Erklärungen sind Erklärungen, Versprechen sind Versprechen – aber nur eines zählt wirklich, nämlich Leistung. Die Leistung allein ist das Maß aller Dinge – Ihres Selbstvertrauens, Ihrer Zuversicht, Ihrer Fähigkeiten und Ihres Mutes. Nur Leistung ermöglicht persönliches Wachstum.

Rufen Sie sich immer wieder in Erinnerung: nur auf die Leistung kommt es an! Alles andere können Sie vergessen.

Nach meiner Definition ist ein Manager ein Mann, der Leistung erbringt. Und keine Ausrede der Welt kann daran etwas ändern.

Wenn Sie etwas geleistet haben, werden die Menschen – und Sie selbst – sich noch daran erinnern, wenn alles andere längst vergessen ist.

In diesem Sinne: Viel Glück – und gute Leistung!"

Offensichtlich nicht als Karikatur, sondern als nachahmenswertes Beispiel ist folgender Ausspruch eines Jubilars in der Firmenzeitung abgedruckt (31):

„Urlaub habe ich nie gekannt. Während meiner 50jährigen Tätigkeit – die nur durch meinen Wehrdienst unterbrochen war, habe ich nicht einen einzigen Tag gefehlt", und mit einem Augenzwinkern fügte er hinzu: „Ich will mal ehrlich sein, einen halben Tag habe ich mir einmal freigenommen. Das war der Tag, an dem ich heiratete."

In einer anderen Anekdote wird die Forderung nach 150%igem Einsatz karikiert:

„... Bei der Nachrichtenagentur United Press International (UPI) gab es einmal einen Mann am Fernschreiber, der eine sensationelle Story über den Draht in die Zentrale nach New York schrieb. Er schrieb wie der Teufel; aber dem höchsten Chef in New York war das nicht schnell genug. ‚Können Sie nicht schneller schreiben?' ließ der höchste Chef per Fernschreiber anfragen.

‚Ich habe nur zwei Hände', schrieb der Mann am Fernschreiber zurück. Das nächste Fernschreiben aus New York war an den Bürochef des Mannes mit den zwei Händen adressiert und lautete schlicht: ‚Schmeißt den verdammten Krüppel raus'" (32).

12. Theorie, Analyse – Praxis, Anwendung

Meist wird diese Polarität personalisiert: es gilt dann, *den* Theoretiker und *den* Praktiker statt die wechselnden Anteile von beidem in jeder Arbeit zu sehen. In Unternehmen sind die Theoretiker schnell lokalisiert: sie sitzen in den unproduktiven Stäben, während das Geld in der „Linie" gemacht wird. Wie schon bei der Darstellung von Peters' und Watermans Erfolgsbuch zitiert, gilt den Tatprimaten (siehe Regel 1, S. 12) die Arbeit der Theoretiker als „Paralyse durch Analyse": ihre Untersuchungen, Berichte, kritischen Bedenken, Modelle und Studien hemmen den Schwung der Tat und sind nichts als Selbstbeschäftigung oder Selbstbefriedigung. Unter Praktikern kursiert die Definition:

„Praxis ist, wenn alles funktioniert und keiner weiß warum; Theorie ist, wenn nichts funktioniert und jeder weiß warum!"

Natürlich läßt sich eine solche Abwertung der Stäbe durch die Linienmanager leicht als Ideologie entlarven. Die Arbeit der Linienvorgesetzten selbst besteht, wie zahlreiche Untersuchungen belegen, im Grunde vorwiegend aus „Theorie" (Information, Fehlersuche, Kontrolle, Verbindunghalten, Veranlassen), keineswegs aber aus dem Hochkrempeln der Ärmel und dem Selbermachen, wenngleich so etwas, um Volksnähe und eigene Herkunft von unten zu demonstrieren, durchaus vorkommt:

Ch. Brown war bei Illinois Bell Vorsitzender der Geschäftsleitung. Ein monatelanger Streik der Facharbeiter beutelte das Unternehmen. An den Wochenenden griff sich „Charlie", wie er genannt wurde, einige Werkzeuge und reparierte selbst Telefone. An einem Wochenende meldete der Country Club, bei dem er Mitglied war, ein defektes Telefon. Ohne mit der Wimper zu zucken oder die Kleider zu wechseln, fuhr Charlie hinaus und brachte das Telefon in Ordnung. Die Leute reagierten darauf mit Bewunderung und Spott: „Ob du's glaubst oder nicht – er scheint ein Händchen dafür zu haben!" (33).

Die für erfolgreiche „Macher" charakteristische Fähigkeit, komplexe Informationen auf das Wesentliche zu reduzieren und gegebenenfalls schrecklich zu vereinfachen, wird auch durch folgendes Zitat illustriert:

„Für Procter & Gamble gilt das Schlagwort vom ‚1-Seiten-Memo'. Die Sprache der Aktion ist bei P & G das berühmte Ein-Seiten-Memorandum ... Diese Tradition geht zurück auf den früheren Präsidenten Richard Deupree ... Deupree hatte eine starke Abneigung gegen jede Mitteilung von mehr als einer Schreibmaschinenseite. Lange Memoranden schickte er häufig mit der Aufforderung zurück: ‚Zusammenstreichen, bis ich es verstehen kann!' Wenn es um eine komplizierte Sache ging, fügte er manchmal noch hinzu: ‚Komplexe Probleme verstehe ich nicht, ich verstehe nur einfache.' Auf eine entsprechende Frage in einem Interview antwortete er einmal: ‚Meine Aufgabe besteht auch darin, Mitarbeitern zu zeigen, wie man eine verwickelte Frage in eine Reihe von einfachen Einzelfragen auflösen kann. Dann können wir alle sinnvoll handeln!" (34).

13. Puritanismus, Askese – Sinnlichkeit, Lebensgenuß

Diese etwas eigentümlich anmutende Gegenüberstellung hat eine ehrwürdige theoretische Tradition, seit Max Weber den Geist des Kapitalismus im Protestantismus angelegt fand: Mit seiner Forderung nach Triebverzicht, innerweltlicher Askese und gottgefälligem (das heißt arbeitsamen) Leben hat er jene Tugenden propagiert, die für die Entwicklung kapitalistischen Unternehmertums entscheidend gewesen sein sollen. Die Verinnerlichung äußerer Zwänge ist seit Freud und Elias gleichlaufend mit dem Prozeß der Zivilisation (beziehungsweise Kultur). Wirtschaftliche Unternehmen gelten gemeinhin als Orte, in denen Sinnenfreude, Emotionalität, pralles Leben, Genießen und Sichgehenlassen verpönt sind. Diesen auf das Schlagwort „Weiblichkeit“ reduzierten Haltungen werden die „männlichen“ Tugenden der Selbstbeherrschung, des Belohnungsaufschubs und der Härte (gegenüber sich und anderen) entgegengestellt.

Gerade alte Betriebsordnungen belegen, welch rigoroser Eingriffe es bedurfte, Menschen zu „industrieller“ (das hieß ursprünglich: fleißiger, methodischer, verläßlicher) Arbeitshaltung zu disziplinieren. Nahezu alle natürlichen Lebensäußerungen (Sprechen, Singen, Rufen, Essen, Herumgehen) wurden reglementiert und Verfehlungen mit zum Teil drakonischen Strafen geahndet. Arbeitskräfte mußten den Maschinen angepaßt und an Unterordnung gewöhnt werden – und dazu waren ihnen alle sinnlich spontanen Regungen auszutreiben.

„An diesen Maschinen mußte ich lernen, meine menschlichen Bedürfnisse zu unterdrücken, denn nicht immer bekam ich sogleich den Springer. Es kamen überhaupt bloß zwei Springer auf 50 Mann, die nebenbei noch damit beschäftigt waren, Blechstapel an Kränen anzuschlagen. K., ein muskulöser, streitsüchtiger Hüne, schrie einmal ein Viertelstunde lang nach einem Ersatzmann, als der nicht kam, drehte er durch: er stellte die Kantbank ab, holte seinen Schwengel heraus und urinierte – zum Gaudium der andern – in einem hohen Bogen auf die Maschine. ‚Jetzt piß ich auf euch!‘ brachte er wütend hervor.

Der Meister kam zornrot herbei. ‚Was machst du da, du Ferkel?‘, schrie er.

‚Ich piß auf die Maloche‘, brüllte K. zurück.

‚Du bist entlassen!‘ schrie der Meister außer sich.

Ein verächtliches Lachen rang sich aus K.s Kehle. ‚Das brauchst du dreckiger Hanswurst mir nicht zu sagen! Ich mach sowieso 'ne Mücke! Ich fang woanders an, wo ich zum Scheißhaus gehen kann, wann ich will!'

Die Kollegen schalteten die Maschinen aus, rotteten sich zusammen, bedrängten den Meister.

‚Ja, das ist hier wie im alten Rom!' schrie einer. ‚Wir brauchen mindestens noch zwei Springer'" (35).

Es ist immer eine Bedrohung der Ordnung, wenn sich dionysische Enthemmung zeigt, zu leicht könnten dann die mühsam errichteten Dämme weggespült werden. Gerade weil sie verboten sind, haben solche Exzesse Anziehungskraft: sich besaufen; hemmungslos „denen" die Meinung sagen; erotische und sexuelle Beziehungen pflegen; durch Produktsabotage oder Diebstahl es „denen" heimzahlen, was sie einem an Erniedrigung und Entbehrung zumuten ... und vor allem: sich die Freiheit nehmen, Arbeit nicht „zum ersten Lebensbedürfnis" werden zu lassen, sondern auch Kraft und Zeit für private Interessen zu reservieren.

14. Qualität, Profil – Quantität, Anonymität

Ständiger Drang nach Spitzenleistungen, Perfektionsstreben, fanatische Detailbesessenheit, kompromißlose Qualitätskontrolle, Liebe zur handwerklich-tüftelnden Wertarbeit, langfristige Perspektive der Kundenpflege und ein eigenes Produktprofil („Markenprodukt") gehören zu den Tugenden, die im Leitspruch „Das Beste oder nichts!" auf einen kurzen Nenner gebracht werden.

Dieser Perfektionsdrang kollidiert häufig mit der Notwendigkeit ökonomischer Fertigung, denn „Null-Fehler-Programme" verteuern die Produktion meist unverhältnismäßig. Es ist deshalb ein Kompromiß gefordert, bei dem auch der andere Pol des Gegensatzpaares zur Geltung kommt: Bei ihm geht es in erster Linie um große Mengen preisgünstiger Konfektion, der an eigenem Profil nicht liegt („No-name-Ware") und um die kurzfristige Gewinnmaximierung. Zugunsten eines niedrigen Preises werden kühl kalkulierend Abstriche an „überzogenen" Qualitätsstandards in Kauf genommen. Im Extrem stehen sich zwei antagonistische Orientierungen gegenüber: Der Traum vom unbezahlbaren, aber perfekten Einzelkunstwerk und die schnelle Mark durch Ramsch.

Weil hohe Qualität nicht ohne engagierte Mitarbeiter zu erreichen ist, verwundert es nicht, wenn zahlreiche Geschichten den Appell zu Identifikation und Perfektion formulieren:

„Adolph Ochs, Gründer der *New York Times,* saß mit starren Blicken ruhig in einer Sitzung von *Times*-Redakteuren, die sich selbst zur hervorragenden Reportage einer großen Story beglückwünschten, berichtet der Autor Gay Talese, ein früherer *Times*-Reporter. ‚Plötzlich brachte sie Ochs zum Schweigen, indem er sagte, er hätte in einer anderen Zeitung ein Faktum gelesen, das in der *Times*-Berichterstattung offenbar fehle.‘ ‚I want it *all*‘ (‚Ich will alles!‘) machte er ihnen klar."

Derselbe Ochs „erzählte gern folgende Geschichte über einen mittelalterlichen Reisenden, der an einer Straße hintereinander drei Steinmetze bei der Arbeit traf und jeden fragte, was er täte. Der erste sagte: ‚Ich klopfe Steine.‘ Der zweite sagte: ‚Ich mache einen Eckstein.‘ Aber der dritte antwortete: ‚Ich erbaue eine Kathedrale.‘ Die Stärke der *New York Times* liegt darin, daß ihr Mitarbeiterstab – wozu Ochs sie ermutigte – sich als Kathedralenerbauer und nicht bloß als Steineklopfer versteht" (36).

15. Größe, Expansion – Überschaubarkeit, Mäßigung

Als Lebenselixier des Kapitalismus können die Mehr-Werte (größer, mächtiger, reicher, schneller ...) gelten. Erster oder gar monopolistischer Einziger zu sein ist der Traum jedes Unternehmers: er hat dann keine fremden Götter mehr neben sich. Dieses Ziel wird magisch beschworen, wenn es noch nicht erreicht ist („Wir werden die Nr. 1 sein!") oder stolz präsentiert, wenn es (und sei es auch nur in *einer* Kenngröße) verwirklicht ist: Branchenführer, Spitzenreiter, „Die Größten" (der Welt, des Landes, der Stadt). Das Mana der Größe zeugt neue Kraft und Selbstvertrauen. Es ist erhebend, als Mitarbeiter an einer Größe teilzuhaben, die man als „kleiner Mann" nie erreichen würde. Durch die Suggestion von Unbesiegbarkeit und Leistungsfähigkeit (Potenz) soll Rivalen der Mut zur Konkurrenz genommen werden; dem Publikum präsentiert man die Möglichkeit, sich auf die Seite des Gewinners zu schlagen.

Der offen zur Schau gestellte Größenwahn des Parvenüs kontrastiert dabei mit dem dezenten Understatement von „Nobelunternehmen" wie etwa Daimler-Benz oder der Deutschen Bank.

Vom Vorstandssprecher Christians von der Deutschen Bank wird der Spruch kolportiert:

„Die wirksamste Angabe ist das Understatement. Wer angibt, macht sich verdächtig" (37).

In einer Spiegel-Geschichte zum „Mythos Mercedes" finden sich folgende Aussprüche:

„E bißle protze tun die Schwabe ja ganz gern", beschreibt Breitschwerdt den Charakter seiner Landsleute und seines Hauses, „bloß richtig traue, des tun se sich net". Und: „Was wir rausbringen" kommentiert Hörnig die Linie seines Hauses, „ist technisch optimal. Die Autopäpste", so der Daimler-Entwicklungschef, „sitzen in Untertürkheim" (38).

Ein Problem solcher „Ersten Adressen" ist es, an Repräsentanten und Mitarbeiter zu appellieren, der Arroganz der Macht nicht zu erliegen und trotz oder wegen der Größe in den Anstrengungen nicht zu erlahmen.

Die Pseudobescheidenheit des unbestrittenen Ersten steht im Gegensatz zu der bewußten Entscheidung für Selbstbeschränkung, Verzicht und Mäßigung:

In einer auch von Böll erzählten Geschichte wird das Problem verbildlicht:

Während seines Urlaubs bemerkt ein Manager, daß sich ein Fischer, nachdem er mit der Angel in den reichen Gewässern ein paar Fische gefangen hat, in die Sonne legt, gemütlich ißt, mit Freunden plaudert ... Der Manager malt dem Einheimischen nun aus, was er tun könnte, um seine Ausbeute und sein Einkommen zu steigern: Wenn er mehr fischte, könnte er sich ein kleines Boot kaufen und ein Netz! „Wozu?" fragt der Fischer. Weil er sich dann ein größeres Boot kaufen könnte und ein größeres Netz! „Und wozu das?" Weil er mit den gestiegenen Einkünften ein noch größeres Boot kaufen und andere Leute für sich arbeiten lassen könnte! „Und wozu?" Weil er dann vielleicht eine ganze Flotte sein eigen nennen und das ganze Fischfanggeschäft kontrollieren könnte und selbst gar nicht mehr arbeiten müßte, sondern das Leben genießen und Urlaub machen könnte! „Aber das mache ich ja jetzt schon!" ist die Antwort.

Die „Small-is-beautiful"-Bewegung lebt vom David-gegen-Goliath-Mythos und von der Erfahrung, daß Größe unweigerlich mit Unpersönlichkeit, Leerlauf, Reibungsverlusten, Bürokratismus, Unbeweglichkeit, Entfremdung verbunden ist – worüber in jedem Großunternehmen die haarsträubendsten Geschichten erzählt werden. Wer sich beschränkt, beachtet das menschliche Maß und verfällt nicht der unstillbaren Sucht nach „immer mehr". Nicht zuletzt äußert sich darin auch die Sehnsucht, im Einklang mit sich und der Welt leben zu können und im idyllischen Traum vom privaten Glück der weltumspannenden Hektik, Selbst-, Fremd- und Naturausbeutung entgehen zu können.

In der folgenden Übersicht haben wir die 15 Wertepolaritäten, die wir den zitierten Geschichten, Anekdoten und Gleichnissen unterlegt haben, zusammenfassend dargestellt und gleichzeitig – beispielhaft – Normen und Handlungsmaximen angeführt. In der letzten Spalte sind dann für jeden Wertepol Basisannahmen oder Mythen genannt, die die unreflektierten fundamentalen „Weltanschauungen" des Unternehmens widerspiegeln.

Wenn man die wohlgeordnete Liste der 15 Polaritäten betrachtet, dann liegt es nahe zu fragen, ob man eine solche Aufstellung nicht zur systematischen Kulturdiagnose nutzen könnte und ob sich diese unübersichtliche Zahl nicht auf einige Grunddimensionen reduzieren ließe.

Es ist zum Beispiel denkbar, die „Profillinien" eines Unternehmens ins Raster dieser 15 Gegensatzpaare einzuzeichnen. Dabei ist zu berücksichtigen, daß wir die angeführten Polaritäten nicht als eindimensional betrachten (so daß die Position eines Unternehmens durch *einen* Punkt auf dem Kontinuum repräsentiert werden könnte), sondern daß wir die *Möglichkeit* der Zweidimensionalität zulassen möchten. Das bedeutet, daß ein Unternehmen durch *zwei* Punkte lokalisiert werden muß. Es ist denkbar, daß ein Unternehmen zum Beispiel großen Wert auf „Anpassung, Gefügigkeit" legt, *aber auch* erwartet, daß sich Mitarbeiter nicht kritiklos unterwerfen, sondern „Zivilcourage" zeigen, wenn sie widersinnige Vorschriften oder unzumutbare Anordnungen unbeachtet lassen.

Eine andere Verdichtungsmöglichkeit besteht darin, die Vielzahl der Polaritäten auf einige wenige *Grunddimensionen* zu reduzieren, was zwar einen Informationsverlust mit sich bringt, aber andererseits schnelle Grobklassifikationen zur ersten Orientierung zuläßt.

Überblick über Werte, Normen und Mythen, die spontanen sprachlichen Produktionen in Unternehmen zugrundegelegt werden können

Wertepolaritäten		*Normen und Handlungsmaximen*		*Zugrundeliegende Mythen*	
Wert A	Wert B	für Wert A	für Wert B	des Wertes A	des Wertes B
Zivilcourage, Rückgrat	Anpassung, Mitmachen	Männermut vor Königsthronen! Vertritt deine Meinung! Zeige „Biß“.	Kein Ego-Trip! Mach mit! In einer Gesellschaft muß man sich fügen!	Jeder ist nur seinem Gewissen verpflichtet: bis zur Selbstaufopferung für eine gerechte Sache.	Das Kollektiv (oder der Führer) hat immer recht.
Ordnung, Struktur	Improvisation, Spontaneität	Halte dich an bewährte Routinen und Systeme! Man muß sich auf dich verlassen können!	Den gesunden Menschenverstand gebrauchen! Nach Lage der Dinge entscheiden!	Jede Gemeinschaft braucht „law and order“; der Gang der Dinge folgt rationalen Gesetzmäßigkeiten.	Jedes Problem hat seine eigene Lösung; es gibt keine allgemeingültigen Gesetze.
Menschlichkeit, Nähe	Sachlichkeit, Distanz	Gehe auf den Einzelfall ein! Nimm Rücksicht auf Stärken und Schwächen! Sei immer freundlich!	Vermeide Kumpanei! Im Vordergrund stehen Aufgaben und Ziele!	Der Mensch steht im Mittelpunkt.	Die Aufgabe geht vor: man muß ohne Ansehen der Person handeln.
Kooperation, Zusammenhalt	Vertraulichkeit, Diplomatie	Gib offenes Feedback! Keine Geheimnisse voreinander.	Trau, schau wem! Information ist eine Holschuld. Kein Datenmißbrauch.	Wer alle Informationen hat, kann richtig (objektiv) entscheiden.	Es gibt immer mehrere Wahrheiten. Man muß flexibel sein, denn „man kann nie wissen ...“
Erfolgsorientierung, persönliche Auszeichnung	Prozeßorientierung, Dienst, Pflichterfüllung	Der Zweck heiligt die Mittel! Du mußt unbedingten Erfolgswillen haben!	Tue gewissenhaft deine Pflicht! Der Weg ist das Ziel!	Nur das Ergebnis zählt (Untermstrichdenken: Das Beste erreichen).	Das ehrliche Bemühen und die gute Absicht zählen: Das Richtige wollen!

Fortsetzung

Wertepolaritäten		*Normen und Handlungsmaximen*		*Zugrundeliegende Mythen*	
Wert A	Wert B	für Wert A	für Wert B	des Wertes A	des Wertes B
Wandel, Risiko	Bewahrung, Sicherheit	Immer an der Spitze des Fortschritts sein! Wer wagt, gewinnt!	Keine Experimente! Eile mit Weile! Sich der Tradition verpflichtet fühlen!	Es gibt für alles eine bessere Lösung, man darf an nichts festhalten.	Man muß das Gute bewahren und jeder Neuerung mißtrauen.
Hierarchie, Macht, Privilegien	Gleichheit, Gleichbehandlung	Die Besten sollen führen! Leistung lohnt!	Keine Herrschaft von Menschen über Menschen! Keine Diskriminierung!	Der/die Beste setzt sich durch! Manche sind zum Führen, die meisten zum Ausführen geboren.	Alle sind gleich an Rechten. Jeder weiß und tut (von) selbst, was richtig ist.
Selbstbestimmung, Handlungsspielraum	Fremdbestimmung, Kontrolle	Möglichst wenig Kontrolle! Intrapreneurship! Delegation! Eigenverantwortung!	Vertrauen ist gut, Kontrolle ist besser! Straffe Führung ist unverzichtbar.	Menschen wollen und brauchen Freiheit. Das freie (!) Spiel (!) der Kräfte ist jedem geplanten Eingriff überlegen.	Menschen wollen und brauchen Führung. Ohne Führung herrschen Chaos und Anarchie.
Nüchternheit, Bescheidenheit	Phantasie, Stolz	Keine Effekthascherei! Die Dinge sehen wie sie sind!	Sei kreativ! Visionen, nicht Realitäten begeistern. Sei stolz auf deine Leistung.	Es gibt eine objektive Realität.	Es gibt keine objektive Realität.
Gelassenheit, Geduld, Ausdauer	Aktivität, Tatendrang	Auf den richtigen Zeitpunkt warten können! Immer mit der Ruhe!	Wer immer strebend sich bemüht ... Für die Arbeit leben! Der Tag hat 24 Stunden.	Erfolg kann man nicht erzwingen. (Auf die richtige Zeit warten können).	Nichts geschieht von selbst: alles muß man (selber) „machen".

Wertepolaritäten		*Normen und Handlungsmaximen*		*Zugrundeliegende Mythen*	
Wert A	Wert B	für Wert A	für Wert B	des Wertes A	des Wertes B
Theorie, Expertentum, Analyse	Praxis, Machertum, Anwendung	Vor Entscheidungen alle Informationen sammeln! Erst Experten fragen!	Mut zur Lücke! Ins kalte Wasser springen! Do it, try it, fix it!	Man kann rational handeln: Erst denken, dann handeln!	Paralyse durch Analyse. Erst handeln, dann denken.
Puritanismus, Askese, Selbstbeherrschung	Sinnlichkeit, Lebensgenuß	Man muß warten und verzichten können! Nur wer sich selbst befiehlt, kann anderen befehlen.	Keine Trennung von Arbeit und Leben! Wir arbeiten, um zu leben. Die Feste feiern wie sie fallen! Gönn' dir was!	Arbeit ist Last, Pein, Opfer und Verzicht.	Arbeit muß und kann Spaß machen.
Qualität, Perfektion, Profil, Qualifikation	Quantität, Anonymität	Wir müssen die Besten sein! Unsere Produkte haben keine Fehler! Wir haben einen Ruf zu verlieren.	Schneller, mehr, billiger! Vor dem Geld ist alles gleich! Die Menge macht's!	Man kann Perfektion erreichen. Es gibt das ideale Produkt.	Man kann mit/aus *allem* Geld machen (Goldeselmythos: Kot zu Geld).
Macht, Größe, Potenz, Expansion	Kleinheit, Überschaubarkeit, Mäßigung	Wachstum um jeden Preis. Der Erste (Größte, Stärkste) sein.	Das menschliche Maß beachten. Sich nicht überschätzen und übernehmen!	Wer groß ist, kann nicht untergehen (Titanic-Mythos).	Hybris wird bestraft. Wer hoch hinaus will, fällt tief: bei seinen Leisten bleiben.

Bei einem solchen Vorhaben tauchen verstärkt methodologische Probleme auf, die im Grunde auch schon bei der Profildarstellung bestehen. Folgende Fragen wären zu beantworten: Ist die Liste der 15 Polaritäten erschöpfend, beziehungsweise wieviel Prozent der Unterschiede, die zwischen Unternehmen bestehen, deckt sie ab? Wie können die Wertegegensätze operationalisiert und exakt gemessen werden? Welches Meßniveau ist möglich (dürfen zum Beispiel arithmetische Mittelwerte gebildet werden)? Mit welchen statistischen Verfahren kann man den internen Zusammenhang der Polaritäten ermitteln, so daß man sie begründet auf eine geringere Zahl reduzieren kann?

Man sieht, daß sich damit unter der Hand Überlegungen einschleichen, die dem qualitativen Untersuchungsansatz zuwiderlaufen. Denn die Geschichten, von denen wir zur Bildung unserer Gegensatzpaare angeregt wurden, können ja keinerlei Repräsentativität beanspruchen, sie sind einzelne Ereignisse, die aufs Geratewohl erfaßt und hermeneutisch ausgewertet worden sind. Sie werfen vielleicht ein Schlaglicht auf das Unternehmen, aus dem sie stammen – aber es ist fraglich, ob sich aus ihnen eine für alle Unternehmen gültige universelle Ordnungsstruktur herleiten läßt. Es besteht die Gefahr, die Offenheit für neue Eindrücke und Kombinationen zu verlieren, wenn man von einer festgefügten mitgebrachten Rasterung ausgeht und alle Informationen, die man erhält, in dieses Schema preßt beziehungsweise nicht ruht, bis man Daten hat, die auch zu den in der eigenen geistigen Landkarte nicht erfaßten Gebieten Aussagen machen (wie bei Fragebogenstudien: Der Proband wird häufig eine der angebotenen Antwortmöglichkeiten ankreuzen, auch wenn er im Grunde überhaupt keine Position dazu entwickelt hatte).

Ein Beispiel für ein abstraktes und quantifiziertes Ordnungssystem ist die sogenannte „werteorientierte Personalpolitik“ von BMW, die wir auf Seite 98ff. vorstellen.

Für qualitative Vorgehensweisen ist oberstes Prinzip, latente Strukturen aus dem gegebenen Material zu destillieren und nicht: sie „von außen“ aufzudrängen.

Damit fallen natürlich Auswertungsmöglichkeiten weg, die für die quantitative Sozialforschung typisch sind. Es ist zum Beispiel nicht möglich, in vergleichender Absicht verschiedene Unternehmen auf denselben Dimensionen exakt quantitativ zu lokalisieren, Abstände des Ist zu einem gewünschten Soll zu *messen* oder eine Reduktion auf eine *einheitliche* (für alle Unternehmen gültige) Grundstruktur vorzunehmen.

Werteorientierte Personalpolitik bei BMW

Beispiel für ein derartiges Vorgehen ist ein progressiver Ansatz von BMW, der vor einigen Jahren als „Werteorientierte Personalpolitik" bekanntgemacht wurde. Nicht zuletzt als Reaktion auf die sogenannte Wertwandeldiskussion in der Öffentlichkeit hat BMW versucht, die im eigenen Unternehmen verwirklichten und gewollten Werte mit „traditionellen" und „progressiven" gesellschaftlichen Auffassungen in Beziehung zu setzen.

Dabei ist ein Raster von 16 „Grundwerten" zugrundegelegt worden:

Orientierung des Verhaltens (Führungsverhaltens) an ethischen Zielen
Menschlichkeit (Humanität)/Würde des Menschen
Liberalität und Toleranz
Gerechtigkeitsstreben
Eigentum/Besitzstreben
Prinzip von Leistung und Gegenleistung
Selbständigkeit und Individualität
Selbstverwirklichung in der Arbeit
Selbstverwirklichung außerhalb der Arbeit
Status, Macht, Hierarchie (Streben nach sozialem Aufstieg)
Streben nach sozialen Kontakten/Gemeinschaftsgefühl
Information und Kommunikation
Freie Meinungsäußerung
Sicherheitsstreben
Sozialer Nutzen der Arbeit
Demokratie (Entscheidungsbeteiligung/Selbstbestimmung)

Für jeden dieser Werte wurden nun von einem Kreis von Führungskräften mehrere Einstufungen vorgenommen, unter anderem zu den Fragen

- Wie wichtig ist der Wert *zur Zeit* bei BMW (BMW-Ist: I)?
- Wie ist das *künftige* BMW-*Soll* (S)?

Wir drucken einen Ausschnitt aus dieser „Werteskala" ab.

Werteskala

* = weniger wichtig/** = sehr wichtig

Gewichtung Werte	* 1	2	3	4	5	** 6	Bemerkungen
Status, Macht, Hierarchie (Streben nach sozialem Aufstieg)				Ⓢ		Ⓘ	z. B. Organisations- und Führungskräftestruktur
Streben nach sozialen Kontakten/ Gemeinschaftsgefühl		Ⓘ		Ⓢ			z. B. „Wir"-Gefühl
Information und Kommunikation		Ⓘ			Ⓢ		z. B. Transparenz der betrieblichen Systeme
Freie Meinungsäußerung		Ⓘ		Ⓢ			z. B. Mitarbeiterbefragungen, aber auch die Bereitschaft, seine Meinung offen und klar zu äußern.

Ⓘ = tatsächliches BMW-Ist, Ⓢ = zukünftiges BMW-Soll

Diese Diagnose und Prognose wurde auch in Verbindung gebracht mit konkreten personalpolitischen Instrumenten und Strategien, mit deren Hilfe bestimmte Wertepositionen realisiert werden sollen.

Entscheidende Probleme dieses Vorgehens sind, daß die Werteliste nur von Spezialisten der Personalabteilung erarbeitet wurde, daß die Unabhängigkeit beziehungsweise der innere Zusammenhang der Grundwerte nicht erkennbar ist und daß keine Operationalisierung versucht wurde, die es erlaubt hätte, Realisierung und künftige Realisierungsmöglichkeiten systematisch abzuschätzen (so daß man sich nicht auf herausgegriffene Hinweise beschränken muß).

Es ist klar, daß für praktische Nutzanwendungen diese Meß-, Vergleichs- und Vereinfachungsleistungen des quantitativen Zugangs von erheblichem Interesse sind. Was kann der qualitative Zugang dagegensetzen? Vor allem in der Phase der Daten*erhebung* versperrt er den bequemen (Flucht-?)Weg in die Routineprozedur der gedankenlosen Anwendung vorhandener Meßinstrumente. Statt dessen wird der Forscher zu mehr Achtung und Sensibilität für die Eigen-Art der ohne sein Zutun entstandenen Verhältnisse (Daten) angehalten.

Der Basismythos positivistischer Forschung (daß „da draußen" eine objektive Struktur existiert, die eindeutig erfaßt werden kann) wird mit einem Alternativmythos konfrontiert: Es gibt *die* Unternehmenskultur (objektiv, als solche, an sich) nicht; jeder Informant hat – wie der Forscher auch – eine eigene Perspektive; er kann sich nie sicher sein, ob seine Sicht von den anderen geteilt oder akzeptiert wird. Befragt man zum Beispiel ein Vorstandsmitglied und einen Hilfsarbeiter aus demselben Unternehmen, dann ist wahrscheinlich, daß sie über ganz verschiedene „Objekte" sprechen, wenn sie „das Unternehmen" meinen. Vielleicht könnten sie eine gemeinsame Sicht der Dinge aushandeln, wenn sie miteinander reden würden; solange sie das nicht tun, gibt es keinen Grund, eine der beiden An-Sichten als falsch oder einseitig abzutun. Jeder konstruiert auf das Basis der in seiner Gruppe gültigen Wahrnehmungs-, Denk- und Bewertungsmuster *seine* Wirklichkeit. *Die* Wirklichkeit ist eine Abstraktionsleistung, die im sozialen Bereich nur bedeutet, daß es gelungen (?) ist, sich auf eine gemeinsame Sichtweise zu einigen. Die Unternehmenskulturforschung will – in ihrer pragmatischen Variante – solch gemeinsame Sichtweisen identifizieren. Das darf sie aber nicht blind machen dafür, daß in einer *scheinbar* einheitlichen Kultur ganz unterschiedliche Sichtweisen (Werte, Normen, Regeln, Interpretationsmuster) vorhanden sein können, die man nicht vorschnell zu arithmetischen Mitteln nivellieren darf, wenn man ihren Facettenreichtum (und damit auch ihre Konflikt- und Entwicklungsmöglichkeiten) erfassen möchte.

Man muß sich immer der Tatsache bewußt bleiben, daß „Unternehmenskultur" (ebenso wie Wert, Norm, Basisannahme) eine Erfindung und keine Entdeckung ist. Aus beobachteten Indizien wird auf hypothetische Faktoren zurückgeschlossen, die *verstehen* lassen, warum bestimmte Erscheinungen entstehen, aufeinanderfolgen oder zusammenhängen.

Vom selben „Tatsachenmaterial“ ausgehend kann man zu ganz verschiedenen Situationsinterpretationen (Verständnissen) kommen: Ein Marxist wird die gleiche sozioökonomische Situation ganz anders sehen als ein Kapitalist, ein Vorstand anders als ein Sachbearbeiter.

Deshalb sind die Rückschlüsse von Daten (Beobachtungen, Erzählungen) auf Werte und Basisannahmen immer nur Behelfe, die sich an bestimmten Kriterien bewähren müssen (zum Beispiel Stimmigkeit, Akzeptanz, Vorhersagekraft). Darüber muß man sich klar sein, wenn man nach Kern- oder Grunddimensionen einer Unternehmenskultur sucht.

Organisationsmythen

Es gibt darum keine abschließende Entscheidung darüber, wieviele Grunddimensionen existieren oder hinreichen. Die Schweden Sjöstrand und Westerlund haben zum Beispiel über 40 „Organisationsmythen“ beschrieben, darunter folgende (39):

- Es gibt ein Gesamtziel.
- Die Organisation läßt sich eindeutig beschreiben.
- Es geht rational zu ...

Wenn wir versuchen, von unserem Material ausgehend Mythen zu „erfinden“, dann gibt es dazu drei simple methodische Regeln:

1. Ein Mythos ist etwas Fundamentales und nichts Wahrheitsfähiges. Man muß an ihn glauben. Er wird auch trotz entgegenstehender Fakten aufrechterhalten.
2. Meist ist ein Mythos so sehr Selbstverständlichkeit, daß man ihn erst aufdeckt, wenn man versucht, herrschende Meinungen mit ihrem „undenkbaren“ Gegenteil zu kontrastieren. Solche

Blasphemien sind zum Beispiel: Betriebe ohne Chef funktionieren. Es gibt erfolgreiche Unternehmen, in denen alle Mitglieder gleich viel verdienen. In Wirklichkeit verfolgt kein Unternehmen ein klares Ziel …

3. Weil sie grundlegend sind, ist die Anzahl der Mythen nicht sehr groß (kleiner als die Anzahl der aus ihnen ableitbaren Werte).

Demnach sind Beispiele für fundamentale Unternehmensmythen:

- Das Leistungsprinzip ist verwirklicht.
- Es besteht Chancengleichheit.
- Wir sitzen alle in einem Boot.
- Es gibt ein gemeinsames Ziel.
- Es kommt auf den einzelnen an.
- Der Mensch steht im Mittelpunkt.
- Gesetzliche Vorschriften sind unbedingt einzuhalten.
- Die Würde des Menschen ist unantastbar.

An zwei Beispielen soll grafisch veranschaulicht werden, wie man sich den Zusammenhang von Werten und Mythen vorstellen kann. In den folgenden Abbildungen ist jeweils ein zentraler Mythos genannt (im Mittelkreis) und darum herum sind einige der Wertepolaritäten eingezeichnet, die – sich zum Teil überlappend – von der jeweiligen Basisannahme getragen werden. Oder anders gesagt: Der Mythos ist ein möglicher gemeinsamer Nenner für die angeführten Werte (und die abgeleiteten Normen).

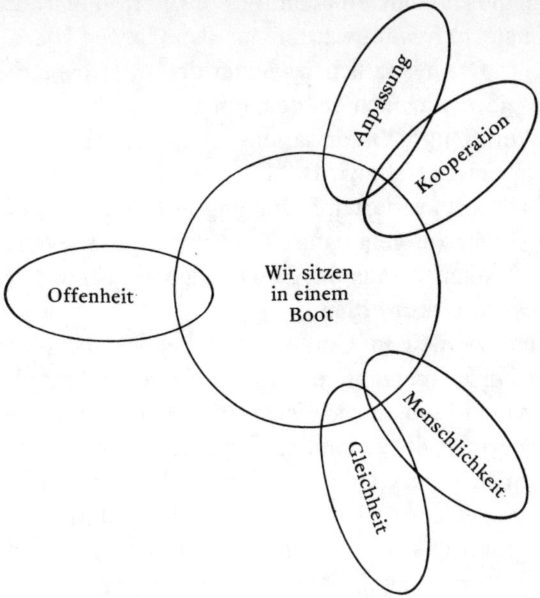
Anpassung
Kooperation
Offenheit
Wir sitzen
in einem
Boot
Menschlichkeit
Gleichheit

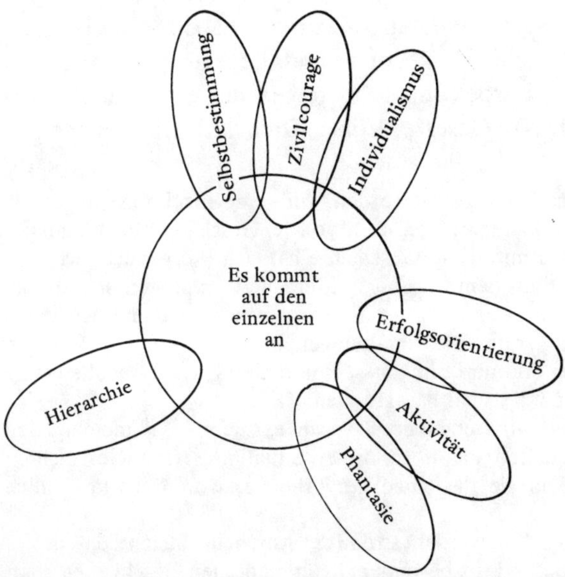
Selbstbestimmung
Zivilcourage
Individualismus
Es kommt
auf den
einzelnen
an
Erfolgsorientierung
Hierarchie
Aktivität
Phantasie

Offizielle Geschichten, inoffizielle Geschichten

Betrachtet man Einteilungen wie unsere 15-Werte-Polaritäten, so ist man versucht zu fragen, warum man den Umweg über Erzählungen macht. Dann letztlich will man doch auf die „Essenz" hinaus, wie sie etwa auch in den oben schon beschriebenen Normen-, Werte- und Organisationsklimafragebogen auf eine unmittelbare Weise erfaßt wird.

Während alle strukturierten Befragungsinstrumente schon wissen, *was* sie suchen (es geht dann nur noch darum, wieviel davon sie erfassen können), kann in Geschichten tatsächlich Neues, Unerwartetes entdeckt werden.

Geschichten werden in Unternehmen jedoch nicht für den Organisationsforscher erzählt, er ist nur Nutznießer dieser Datenquelle. Wenn es *nur* um die möglichst eindeutige Vermittlung von Werten und Normen ginge, dann könnten zum Beispiel Unternehmensleitungen in der Art der 10 Gebote ihre Unternehmensgrundsätze abstrakt formulieren und den Mitarbeitern aushändigen – was ja praktisch auch in allen Großunternehmen geschieht.

Aber im Unterschied zu diesen komprimierten, meist von Experten erarbeiteten und von der Geschäftsleitung „erlassenen" Grundsätzen oder Handlungsmaximen haben Geschichten, Gleichnisse, Fabeln, Ankedoten und Legenden ein ungleich breiteres Wirkungsspektrum: Sie tragen der Erfahrung Rechnung, daß abstrakte Gesetze, Vorschriften und Anordnungen

- nicht in die Praxis umgesetzt werden, weil sie zu abgehoben, allgemein und unverständlich sind; die „Moral von der Geschicht'" aber kann fast jeder erkennen und diese Geschichte hat sich (vorgeblich) *wirklich* zugetragen, ist aus dem Leben gegriffen und kein papierener Erlaß;
- immer wieder in Erinnerung gerufen werden müssen, damit sie nicht in Vergessenheit geraten; bei Erzählungen, in denen bekannte Personen agieren, ist der Aufmerksamkeits-, Unterhaltungs- und Behaltenswert wesentlich größer als bei Paragraphen;
- in einer solch unüberschaubaren Anzahl existieren, daß niemand den Überblick behalten kann. In dieser Situation setzen Geschichten Akzente, indem sie dasjenige hervorheben, worauf es tatsächlich ankommt;
- häufig nicht beachtet werden, so daß der Anschein entsteht, daß sie gar nicht so wichtig sind. Insbesondere in dramatischen Geschichten kann

ein Gegengewicht geschaffen werden, indem suggeriert wird, daß gerade wichtige Personen sich demonstrativ an die Regeln halten oder derjenige, der sie befolgt, belohnt wird (happy-end-stories). Man ist also nicht ein weltferner Trottel, wenn man sich normgetreu verhält, sondern orientiert sich an wirksamen Modellen.

Darüber hinaus bieten Geschichten Erklärungen für ansonsten unverständliche Vorkommnisse an. Man versteht plötzlich, warum es bestimmte Einrichtungen oder Personen im Unternehmen gibt, woher es kommt, daß manches so streng geahndet oder so großzügig honoriert wird, man hat überdies das Gefühl, Insider zu sein, weil man die „Geheimnisse" des Unternehmens verraten bekommen hat.

Es gibt jedoch – wie wir ja ausführlich belegt haben – nicht nur „offizielle" Geschichten und Anekdoten, die „die Moral" verbreiten, an der der Unternehmensleitung liegt, sondern auch subversive Erzählungen, in denen die Schattenseiten des Betriebs ausgemalt werden. Themen *solcher* Geschichten sind zum Beispiel:

- maßlose Verschwendung im Vorstand;
- unerschütterliches Festhalten an gescheiterten Projekten;
- unglaublicher Bürokratismus;
- wahre Gründe für Einstellungen, Beförderungen und Entlassungen;
- Eitelkeit und Arroganz von Vorgesetzten und Gelegenheiten, bei denen sie sich unsterblich blamiert haben;
- Seilschaften, Cliquen, (erotische) Beziehungen;
- Mißachtung oder Umgehung von gesetzlichen Vorschriften;
- Intensivierung der Arbeit oder Personalabbau unter dem Vorwand der Rationalisierung;
- Rachsucht von Vorgesetzten, denen öffentlich widersprochen wurde;
- kleinliche Schikanen, wenn man sich nicht devot genug verhält.

Warum werden *solche* Geschichten (weiter-)erzählt?

Auch hier werden natürlich gültige Werte der Unternehmenskultur, in anschauliche Handlungen übersetzt, vermittelt – nur eben nicht die Schönwetterseite. Aber es ist sehr wichtig, gerade diese Informationen zu erhalten, weil von ihnen das Überleben im alltäglichen Arbeitskampf abhängen kann. Außerdem enthalten solche Geschichten aus der Subkultur noch folgende Botschaften:

- Laß dich nicht einschüchtern, die kochen auch nur mit Wasser!
- Andere haben sich getraut, etwas dagegen zu unternehmen, versuch du es auch!
- Es hat keinen Zweck zu protestieren, du ziehst ja doch den kürzeren!
- Wenn „die da oben“ sich so gemein verhalten, dann kannst du mit gutem Gewissen zurückzahlen (Zahlen frisieren, blaumachen, was mitgehen lassen, Ausschuß produzieren, einen Kollegen decken ...).
- Wir sind nicht so wie diese Charakterschweine!
- Solidarisches Handeln ist die einzige Chance, die wir haben.
- *So* plump und direkt darfst du nicht vorgehen, sonst wirst du gekündigt oder schikaniert; wenn du's schlau genug anfängst, kann dir keiner was anhaben!
- Denen haben wir's gezeigt! Wir können stolz auf uns sein!

Es ist überraschend zu sehen, daß die amerikanischen Erfolgsbücher der Unternehmenskulturwelle praktisch kaum Gegenkulturgeschichten bringen, als ob die herrschende Kultur allein die Kultur der Herrschenden wäre! Eine vollständigere Erfassung der Unternehmenskultur verlangt aber, daß nicht nur Heldenstories und Erfolgsmärchen analysiert werden, sondern auch Schauergeschichten, in denen es um Diskriminierung, Ausnutzung, Benachteiligung, Arroganz, Radfahrerei und ähnliche Dinge geht, über die man nicht in der Werkszeitung oder den Glanzpapierbroschüren der Presseabteilung lesen kann.

Diese Kluft zwischen Hofberichterstattung und Sozialreportage besteht auch in einem anderen Untersuchungsfeld der qualitativen Unternehmenskulturforschung. Darauf werden wir im folgenden eingehen.

Sprüche des Unternehmens, Sprüche im Unternehmen

Unternehmen haben eine Sonnen- und eine Schattenseite. Die eine wird – zum Teil mit großem publizistischen Aufwand – zur Schau gestellt, die andere mit oft ebenso großem Aufwand im Dunklen gehalten. Die herrschende „Hochkultur“ stellt sich selber in Unternehmensgrundsätzen, Führungsleitsätzen, Corporate-Identity-Programmen, Firmenphilosophien, Slogans, Hymnen und Sprachregelungen öffentlich dar. Die protestierende Subkultur muß andere Wege suchen: sie bedient sich eher subversiver Techniken, um die Verhältnisse bloßzustellen (Graffiti, Witze, Spitznamen, Poster, Sticker).

Wir werden zunächst kurz auf die offiziellen Selbstdarstellungen der Soll- oder Wunschkultur eingehen, und dann ausführlicher Äußerungsformen der Gegenkultur dokumentieren. Dabei werden wir drei Bereiche erörtern:

a) Unternehmensverfassungen, Führungsgrundsätze, Arbeitsordnungen, Sozialberichte, Werkszeitungen;
b) Leitsprüche (Slogans), Hymnen usw.;
c) innerbetriebliche „Sprachregelungen“.

In *Unternehmensverfassungen* und *Führungsleitlinien* wird festgelegt, welche Kultur sich die „herrschende Koalition“ als Ziel setzt. Deshalb finden sich dort keine Istbeschreibungen, sondern programmatische Sollsätze, in denen all die modernen Tugenden und Errungenschaften der Managementlehre versammelt sind: Gemeinsame Zielsetzung, Delegation, umfassende Information, Mitarbeiterförderung, Teamarbeit, konstruktive Zusammenarbeit mit der Belegschaftsvertretung, Motivation, kooperative Führung, Anerkennung, Arbeitszufriedenheit ...

Um einen Eindruck von „Geist und Stil des Hauses“ zu geben, die sich in Führungsgrundsätzen zeigen, haben wir einige Ausschnitte aus Grundsätzen verschiedener Firmen zusammengestellt:

Wacker-Chemie:
Wer führt, hat zur Erreichung der ihm gesetzten Ziele seinen Mitarbeitern klar abgegrenzte Teilziele vorzugeben und ihnen bewußtzumachen, daß von der Erfüllung der ihnen gesetzten Teilziele die Verwirklichung der übergeordneten Ziele abhängt. Mit der Übertragung von fest umrissenen Aufgaben hat er ihnen die dazu notwendigen Entscheidungs- und Weisungsbefugnisse zu geben. (40)

Audi:
... Die Beurteilung der Arbeitsergebnisse und die Überprüfung des Arbeitsverhaltens des Mitarbeiters obliegen dem Vorgesetzten. Maßstab für die Beurteilung sind die gesetzten Ziele. Maßgebend für die Überprüfung des Arbeitsverhaltens sind die im Unternehmen geltenden Vorschriften und Regelungen. ... (41)

Bundesministerium des Innern:
Vorgesetzte und Mitarbeiter geben sich gegenseitig rechtzeitig und umfassend alle notwendigen Informationen, die sich auf ihr Aufgabengebiet beziehen, um eine sachgerechte Aufgabenerfüllung zu ermöglichen und Doppelarbeit zu verhindern. ... (42)

Nestlé:
... Nestlé erwartet, daß die Mitarbeiter bereit sind, von sich aus fehlende Kenntnisse zu ergänzen, um in kürzestmöglicher Zeit den beruflichen Anforderungen zu entsprechen ...

...Nestlé erwartet von den Vorgesetzten, daß sie ihren Mitarbeitern die erforderlichen betrieblichen Informationen, unter anderem auch im persönlichen Gespräch, geben und, wo notwendig, weitere Informationsquellen erschließen. (43)

BMW:
- „Exzellent führen" erfordert die volle Identifikation mit dem Unternehmen.
- Entscheidungen oder Beschlüsse sind intelligent auszuführen, sie sind aber auszuführen.
- Konstruktive Kritik zu üben und zu ertragen ist Pflicht jedes Mitarbeiters.
- Probleme lösen – nicht Schuldige suchen.
- Jeder darf Fehler machen – nur nicht zu viele, und vor allem nicht den Fehler, ihn zum Schaden des Unternehmens zu verschleiern. ... (44)

Werbeagentur Ogilvy Mather:
1. Unsere Agentur ist unteilbar.
2. Wir verkaufen oder gehen unter.
3. Mit Langeweile verkauft sich kein Produkt.

4. Schau nach oben, gehe neue Wege, wetteifere mit den Unsterblichen.
5. Wir suchen nach Wissen wie ein Schwein auf Trüffeljagd.
6. Wir stellen Leute mit Hirn ein.
7. Der Verbraucher ist kein Idiot, sondern deine Frau. ... (45)

Norsk-Data:
... Haben Sie keine Angst vor Fehlern, Fehler sind bei Norsk Data schon in Ordnung, wir machen sie alle. Eines der übelsten Dinge ist es, sagen zu müssen: Ich versuchte es nicht. Wenn Ihnen etwas merkwürdig erscheint, dann fragen Sie solange, bis Sie damit einverstanden sind. Sie sollten nichts ausführen, was Ihnen falsch oder sinnlos erscheint. ...

... Es ist wichtiger, die richtigen Dinge zu tun als Dinge nur richtig zu tun. Mit Norsk Data leben wir in einer Welt ständigen Wandels. Deshalb müssen wir nicht nach Regeln suchen, sondern stets fragen, was richtig und wichtig ist. Diese Flexibilität hat es uns ermöglicht, leichtfüßig zu bleiben. ...

... Wie Sie sehen, gibt es keine strikte Norsk-Data-Norm. Denn, falls es sie gäbe, wären wir wie jede andere gesichtslose Organisation. Norsk Data ist durch Individualisten wie Sie selbst groß geworden. Wir haben den Norsk-Data-Geist. (46)

Solche Führungsgrundsätze, -leitlinien, -prinzipien, -verfassungen, -dogmen, -kodices und so weiter, die ihre entfernten Vorläufer in den oft autoritär-patriarchalischen Fabrik- und Arbeitsordnungen der Gründerzeit haben, basieren auf Anforderungen, die im Unternehmenskulturansatz eine theoretische Begründung finden. Ein aktuelles Beispiel ist dafür die – allen Mitarbeitern ausgehändigte – Arbeitsordnung der Daimler-Benz-AG (Stand 1986), in der es unter anderem heißt:

VIII. Allgemeine Ordnungsbestimmungen

1. Die Bekanntmachungen der Firma an den Anschlagtafeln haben die Bedeutung von rechtswirksamen Erklärungen. Niemand kann sich darauf berufen, daß er diese Bekanntmachungen nicht gelesen hat, es sei denn, daß er während des Aushangs abwesend war.

...

3. Während der Arbeitszeit kann ein Mitarbeiter nur aus dringenden Gründen mit entsprechendem Torpaß den Betrieb verlassen. Dabei sind die entsprechenden Kontrollvorschriften zu beachten und Kontrolleinrichtungen zu benutzen.
4. Wer bei der Daimler-Benz AG nicht beschäftigt ist, darf den Betrieb nur mit besonderer Erlaubnis der Geschäftsleitung betreten.

5. Der Mitarbeiter soll sich nur in den Teilen des Betriebes aufhalten, in denen er beschäftigt ist oder in die ihn ein ausdrücklicher Auftrag führt.
6. Waschen und Umkleiden hat in den dafür vorgesehenen Räumen zu erfolgen.
   Aufenthalts-, Wasch- und Umkleideräume dürfen, abgesehen von begründeten Ausnahmefällen, nur vor Arbeitsbeginn, in den Pausen und nach Arbeitsschluß betreten werden. Nach Arbeitsschluß ist das Werksgelände baldmöglichst zu verlassen.
7. Die Arbeitszeit darf nur für betriebliche Zwecke genutzt werden. Privatarbeiten dürfen im Betrieb nur ausnahmsweise mit besonderer Zustimmung der Geschäftsleitung ausgeführt werden.
8. Private Sachen, die zur Arbeit nicht benötigt werden, sollen nicht in den Betrieb mitgebracht werden. Verboten sind insbesondere elektrische Heizgeräte, Funk- und Fernsehgeräte oder andere gefährliche oder störende Gegenstände.

   ...

12. Jeder Mitarbeiter hat seinen Arbeitsplatz aufzuräumen und in einem solchen Zustand zu hinterlassen, daß einem anderen die Arbeitsaufnahme an diesem Arbeitsplatz zuzumuten ist; insbesondere sind die persönlichen Abfälle und ähnliches zu beseitigen.

    ...

14. Zum Schutze des betrieblichen und persönlichen Eigentums können Kontrollen angeordnet werden, die sich auf mitgeführte Gegenstände erstrecken können. Auf Anstand und Ehrgefühl wird dabei Rücksicht genommen. Alle Mitarbeiter sind verpflichtet, diese Kontrollen zu dulden. ...
15. Jede dem Betriebsfrieden, der Ordnung und dem Arbeitszweck abträgliche Betätigung muß innerhalb des Betriebes unterbleiben.
16. Die Verbreitung von Druckschriften, Umlauflisten, Fragebögen und dergleichen sowie die Durchführung von Sammlungen jeder Art innerhalb des Betriebsgeländes durch Mitarbeiter oder Betriebsfremde sind nur mit Zustimmung der Geschäftsleitung nach Anhörung des Betriebsrats gestattet. Dies gilt nicht, soweit eine gesetzliche Regelung besteht.
17. Handel jeglicher Art sowie Glücksspiele sind innerhalb des Betriebsgeländes untersagt.
18. Bild- und Tonaufnahmen sind nur mit Zustimmung der Geschäftsleitung gestattet.

Die offizielle Linie kommt aber nicht nur in den ausführlichen Sollentwürfen, sondern auch in Geschäfts- und Sozialberichten, Reden (zum Beispiel vor Hauptversammlungen), Festschriften,

Unternehmensbiographien, Werkszeitungen, Mitarbeiterrundbriefen, Presseinterviews und dergleichen zum Ausdruck.

Eine Auswertung von Personal- und Sozialberichten aus 30 deutschen Unternehmen ergab zum Beispiel, daß mit hoher Regelmäßigkeit bestimmte Themen behandelt werden (47).

Daraus kann man Rückschlüsse auf vorherrschende Orientierungen ziehen, weil das Unternehmen diese „Öffentlichkeitsarbeit" betreibt, um sich gegenüber den Mitarbeitern und der Gesellschaft in ein bestimmtes Licht zu setzen. Wenn über den „Personalaufwand" berichtet wird, kann die Gelegenheit genutzt werden, die Leistungsfähigkeit des Unternehmens zu dokumentieren – oder auch durch entsprechende Kommentierungen des „Personalzusatzaufwandes", in welchem Umfang das Unternehmen belastet wird. Durch die „Sonstigen Sozialleistungen" belegt das Unternehmen, was es zum Beispiel für Wohnen, Freizeit, Sport, Urlaub, Beihilfen tut – daß es also großen Wert auf gesunde und zufriedene Mitarbeiter legt und daß es – entgegen dem Vorwurf frühkapitalistischer blutsaugerischer Ausbeutung ein Hort der Fürsorge und sozialen Verantwortung ist. Wenn auf „Personalstruktur", „Arbeitsbedingungen", „Betriebsklima" ausführlich eingegangen wird, zeigen sich darin Grundwerte wie Offenheit, Transparenz, Ordnung, Menschlichkeit. Die gesellschaftliche Verantwortung und das „Gewissen" des Unternehmens können durch Belege für Leistungen an den Staat oder für den Umweltschutz untermauert werden; die Modernität, Fortschrittlichkeit und Vitalität wird durch Aussagen über Forschung und Entwicklung, Personalpolitik, Mitbestimmung und dergleichem dokumentiert.

Auch die *Form,* in der derartige Geschäftsberichte abgefaßt sind, vermittelt wichtige Informationen. Der Umfang, die Ausstattung (Glanzpapier oder Zeitungsseiten, gesetzt oder mit Schreibmaschine geschrieben, farbig oder schwarz-weiß), die Ausgestaltung (Grafiken, Farbfotos, Tabellen) – alle diese Faktoren können wichtige Werte transportieren (wie Leistungskraft, Sachlichkeit, Modernität, Kreativität).

Auch inhaltsanalytische Auswertungen von *Werkszeitschriften* können die „offizielle Sicht der Dinge" entschlüsseln (wie oft, wie regelmäßig, wie ausführlich, wie offen wird wann über wen oder was geschrieben?). Meist wird das Unternehmen als ein Ort portraitiert, an dem es sich gut arbeiten und leben läßt: fast nie werden Schwierigkeiten, Fehlentwicklungen und Fehlgriffe, Mißstände, ungelöste Probleme und ähnliches kontrovers diskutiert. Es herrscht vielmehr Hofberichterstattung vor: Die Leistungen und Errungenschaften des Unternehmens werden gefeiert, neue Anlagen, Gebäude, Technologien vorgestellt, Personalveränderungen werden kommentiert, gesellschaftspolitische Themen und kulturelle Ereignisse behandelt, Jubilare gewürdigt, Erfolge der Unternehmenssportvereine geschildert, Mitarbeiterhobbies vorgestellt. Der Grundton ist positiv: das Unternehmen stellt sich als progressiv, mitarbeiterorientiert, gesellschaftlich verantwortlich, sozial engagiert dar – kurz: man kann darauf stolz sein, in diesem Unternehmen zu arbeiten!

In einer Management-Zeitschrift wird in zum Teil entlarvender Offenheit ein „Katalog der Minimalziele einer Hauszeitschrift" vorgestellt:

Public Relations Begins at Home

1. Führt den einheitlichen Informationsstand aller Mitarbeiter herbei.
2. Sorgt für Übereinstimmung des Kenntnisstandes der Mitarbeiter mit den Inhalten der externen Öffentlichkeitsarbeit.
3. Regt den Dialog zwischen Arbeitgeber und Arbeitnehmer an.
4. Motiviert durch Offenheit und zieht den mündigen Mitarbeiter ins Vertrauen.
5. Ermöglicht das Kennenlernen vieler Kollegen und ihrer Probleme.
6. Baut Scheuklappen gegen andere Abteilungen und Bereiche ab.
7. Hilft Gegensätze zwischen kaufmännischen und gewerblichen Arbeitnehmern überbrücken.
8. Bindet an das Unternehmen.
9. Gibt Anregungen für die tägliche Arbeit und für sinnvolle Verwendung der Freizeit.
10. Vermittelt zusätzliches Wissen und verbessert damit die Entscheidungen der Mitarbeiter am Arbeitsplatz.
11. Ist authentisches Sprachrohr von Geschäftsleitung, Wirtschaftsausschuß und anderen betrieblichen Gremien.
12. Unterläuft die Wirksamkeit betriebsfremder, extremistischer Periodika.
13. Verkleistert nicht Gegensätze im Sinne eines fragwürdigen Betriebsfriedens, sondern spricht sie aus und hilft sie lösen.
14. Verstärkt die Bindungen an das System der freien Marktwirtschaft und das Verständnis für unternehmerische Entscheidungen.

15. Wirkt als Ventil für Unmut.
16. Ermuntert die Mitarbeiter zur Übernahme sozialer Verantwortung.
17. Weckt das Verständnis auch der Angehörigen für betriebliche Belange. (48)

Unternehmensleitsprüche sollen dem internen und externen Publikum einen Eindruck geben von der Besonderheit des Unternehmens. Dabei kommt es – wie früher bei Wappensprüchen der Herrscher – auf Kürze und Prägnanz an, es muß ein einziger zentraler Inhalt präsentiert werden. Wir haben einige dieser Selbstdarstellungen zusammengetragen, die für *Mitarbeiter* Identitätsaufhänger und beständige Verpflichtung, für die *Umwelt* aber unverwechselbare Etikettierung, Sympathiewerbung und programmatische Charakterisierung der Unternehmensphilosophie sein sollen. Die Slogans sind zwar manifest (und hauptsächlich) an Kunden und Öffentlichkeit adressiert, sie haben aber auch eine Rück-Wirkung auf die Mitarbeiter. Diese werden indirekt verpflichtet, den öffentlich verkündeten Anspruch (auf Qualität, Schnelligkeit, Freundlichkeit, Kreativität ...) einzulösen.

Unternehmenssprüche

AGIP:	Wir reißen uns 6 Beine für Sie aus!
BEIERSDORF:	Ideen für's Leben.
BUNDESBAHN:	Alle reden vom Wetter, wir nicht.
BUNDESPOST:	Und ab geht die Post.
CONTINENTAL:	Qualität als Summe aller Leistungen.
BOSCH:	100 Jahre Bosch Ideen.
DRESDNER BANK:	Das grüne Band der Sympathie.
DAIMLER:	Maßstab durch Leistung. Ihr guter Stern auf allen Straßen! Das Beste oder nichts!
ESSO:	Es gibt viel zu tun, packen wir's an!
HEW:	Wir sind für Sie da!
HOECHST:	High chem.

HYPO-BANK:	Eine Bank – ein Wort.
ICI:	ICI. Denn Leistung verbindet.
IBM:	IBM heißt Service.
NESTLÉ:	Qualität ist unsere Natur.
SALZGITTER:	Salzgitter – Menschen und Technologien.
TEAM XEROX:	Durch Qualität überzeugen.
THYSSEN:	Thyssen ist dabei ... gemeinsam geht es besser.
VEBA:	Wir arbeiten mit Energie. Für Energie.
VW:	... und läuft und läuft und läuft ...
ZEISS:	Zeiss setzt Maßstäbe.

Eine inzwischen in der Bundesrepublik kaum mehr beobachtbare offizielle Äußerungsform der Unternehmenskultur ist die *Firmenhymne*. Um einen Eindruck vom Geist dieser Lieder zu geben, sei eine Strophe des IBM-Songs abgedruckt (49):

Ever Onward – Ever Onward

That's the spirit that brought us fame!
We're big, but bigger we will be
We can't fail for all can see
That to serve humanity has been our aim
Our products are now known in every zone
Our reputation sparkles like a gem
We've fought our way through and new
Fields we're sure to conquer too
Forever onward IBM.

Immer voran, immer voran

Das ist der Geist, der uns berühmt machte!
Wir sind groß, aber wir werden noch größer sein.
Wir können nicht scheitern, denn alle können sehen,
daß unser Ziel der Dienst an der Menschheit ist.
Unsere Produkte sind jetzt überall bekannt.
Unser Ruf funkelt wie ein Diamant.
Wir haben kämpfend unseren Weg gemacht und
sicher werden wir weitere neue Felder erobern.
Immer vorwärts IBM.

Solche Hymnen sollen dazu beitragen, neuen Mut zu machen, Siegessicherheit zu vermitteln, die eigene Größe und Unschlagbarkeit zu bestätigen, Gemeinschaftsgefühl zu festigen und in feierlicher Weise die eigene Mission quasi-religiös zu bekräftigen.

Führungsgrundsätze, Sozial- und Geschäftsberichte, Einführungsschriften, Arbeitsordnungen, Handbücher, Werkszeitungen, Hymnen usw. sind formelle Mitteilungen, die sich vor allem der Sprache als Medium der Mitteilung bedienen. Jede sprachliche Botschaft hat aber nicht nur einen sachlichen oder inhaltlichen Darstellungsaspekt (informiert, orientiert, klärt auf, interpretiert), sondern auch noch weitere Seiten: Eine sprachliche Mitteilung

- entwirft alternative Szenarien und Ziele, schafft Illusionen und Phantasien, stellt (derzeit noch irreale) Möglichkeiten vor;
- verrät etwas über den Sender (seine Absicht, seine Befindlichkeit, seine Werte ...);
- definiert die Beziehung (als formell-kühl, herzlich, hierarchisch, feindselig, wohlwollend ...);
- versucht zu beeinflussen, zu lenken, zu motivieren oder zu manipulieren;
- ist als Autokommunikation an den Sender selbst gerichtet (bestärkt, ermutigt, tröstet, klärt, legt fest).

Sachinhalte lassen sich leicht registrieren und auszählen, die anderen eben genannten Wirkungen erfordern Interpretation und detektivische Aufklärungsarbeit, die sich an kleinen Indizien Hypothesen bildet, die sie durch weitere (kleine) Beweisstücke zu erhärten sucht. Diese Spurensicherung verläßt sich nicht auf den Inhalt des Gesagten, Geschriebenen, Getanen, sondern untersucht, was *nicht* gesagt wurde (vielleicht sogar absichtlich verschwiegen wurde) oder wie, wann, wem, wozu, womit etwas gesagt wurde.

Geht man mit dieser Haltung an die Entschlüsselung sprachlicher Dokumente heran, dann erschließen sich hinter den äußeren Erscheinungsformen neue Facetten der Unternehmenskultur (hier gesehen als der Code, der den Tat-Sachen zugrundeliegt). Auf diese Weise kann man auch zu den Wertepolaritäten vorstoßen, die sich in den Äußerungen verraten. Ein Beispiel dafür sind die Formulierungskünste in Arbeitszeugnissen und Personalbeurteilungen. Sie sagen indirekt etwas aus über Zivilcourage, Offenheit, Traditionalismus, Fremdbestimmung, Hierarchie. Es macht eben einen Unterschied, ob einem Mitarbeiter deutlich und unmißverständlich gesagt wird, daß die Leistungen unbefriedigend waren, oder ob dies verschleiert, verschwiegen, in Euphemismen gekleidet wird. Im Fall der Arbeitszeugnisse zwingt sogar die Rechtsprechung zur sogenannten „Geheimsprache", die aber inzwischen für jeden Informierten dechiffrierbar ist:

„Er hat sich stets bemüht, die übertragenen Aufgaben zu unserer Zufriedenheit auszuführen" heißt dann eben im Klartext: „Er war unbrauchbar" (denn es blieb beim – leider erfolglosen – Bemühen).

Schwieriger ist das schon bei Personalbeurteilungen: Peter zitiert aus amerikanischen Offiziersbeurteilungen (50):

„Dieser Offizier ist begabt, aber weiß es gut zu verbergen." „Kann einen Satz jederzeit in zwei Absätzen ausdrücken."

„Ein ruhiger, verschwiegener Offizier. Fleißig, ausdauernd, sorgfältig und sauber. Ich möchte ihn nie in meinem Stab haben."

„Verfügt über einen scharfen analytischen Verstand und große geistige Fähigkeiten. Empfiehlt sich für den Forschungs- und Entwicklungsbereich. Ihm fehlt es an gesundem Menschenverstand."

Aber selbst dann, wenn scheinbar eindeutige „Noten" vergeben werden, muß man zu deren korrekter Interpretation wissen, daß bei einer Skala, die von 1 (sehr gut) bis 9 (sehr schlecht) reicht, der Mittelwert *nicht* 5, sondern vermutlich 3 ist, weil fast alle Mitarbeiter im Bereich zwischen 2 und 4 liegen.

Sprachregelungen gibt es immer dann, wenn „heilige Werte" (Basisannahmen, Mythen) in Gefahr geraten und verteidigt werden müssen. An der Notwendigkeit von Übersetzungs- und Deutungsarbeit kann man erkennen, welche Bereiche oder Inhalte besonders problembelastet oder geschützt sind.

Wie in primitiven Kulturen gibt es Tabubereiche, die nicht offen „zur Sprache gebracht" (!) werden dürfen. Über manche Dinge darf entweder offiziell gar nicht geredet und geschrieben werden (wie zum Beispiel Fehlentscheidungen, Vetternwirtschaft, desolate finanzielle Situation, Alkoholismus, erotische und sexuelle Beziehungen) oder aber sie müssen in Euphemismen dargestellt werden. Ein Beispiel dafür ist, wie der äußerst unangenehme Sachverhalt „Mißerfolg" oder „Verlust" umschrieben wird:

Minuswachstum, Erfolgsdefizit, Konsolidierungsphase, Wachstumspause, Wachstumsplateau, Anpassungsprozeß zur Normalisierung hin, Durststrecke, Rückgriff auf Rücklagen, Substanzminderung, Ertragseinbruch ...

Damit wird deutlich, daß der fraglose Normalzustand eines funktionierenden Unternehmens Erfolg, Wachstum und Gewinn ist – alles andere muß gerechtfertigt oder eben: verschwiegen, schamhaft verkleidet werden.

Alle Kulturen haben für die Probleme, die den Bestand des Gemeinwesens in besonderer Weise berühren, differenzierte sprachliche Ausdrucksmöglichkeiten. Was für uns „Schnee" ist, kann in Eskimosprachen in 20 verschiedenen Varianten ausgedrückt werden und ein Amazonasindianer kann das Verhalten von Fischen in für uns unvorstellbarer Differenziertheit beschreiben ... Dafür aber haben wir für unser zentrales Kulturgut „Geld" eine Wortvielfalt, die einen Urwaldbewohner beeindrucken muß.

Um es an einem anderen Beispiel zu demonstrieren: Für den Sachverhalt „Kündigung" gibt es unter anderem folgende Umschreibungen:

freisetzen, freistellen, dem Arbeitsmarkt überstellen, Personalabbaumaßnahme, Personalanpassung, rationalisieren, Minuswachstum im Personalbereich, gesundschrumpfen, verschlanken, abspecken, demassing, riffing (reduction-in-force), Outplacement, entlassen, zur Strecke bringen, abschießen, feuern, rausschmeißen, vor die Tür setzen, Papiere abholen lassen, entsorgen, die Vorruhestandsregelung nutzen/anbieten, sich trennen, eine Beschäftigungsalternative ermöglichen, eine anderweitige Karriere nicht verbauen, Matthäi am Letzten sein lassen, Personalkürzung, negativer Beschäftigungsvorgang, Personalreduzierung, Personaleinsparung...

Wozu ein solcher Wortreichtum? Um zu verdecken, daß Grundwerte der proklamierten Unternehmenskultur (wie Fairneß, Dankbarkeit, Sicherheit, Gerechtigkeit) bloße Fassade sind, hinter der sich die „andere Seite der Medaille" zeigt: Härte, Zynismus, Disziplinierung, Ausnutzung, Willkür.

Die *verbergende* Funktion von Sprachregelungen gilt immer nur für Außenseiter und Opfer; Täter und Eingeweihte verständigen sich reibungslos. Es ist bezeichnend für die Transparenz und Homogenität einer Unternehmenskultur, wie viele Sprachbarrieren und „Dialekte" es gibt:

Wie in „My Fair Lady" das Blumenmädchen an ihrem Dialekt erkannt wird und es sehr mühselig ist, sie zur Lady umzufunktionieren, genauso kann die Herkunft eines Mitarbeiters an seinem Sprachgebrauch diagnostiziert werden: Verschiedene Rangstufen, Funktionsbereiche, Arbeitsteams haben verschiedene Slangs, Jargons oder Argots. Wie im Mittelalter sich die Gauner und Diebe durch die Geheimsprache ihres Rotwelsch zugleich abschotteten und verständigten, oder wie Latein die distanzierende und mystifizierende (Hoch-)Sprache der Kirche war, so gibt es heute ein „Kaderwelsch" der Führungskräfte oder das für Außenstehende unverständliche Fachchinesisch der Experten.

Als Beispiel seien hier einige Begriffe aus dem Argot der Trainingsleute unerklärt zitiert, für die es ja besonders wichtig ist, immer auf dem laufenden zu sein und die „Renner der Saison" von den Ladenhütern zu unterscheiden:

Maslow-Pyramide; Grid; Family Lab; Theory X, Y, Z; 9.9-Manager; 1-Minute-Manager; 7-S-Modell; Skunk works; Championship; Intrapreneurship; touchy-feely-managers; Struktogramm; Portfolio-Management.

Ein besonderer Zugehörigkeitsnachweis ist auch die kompetente Entschlüsselung von Abkürzungen wie:

TA (für Transaktionsanalyse), TZI (für themenzentrierte Interaktion), OE (Organisationsentwicklung), MbWA (Management by Wandering Around), MbO (Management by Objectives), T-Group (für Trainings-Gruppe) ...

Dabei bedeutet es eine höhere Stufe der Vertrautheit, mit den aktuellen Reizwörtern schon verfremdend umgehen zu können und der wirklichen Bedeutung eine andere zu unterlegen: der beste Test, ob der andere wirklich weiß, worum es geht! (Etwa wenn Assessment-Center mit Assassination Center „übersetzt" wird. Assessment Center, also Beurteilungszentrum, heißt ein neues Verfahren der Bewertung und Auswahl von vielversprechenden Mitarbeitern. Die Karriereaussichten dessen, der bei dieser Prozedur „durchfällt", sind deutlich geschmälert, darum die Etikettierung als Assassination-Center, also Ermordungszentrum.)

Solche Subsprachen haben wichtige identitätsstiftende Funktion: Man erkennt sofort, wo jemand hingehört (und damit auch, welche Interessen er hat) und innerhalb der Gruppe erweist es sich schnell, wer – im doppelten Sinn des Wortes – mitreden kann. Wenn man sich in der jeweiligen Szenensprache sicher ausdrücken kann, ist man akzeptiert. Je unbekümmerter und selbstverständlicher man den Jargon spricht, desto mehr ist die Sonderwelt zur fraglosen Lebenswelt geworden. Die Sprache bringt nämlich als Indikator der Kreise, in denen man sich bewegt, zugleich auch die Problemsicht dieser Kreise zum Ausdruck: Man kann dann bestimmte Fragestellungen *nur* mehr mit der Brille der Begriffe (und Lösungen) sehen, die die eigene Subkultur bereithält, ein Indiz für die Durchsetzung der oben schon erwähnten „Herrschaft 3. Grades", also der Bewußtseinsprogrammierung, die hier zur Ausdrucksprogrammierung erweitert wurde. Eine humorvolle Karikatur des „Amtsdeutsch" stellt das folgende Beispiel dar. Die sprichwörtliche Pedanterie, Steifheit, Gespreiztheit und Umständlichkeit gehört zum Image der Bürokratie, die sich ja nicht nur in Behörden findet, sondern vor allem da, wo (juristische) Experten ihre subkulturelle Eigenheit allen anderen aufzwingen.

AMTSDEUTSCH

„Betreffs Rotkäppchen, in amtlichem Sprachgut beinhaltet.

... Vor ihrer Inmarschsetzung wurde die R. seitens ihrer Mutter schulisch über das Verbot betreffs Verlassens der Waldwege auf Kreisebene belehrt. Dieselbe machte sich infolge Nichtbeachtung dieser Vorschrift straffällig und begegnete beim Übertreten des bezüglichen

Blumenpflückverbotes einem polizeilich nicht gemeldeten Wolf ohne festen Wohnsitz. Dieser verlangte in unberechtigter Amtsanmaßung Einsichtnahme in das zu Transportzwecken von Konsumgütern dienende Korbbehältnis und traf in Tötungsabsicht die Feststellung, daß die R. zu ihrer verschwägerten und verwandten, im Baumbestand angemieteten Großmutter eilends war.

Da wolfsseits Verknappungen auf dem Ernährungssektor vorherrschend waren, faßte er den Beschluß, bei der Großmutter der R. unter Vorlage falscher Papiere vorsprachig zu werden. Weil dieselbe wegen Augenleidens krankgeschrieben war, gelang dem in Freßvorbereitung befindlichen Untier die diesfallsige Täuschungsabsicht, worauf es unter Verschlingung der Bettlägerigen einen strafbaren Mundraub zur Durchführung brachte. ...

... Der sich auf einem Dienstgange befindliche und im Forstwesen zuständige Waldbeamte B. vernahm Schnarchgeräusche und stellte deren Urheberschaft seitens des Tiermaules fest. Er reichte bei seiner vorgesetzten Dienststelle ein Tötungsgesuch ein, das dortseits zuschlägig beschieden und pro Schuß bezuschußt wurde. Nach Beschaffung einer Pulverschießvorrichtung zu Jagdzwecken gab er in wahrgenommener Einflußnahme auf das Raubwesen einen Schuß ab.

Dieses wurde in Fortführung der Raubtiervernichtungsaktion auf Kreisebene nach Empfangnahme des Geschosses ablebig. Die gespreizte Beinhaltung des Totgutes weckte in dem Schußgeber die Vermutung, wonach der Leichnam Menschenmaterial beinhalte.

Zwecks diesbezüglicher Feststellung öffnete er unter Zuhilfenahme eines Messers den Kadaver zur Totvermarktung und stieß hierbei auf die noch lebhafte R. nebst beigehefteter Großmutter. Durch die unverhoffte Wiederbelebung bemächtigte sich beider Personen ein gesteigertes, amtlich nicht zulässiges Lebensgefühl, dem sie durch groben Unfug, öffentliches Ärgernis erregenden Lärm und Nichtbeachtung anderer Polizeiverordnungen Ausdruck verliehen, was ihre Haftpflichtmachung zur Folge hatte. Der Vorfall wurde von den Kulturschaffenden Gebrüdern Grimm zu Protokoll genommen und starkbehinderten Familien in Märchenform zustellig gemacht ... (51).

Neben den offiziellen Sprachregelungen gibt es innerbetriebliche unautorisierte Sprachgewohnheiten. Es handelt sich dabei meist um unauffällige Aussagen, die nur beim Eingeweihten automatische Übersetzungsarbeit auslösen. Für Neulinge ist es oft schwierig, die „eigentlichen“ Bedeutungen dieser scheinbar selbstverständlichen Formulierungen zu entschlüsseln. Volles Mitglied der Gemeinschaft ist man erst, wenn man den wahren Sinn versteht. Einige Beispiele für solche Übersetzungsleistungen:

Formulierung	*Klartext*
Der Vorgesetzte ruft an: „... und kommen Sie doch bei Gelegenheit mal bei mir vorbei!“	„Sofort antanzen!“
Bei der Durchsicht einer Ausarbeitung sagt der Chef: „Hmhm“	„Ausgezeichnete Leistung!“
Ein Vorstandsmitglied ruft an und bittet darum, daß zusätzlich zu den bereits vorliegenden Bewerbungen noch die Tochter eines Golffreundes berücksichtigt werden soll.	„Einstellen!“
Im Arbeitszeugnis steht: „... war stets zu sozialen Kontakten bereit und hat sie auf unkonventionelle Weise belebt“.	„Spaßvogel, der meist angeheitert umherlief.“
„Betrachten Sie bitte diese Mitteilung als vertraulich.“	„Schnellstmöglich in Umlauf setzen!“
„Können Sie heute noch ein paar Minuten dableiben und ein paar Zeilen für mich tippen?“	„Heute wird's noch ein langer Abend werden!“

Der Sprachgebrauch folgt zum Teil informellen Normen, die sich – wie dargestellt – im Laufe der Zeit in *Subgruppen* herausbilden. Diese Form der Kulturgestaltung steht zwischen hochoffizieller „Sprachpflege“ und personenspezifischen Marotten und Eigenheiten.

Durch vorgeschriebenen Wortgebrauch soll unternehmensweit eine bewußtseinslenkende und vereinheitlichende Wirkung erzielt werden, die zum Teil auch ablenkende und verharmlosende Funktion hat. Im Frontalangriff wird „mentale Programmierung“ versucht. Ein Beispiel dafür ist die Einführung des Begriffs „Mitarbeiter“ anstatt „Untergebener“ oder „Unterstellter“ – wobei sich aber an der Bezeichnung „Vorgesetzter“ nichts geändert hat (siehe auch: Putzfrau → Raumpflegerin; Vertreter → Vertriebsberater; Hilfskraft → Teamassistentin ...).

„Bei Digital Equipment lernte ich rasch, daß jeder dort ein individual contributor ist. Bei Disney sind alle hosts (Gastgeber) oder cast members (Mitglieder der Schautruppe). Bei McDonald's heißen sie crew members, bei J. P. Penney und Walmart associates (Partner)“ (52).

„Bei Holiday Inn ist das Wort ‚Problem‘ verboten, es heißt dort ‚Chance‘ ... So wie das Wort ‚Problem‘ ist auch das Wort ‚Angestellter‘

verboten, die offizielle Bezeichnung ist ‚Angehöriger der Holiday-Inn-Mitarbeiterfamilie'" (53).

Solche Wortkosmetik wird verständlich auf dem Hintergrund gültiger Mythen. Es gehört zum Wesen von Mythen, daß sie verleugnen, was sie verleugnen: Die offiziellen Mythen „Wir sitzen alle in einem Boot" oder „Der Mensch steht im Mittelpunkt" verschleiern, daß sehr deutliche Diskrepanzen in Rang, Einfluß, Einkommen, Sicherheit und so weiter bestehen. Aber auch die Spuren der Verschleierung müssen verwischt werden, indem Benennungen, die an das Verdrängte erinnern, weitgehend getilgt werden. Dabei kann es vorkommen, daß markante Aussprüche einzelner so sehr beeindrucken oder für die Kultur einer Abteilung oder Firma so charakteristisch sind, daß sie unternehmensweit bekannt oder gar – wenn sie positive Botschaften transportieren – als Unternehmensslogans eingesetzt werden.

Beispiele für Sprüche zur Kurzcharakterisierung:

Dem ehemaligen Vorstandssprecher der Deutschen Bank, H. J. Abs, wird nachgesagt, daß er – um die Unvergleichbarkeit seiner Person (und Stellung?) zu charakterisieren –, seinen Namen wie folgt buchstabiert habe: „A wie Abs, B wie Abs, S wie Abs".

Um das autoritäre Klima in einem Betriebsteil zu veranschaulichen, zitiert Wallraff das Leitmotiv eines Meisters:

„Wenn ich schwarz sage und es ist weiß, dann ist es schwarz, sag ich!" (54).

In ähnliche Richtung gehen auch *Spitznamen* für Vorgesetzte, Maschinen oder Produkte, *Verballhornungen* offizieller Bezeichnungen oder „passende" Übersetzungen von Abkürzungen. Wallraff nennt zum Beispiel als Arbeiterübersetzungen von MTM (Methods Time Measurement, ein System vorbestimmter Zeiten, das unter anderem zur Ermittlung von Vorgabezeiten für Akkordarbeit eingesetzt wird): Mach tausend mehr!/Mehr tun müssen/ Mit teuflischen Methoden (55).

Wendungen, die so gelungen erscheinen, daß sie (auch offiziell) verbreitet wurden, um damit den Stil einer Firma zu kennzeichnen, werden – vielleicht im Prozeß der Legendenbildung – ganz bestimmten Personen zugeschrieben.

Der Chairman der amerikanischen Erdölfirma AMOCO wurde für seine Erklärung des Erfolgsgeheimnisses seines Unternehmens bekannt, in der er die Bedeutung von unermüdlichen Anstrengungen auf einen Nenner brachte: „Wir bohren mehr!“

IBM-Chef Rodgers wird mit dem Ausspruch zitiert, er wolle, daß seine Verkäufer „so handeln, als stünden sie auf der Gehaltsliste des Kunden“ (56).

Graffiti: Sprechblasen der Unternehmenskultur

Bei den Graffiti handelt es sich um die Aktualisierung einer uralten Textsorte, die es gibt, seit wir schriftliche Aufzeichnungen haben. Schon die Bibel kennt ein eigenes „Buch der Sprüche“ und ist auch ansonsten sehr reich an kurzgefaßten Lebensweisheiten. Später wurde die Kunst der Epigramme, Reflexionen, Maximen, Handorakel, Distichen, Gedanken, Aphorismen kultiviert und zur Hochblüte gebracht.

Auf der Ebene der „Volkskunst“ entsprach dem eine reiche Tradition von im Volksmund überlieferten Sprichwörtern, Bauernregeln und Sinnsprüchen, die zusammen mit Dichter- und Bibelworten in Zitatensammlungen (wie etwa Büchmanns „Geflügelte Worte“) und auf Kalenderblättern, in Almanachen und Erbauungsschriften eine weite Verbreitung gefunden haben. Solche Sprüche wie: „Selbst ist der Mann“ / „Ohne Fleiß kein Preis“ / „Hilf dir selbst, so hilft dir Gott“ / „Bete und arbeite!“ / „Wer nicht arbeitet, soll auch nicht essen“ / „Morgenstund’ hat Gold im Mund“ wurden in Deckchen und Kissenbezüge gestickt, auf Krüge und Tassen gemalt, in Kaminplatten gegossen und in Schränke und Türbalken geschnitzt.

Die moderne Ausdrucksform ist es, sie auf Fassaden zu sprayen oder an Toilettenwände zu kritzeln – Belege von Kreativität und Frust des anonymen „kleinen Mannes“. Natürlich hat die allgemeine Kommerzialisierung vor diesem Sujet nicht Halt gemacht: Es gibt Graffiti-Bücher, Buttons, Poster, Wandkalender und Autoaufkleber. Es gibt sogar Autoren, die sich auf dieses Genre spezialisiert haben. Arno Sölter zum Beispiel nennt sich selbst „Wirtschaftsaphoristiker“ und hat mehrere Sprüchesammlungen herausgegeben.

Im vergangenen Jahrhundert schon hat Riehl den Aussagegehalt deutscher Arbeitssprichwörter erörtert und Baumgarten hat aus der Bejahung und Verneinung von vorgelegten Sprichwörtern die Arbeitszufriedenheit abschätzen wollen.

Auch in der Shell-Jugendstudie 1981 sind Graffiti (wohl zum ersten Mal) systematisch bei der Diagnose von Werthaltungen benutzt worden, indem Jugendliche gebeten wurden, zu einigen Graffiti anzugeben, inwieweit sie die enthaltenen Aussagen billigten.

Bevor wir im folgenden auf Funktionen von Graffiti eingehen, ist noch eine wichtige Unterscheidung zu machen: Es gibt Sprüche, mit denen sich ein einzelner offenkundig identifiziert, indem er sie an seinem Arbeitsplatz ausstellt, und es gibt andere Graffiti, die heimlich und anonym an öffentlich zugänglichen Plätzen angebracht werden (wie Toiletten, Lifts, Anschlagbrettern). Wir gehen zunächst auf die Graffiti mit „Bekennercharakter“ ein. Weshalb sind sie für die Diagnose der Unternehmenskultur interessant?

Sie legen auf geistreiche Art und Weise *allgemeine* Mängel bloß. Es geht bei ihnen ja nicht um persönliche Denunziationen; sie sprechen vielmehr „nur“ aus, was alle im Grunde schon wissen, aber sich entweder noch nicht klargemacht haben oder sich nicht zu sagen getrauen.

Graffiti offenbaren deshalb meist keine neuen Entdeckungen, sie sind lediglich Enthüllungen von Sachverhalten, die meist verschleiert oder vernebelt werden. Sie sind „Bekanntmachungen“, weil sie die Augen öffnen für eine ungeschminkte Sicht der Dinge. Insofern sind Graffiti wie absichtlich produzierte „Fehlleistungen“ im psychoanalytischen Sinn: Sie bedienen sich der Techniken von Verschiebung und Verdichtung und sprechen tabuisierte Themen – in dieser verkleideten Form aber dennoch offenkundig – an.

Sie stoßen damit bis zu den „Mythen“, das heißt den kulturellen Selbstverständlichkeiten vor und entlarven sie in ihrer Einseitigkeit, indem sie Alternativen aufzeigen, ganz buchstäblich: andere An-Sichten.

Graffiti dienen häufig der Entlastung.

Zum einen, indem sie „Rollendistanz" bekunden: Man gibt damit zu, daß man in der Lage ist, sich selbst auf den Arm zu nehmen und offenbart, daß man die dunklen Punkte in der eigenen Situation wohl sieht und kein tumber Tor ist, der etwa nicht durchschaut hätte, was hier gespielt wird. Bevor einem *die anderen* sagen, wie sehr man sich ausnutzen oder erniedrigen läßt, sagt man's sich lieber selbst. So erklärt sich auch der Masochismus, der in einigen Graffiti zum Ausdruck kommt.

Zum anderen sind Graffiti im Regelfall auch verdeckte Aggressionen, sozusagen „Möchtegern-Aggressionen", die durch kreative Wortspiele hoffähig werden. Viele Graffiti knüpfen an bekannte Redensarten an (Ordnung ist das halbe Leben ...), plötzlich aber kommt die verfremdete Pointe (... Unterordnung die andere Hälfte). Nicht die plumpe und direkte Wahrheit wird gesagt, es geht nicht um Keulenschläge, sondern um Nadelstiche, statt der schweren Säbel wird das Florett benutzt.

Graffiti sind auch abgekürzte „Bekennerschreiben", quasi selbstverfaßte Steckbriefe. Sie verkünden wie ein Wappenspruch die eigene Gesinnung, so daß jeder sofort sieht, mit wem er es hier zu tun hat (hierzu gehören das demonstrative Aufhängen von Postern oder das Anbringen von Aufklebern auf Maschinen, Schreibmappen, Aktentaschen). Damit grenzt man sich sowohl ab (von Andersdenkenden), wie auch ein (als einer, der entsprechende Gesinnungsgenossen hat, dazugehört). Darin liegt auch der Solidarisierungsappell, der von provokativ präsentierten Sprüchen ausgeht: Man zeigt Flagge und will, daß sich die Gleichgesinnten zu erkennen geben.

Natürlich darf man nicht übersehen, daß Graffiti noch eine weitere Kontaktfunktion haben: Man macht – wie bei pubertären Witzeleien – auf sich aufmerksam, will andere für sich interessieren oder sie unterhalten und sich selber den Anschein von Esprit und Unkonventionalität geben. Es geht dann gar nicht mehr um die Bloßstellung von Mängeln, sondern man will sich selbst als geistreich darstellen – mit einer aus Sprüchebüchern geliehenen Kreativität.

Graffiti sind auch Privatduelle mit einer unbefriedigenden Wirklichkeit. Sie zeigen Handlungsbedarf auf; oft genug aber begnügt sich der Zur-Schausteller mit der Meinungs-Äußerung, so daß Graffiti wie Ersatzhandlungen oder besser: Handlungsersatz wirken.

Man darf schließlich nicht übersehen, daß Graffiti aus Lust am anarchischen Blödeln präsentiert werden und insofern ein unzensierter Protest gegen gesellschaftliche Sinn- und Ordnungszwänge sind. Es macht einfach Spaß, „dumm" daherzureden und wenn das Gaudium mit einer Tabuverletzung erkauft wird, um so besser!

Es kommt bei den Graffiti nicht auf den einzelnen Erfinder an und auf die Frage, von wievielen Personen im Unternehmen wohl die Aussage geteilt wird, die hier gemacht wird. Bei einer quantitativ orientierten Vorgehensweise würde man wohl versuchen, Listen von Graffiti vorzulegen (wie es die oben erwähnte Shell-Jugendstudie 1981 getan hat) und zu erheben, wieviele Personen in welchem Maße der Aussage zustimmen oder sie ablehnen.

Der qualitativen Vorgehensweise geht es nicht um irgendwelche Verteilungen oder gar nivellierende Mittelwerte, sondern um die unleugbare Tatsache, daß es zumindest *einen* Mitarbeiter gab oder noch gibt, der meint, seine Anschauung veröffentlichen zu müssen. Es ist zunächst sein Problem allein, er hat es kundgetan.

Wenn *keine* Graffiti, Poster, Sprüche, Aufkleber zu sehen sind, dann heißt das nicht (unbedingt), daß keine Probleme bestünden, sondern daß niemand es für nötig hält oder sich getraut, sie in *dieser* Form anzusprechen. Wenn es nur *ein einzelner* tut, dann ist das aufschlußreich. Man darf nur nicht der Versuchung unterliegen, sogleich auf das ganze Unternehmen hochzurechnen. Natürlich kann es spontan unter den Kollegen zur Diskussion über die „Offenbarung" kommen, aber da dürfte wohl selten der Organisationsforscher zufällig anwesend sein!

Es ist darum wenig sinnvoll, die Menge der Graffiti in einem Unternehmen auszuzählen. Man kann schon eher versuchen, sie in Kategorien zu sortieren, um aus der Häufigkeit eines bestimmten Themenbereichs auf die Virulenz einer bestimmten Problemlage zu schließen. Das aber ist die Einteilung von Externen, die ganz falsche Schlüsse ziehen können. Ein einzelner Graffito kann aus sich selbst heraus interpretiert werden: der Deutende hat so viele Interpretationen wie nur möglich zu erzeugen. Dabei leiten ihn allgemeines Vorwissen (zum Beispiel unsere Wertepolaritäten), Vermutungen (eigene und fremde Meinungen und Vorurteile) und Erkenntnisse (über die aktuelle, chronische, frühere, künftige Situation dessen, der den Graffito-Spruch als Button, Poster, Sticker präsentiert). Bei *unserer* Diskussion der Graffiti sind wir in einer kontextfreien Situation, weil wir die Sprüche *ohne Bezug* zu konkreten Menschen, Organisationen, Arbeitsbedingungen deuten. Es bleibt deshalb nur eine sehr allgemeine Interpretation übrig, die lediglich durch allgemeinpsychologische oder -soziologische Überlegungen gestützt werden kann.

Graffiti sind weitgehend – wie Witze auch – Fertigware, die ins Unternehmen importiert und dort nur vertrieben oder verbraucht wird. Unternehmensspezifische *neu* erfundene Graffiti gibt es wohl selten, dazu ist die kreative Leistung, die ein guter Graffito voraussetzt, ein zu seltenes Ereignis. Damit grenzen wir die geistreichen Graffiti ab von den – meist auf Toiletten zu findenden „unsublimierten" ungeschliffenen Rohaussagen (obszöne Aufforderungen, Beleidigungen von Kollegen und Vorgesetzten, Verächtlichmachung der Firma und so weiter). Damit schließen wir jedoch diese Art von Sprüchen *nicht* aus der Gruppe der sprachlichen Kulturprodukte aus. Es wirft ein Licht auf die Unternehmenskultur, wenn Bedürfnisse auf diese Weise artikuliert werden. So wird es wahrscheinlich Unterschiede geben in den Sprüchen und Zeichnungen, die man auf den Toiletten von Bauarbeitern, Soldaten, Entwicklungsingenieuren, Sachbearbeitern einer Behörde, Verkäuferinnen oder Studenten findet. Im Unterschied zu Postern und Sprüchen am Arbeitsplatz, die eine klare persönliche Zuordnung erlauben, sind die Kritzeleien in Toiletten oder Lifts nicht zuzuordnen. Nichtsdestoweniger kommen auch in solchen Kulturleistungen Frustrationen, Wünsche, Aggressionen, Phantasien zum Vorsch(w)ein: So finden sich dann unmittelbare Aggressionen („Den XY soll der Teufel holen"), Denunziationen („Die Gitte treibt's mit ihrem Chef") oder Verhöhnungen, die in Begriffen sexueller Potenz oder Normalität ausgedrückt werden („XY ist ein Arschficker").

Wallraff berichtet zum Beispiel aus den Melitta-Werken:

„Auf allen Werkstoiletten für Arbeiter sind Pappschilder angebracht. Dort steht in sechs Sprachen: ‚Nach Benutzung der Toilette bitte unbedingt die Hände waschen.' Auf einer Toilette hat jemand das ‚unbedingt' durchgestrichen und mit rot eine Deutung daruntergeschrieben: ‚... nicht nötig, wir sind schon Schweine ...' – Auf dem anderen obligatorischen Toilettenwandspruch ‚Auch hier ist das Rauchen verboten' hat jemand ‚Rauchen' durch ‚Denken' ersetzt" (57).

Peter Schneider, der seine Erfahrungen als Werkstudent in einem Bosch-Betrieb schildert, erwähnt den Toilettenspruch:

„Des kleinen Mannes Sonnenschein ist Ficken und Besoffensein". Und: „An den Wänden der Halle bemerkte ich unbeholfene Karikaturen, meist überdimensionale Kinderköpfe, mit viel zu kleinen Körpern, aus deren Mündern Sprüche kamen wie ‚Durch Arbeit versaut man sich den ganzen Tag' oder ‚Noch eine saudumme Frage und du machst mich glücklich'. Ein Arbeiter befestigte an seinem Arbeitsplatz ein großes Plakat mit der Aufschrift: ‚40% Produktionssteigerung – wo bleiben wir?' Als er für einen Augenblick wegging, warf der Meister das Plakat in den Papierkorb. Der Arbeiter stellte sich mit seinem Werkzeug vor den Meister hin und drohte, es ihm vor die Füße zu werfen, wenn das Plakat nicht an der alten Stelle befestigt werde. Der Meister holte das Plakat eigenhändig aus dem Papierkorb und hängte es wieder auf" (58).

Wenn in Männergruppen das „Thema Nr. 1" wichtigster Gesprächsgegenstand in Pausen, Duschen oder Kantinen ist – warum sollte es dann plötzlich nicht mehr auftauchen in Kritzeleien? Wenn sich einer über Maßnahmen oder „Bonzen" ärgert, warum sollte er dann seiner gestauten Aggression nicht in symbolisierten Tötungshandlungen Ausdruck verleihen, vor allem dann, wenn andere Möglichkeiten, das Problem zu bereinigen (Gespräche, Betriebsrat), ungangbar sind?

„Schmierereien" sind dann eine Art lautloser und noch dazu anonymer Aufschrei, weil andere Protest- oder Befriedigungswege versperrt sind.

Wir können hier natürlich keine Sprüche wiedergeben, die sich auf eine(n) konkrete(n) Vorgesetzte(n) beziehen, aber wir werden verbreitete Graffiti-Sprüche zitieren. Um sie nicht zusammenhanglos aneinanderzureihen, werden wir sie grob sortieren im Raster der Wertepolaritäten, die wir oben unserer „Geschichtsschreibung" unterlegt haben. Der Zweck dieser Aufstellung ist es, ein weiteres Mal Belege dafür zu liefern, daß bestimmte Maximen, die von der „Hochkultur" propagiert werden, auch in der „Subkultur" ihr Pendant haben: es wird ihnen eine Alternative in entlarvender Absicht gegenübergestellt.

Zivilcourage – Anpassung

Wer kriecht, kann nicht stolpern.

Mit leerem Kopf nickt sich's leichter.

Fitneßprogramm für Büroleute: Aufstehen – Bewegen – Widersetzen!

Man muß immer zu weit gehen, um zu sehen, wie weit man gehen kann.

Wer hier kein Schwein ist, wird schnell zur Sau gemacht.

Das Kapital ist scharf auf Nullen.

Wer sich nicht wehrt, endet am Herd.

Nur tote Fische schwimmen mit dem Strom.

Hörig währt am längsten.

Wenn alle hinken, meint jeder, er gehe normal.

Ich denke, also bin ich dagegen.

Man muß seine Prinzipien so hoch hängen, daß man bequem drunter durch gehen kann.

Ordnung – Improvisation

Ordnung ist das halbe Leben. Unterordnung die andere Hälfte.

Wer Ordnung hält, ist nur zu faul zum Suchen.

Kleine Geister brauchen Ordnung, das Genie beherrscht das Chaos.

Unordnung: Wo nichts am rechten Platz ist. Ordnung: Wo am rechten Platz nichts ist.

Spontaneität will gut überlegt sein.

Bei uns herrscht Ordnung! Ein Griff – und die Sucherei geht los!

Menschlichkeit – Sachlichkeit

Der Mensch steht im Mittelpunkt – und damit allen im Wege.

Keiner ist unnütz, er kann immer noch als schlechtes Beispiel dienen.

Die Würde des Menschen ist unfaßbar.

Das Recht auf Eigentümlichkeit ist unantastbar.

Wer über 100000 DM pro Jahr verdient, hat das Recht auf Motivation verloren.

Kooperation – Individualismus

Teamwork ist, wenn alle das gleiche wollen wie ich.

Wir sitzen alle im selben Kot.

Jeder macht, was er will, und keiner macht, was er soll.

Heute muß man seine Leute motivieren. Anbrüllen allein hilft nichts mehr.

Offenheit – Diplomatie

Schiebung macht den Meister.

Manche Leute halten zehnmal leichter eine Rede als einmal ihr Wort.

Als Christus die Gehälter dieser Abteilung sah, drehte er sich um und weinte bitterlich ... (handgeschriebener Zusatz: „vor Neid!")

Erfolgsorientierung – Pflichterfüllung

Dividende gut, alles gut.

Hauptsache, es geht vorwärts, die Richtung ist egal.

Nachdem wir das Ziel aus den Augen verloren haben, verdoppeln wir die Anstrengungen.

Wir wissen zwar nicht wohin, wollen aber als erste da sein.

Hoch, höher, hoppla.

Wandel – Bewahrung

Wer nicht mit der Zeit geht, muß mit der Zeit gehen.

Wer für alles offen ist, ist nicht ganz dicht.

Es bleibt alles ganz anders.

Hierarchie – Gleichheit

Der Chef ist ein Mensch wie alle anderen, er weiß es bloß nicht.

Die tun so, als ob sie uns bezahlen würden; wir tun so, als ob wir arbeiten würden.

Azubi: weiß alles.
Facharbeiter: weiß alles besser.
Meister: will alles besser wissen.

Es gibt zwei Typen von Mitarbeitern: Signierende und resignierende.

Wo unser Chef ist, klappt nichts, aber unser Chef kann nicht überall sein.

Keiner weiß, was er kann, aber alle nennen ihn Chef.

Grüße jeden Dummen, er könnte morgen dein Chef sein.

Vorgesetzte sind wie Juwelen: Man muß sie mit Fassung tragen.

Eine Sekretärin tut das, wofür ihr Chef bezahlt wird.

Es sollte uns eigentlich nachdenklich machen, daß im Deutschen einen anführen so viel heißt wie einen betrügen.

Schön, daß unser Chef da ist – und nicht hier.

Wir sind doch alle nur Schachfiguren, sagte der König zum Bauer.

Ein ordentlich geführter Betrieb muß auch funktionieren, wenn der Chef mal einen Tag da ist.

Selbst- – Fremdbestimmung

Du hast keine Chance, aber nutze sie.

Freiheit ist mehr als man darf.

Hier kann jeder machen, was ich will.

Sie wollen nur unser Bestes, aber das geben wir ihnen nicht.

Jeder kann werden, was er will; ob er will oder nicht.

Körperliche Anwesenheit ist nicht Geistesgegenwart.

Sie können machen, was Sie wollen, aber nicht so.

Nüchternheit – Phantasie

Eigenlob stimmt.

Fahren Sie mich irgendwo hin, ich werde überall gebraucht.

Nonsens statt Konsens.

Wir sind zu allem fähig, aber zu nichts zu gebrauchen.

Wo wir sind ist vorn, und wenn wir hinten sind, ist hinten vorn.

Seitdem er verkalkt ist, hält er sich für ein Denkmal.

Gelassenheit – Arbeitssucht

Es gibt nichts zu tun, fangt schon mal an.

Nur Geduld, mit der Zeit wird aus Gras Milch.

Sich zu Tode arbeiten ist die einzig gesellschaftlich anerkannte Form des Selbstmords.

Was lange gärt, wird endlich Wut.

Wer schläft, kündigt nicht.

Wir kennen die Aufgabe nicht, aber wir bringen das Doppelte.

Operative Hektik ersetzt geistige Windstille.

Vergangenes Jahr standen wir vor dem Abgrund, dieses Jahr wollen wir einen großen Schritt vorwärts tun.

Arbeit macht Spaß – aber ich vertrage keinen Spaß.

Wir werden uns schon schaffen.

Arbeit ist ein Rauschgift, das wie ein Medikament aussieht.

Wenn Arbeit adelt, dann bleibe ich lieber bürgerlich.

Theorie – Praxis

Mundwerk hat goldenen Boden.

Chefs sind wie Eunuchen: sie wissen zwar, wie man es macht, aber ...

Theorie ist, wenn nichts funktioniert, aber jeder weiß warum. Praxis ist, wenn alles funktioniert, aber keiner weiß warum.

Ich denke, also bin ich hier falsch.

Wer schon die Übersicht verloren hat, muß wenigstens den Mut zur Entscheidung besitzen.

Stell dir vor, es geht und keiner kriegt's hin!

Es kann passieren, was will – es gibt immer einen, der das kommen sah.

Man muß zwar nicht ausgesprochen blöd sein, um hier zu arbeiten, aber es erleichtert die Sache ungemein.

In zweifelhaften Fällen entscheide man sich stets für das Richtige.

Gescheit – gescheiter – gescheitert.

Planung ist die methodische Herbeiführung eines zufälligen Ergebnisses.

Planung ist die Ersetzung des Irrtums durch den Zufall.

Die 6 Phasen der Planung: 1. Begeisterung, 2. Verwirrung, 3. Ernüchterung, 4. Suchen der Schuldigen, 5. Bestrafung der Unschuldigen, 6. Auszeichnung der Nichtbeteiligten.

Puritanismus – Lebensgenuß

Nur wer die Arbeit kennt, weiß, was ich meide.

Das hohe Gehalt von Vorgesetzten ist Entschädigung für entgangene Lebensfreude.

Es kommt darauf an, wie einer netto lebt, nicht brutto.

Reiche sind Arme mit viel Geld.

Das Band frißt Menschen und spuckt Autos aus.

Wir müssen sparen, wo es geht, koste es, was wolle.

Ich find' alles Scheiße; wo ist das Fundbüro?

Humor ist wenn man's trotzdem macht.

Die Frau eines Schichtarbeiters ist eine Witwe, deren Mann noch lebt.

Wer nichts Besseres zu tun hat, der sollte ruhig arbeiten.

So, wie wir heute leben, haben wir nie gearbeitet.

Es gibt ein Leben vor dem Tod!

Feste feiern ist besser als feste arbeiten.

Warum wir alle so jung aussehen? In dieser Firma wird man nicht alt!

Qualität – Quantität

Nobody is perfect. I am nobody.

Der Arbeiter arbeitet, der Student studiert, der Chef scheffelt.

Was keiner kann, das kann ich auch.

Fehler machen ist menschlich, aber um richtigen Mist zu bauen, braucht man einen Computer.

Omnipotenz – Mäßigung

Auch Zwerge haben klein angefangen.

An der Spitze stehen ist immer noch zu weit hinten.

Erfolg ist: Immer mehr erreichen und immer weniger davon haben.

Gesetze der Organisation und Führung

Eine im Ergebnis mit den Graffiti verwandte Textsorte sind die (Pseudo-)Gesetze der Führung und Organisation. Das wohl bekannteste ist das sogenannte Parkinsonsche Gesetz, so benannt nach seinem „Entdecker" Cyril Northcote Parkinson, einem englischen Geschichtsprofessor. Ihm zufolge gilt für bürokratische Organisationen: *„Arbeit hat die Tendenz, sich so auszudehnen, daß die zur Verfügung stehende Zeit ausgefüllt wird"*. Parkinson hat dieses Gesetz anhand von statistischem Material untermauert: zum Beispiel hat er gezeigt, daß in der englischen Marine mit der Verminderung der Zahl der Kriegsschiffe nicht auch die Zahl der Admirale sank, im Gegenteil. Aus solchen Beobachtungen folgten dann weitere Ableitungen und Folgesätze, die er in mehreren Büchern dargelegt hat, unter anderem diese:

„Ein Positionsinhaber hat das Ziel, die Anzahl seiner Unterstellten, nicht seiner Rivalen, zu multiplizieren" und „Positionsinhaber machen sich gegenseitig Arbeit".

Parkinson hätte wohl keine solche Resonanz auf seine zahlreichen Bücher gefunden, wenn er damit nicht Erfahrungen oder Erklärungen seiner Leser aufgegriffen und bestätigt hätte. Auf geistreiche Art und in typisch englischer trocken-humorvoller (Selbst-) Ironie hat er allgemeine Mißstände angeprangert, wobei er sich scheinbar der üblichen Mittel wissenschaftlicher Beweisführung bediente.

Anders als bei den Graffiti werden die Organisationsgesetze ursprünglich mit umfangreichem Datenmaterial und ausführlicher Argumentation begründet. So etwa auch das sogenannte „Peter-Prinzip“: „In einer Hierarchie hat jeder Beschäftigte die Tendenz, bis zur Stufe seiner Unfähigkeit aufzusteigen“ (59) oder der „Satz des Paturi“: „Erfolghaben ist die Folge eines Verhaltens, das den üblichen Erwartungen in bezug auf das Verhalten eines Erfolgreichen genau widerspricht“ (60) oder Rolf Breitensteins „Gesetz der marginalen Arbeitskraft“: „Die Effizienz der marginalen Arbeitskraft (MA) bestimmt die Effizienz des gesamten Systems“ (wobei marginale Arbeitskräfte die Personen am Rande eines Verwaltungssystems sind, die verläßlich und dauerhaft gleichartige Leistungen erbringen) (61).

Der ungewöhnliche Erfolg dieses Literaturgenres bei Praktikern hat dazu geführt, daß oft von ausführlichen Belegen und Erörterungen abgesehen wurde und nur noch die für sich selbst sprechenden „Gesetze“ mitgeteilt wurden.

So etwa das von Deal und Kennedy formulierte „Holländische Admirals-Paradigma“: „Nicht was du tust ist entscheidend, sondern wie über dich geredet wird“. Zwei niederländische Kadetten hatten sich verabredet, bei jeder nur sich bietenden Gelegenheit auf die Vorzüge und Leistungen des jeweils anderen hinzuweisen – was sie erst offenbarten, als sie beide Admirale waren.

Am bekanntesten ist Arthur Blochs dreibändige Ausgabe von Gesetzen, Regeln, Prinzipien, Folgesätzen, Erweiterungen, Kommentaren. Er ist ausgegangen von dem unter Technikern kursierenden „Murphy's Law“: *„Wenn etwas schiefgehen kann, geht es schief“* und hat mehrere Hunderte ähnliche Einsichten zusammengetragen. Einige Beispiele sind auf Seite 135f. abgedruckt.

Zu den Pseudoführungsgesetzen kann man auch die zahlreichen Verulkungen der Managementprinzipien rechnen. Die Moden, die Führungskräfte mit Management by delegation (MbD), by objectives (MbO), by rules und procedures (MbR&P), by breakthrough (MbB) und so weiter mitmachen mußten, werden parodiert durch

- MbChampignon: (Die Mitarbeiter im Dunkeln lassen, ab und zu Mist ausstreuen und wenn sich ein Kopf zeigt: abschneiden!)
- MbBlue jeans: an alle wichtigen Stellen Nieten!
- MbNilpferd: Selber bis zum Hals im Dreck stecken, ab und zu das Maul aufreißen und dann untertauchen.
- MbMargerite: Soll ich? Soll ich nicht? Soll ich? ...

Wie die Graffiti können auch diese „Gesetze" nicht zur Charakterisierung einer konkreten Unternehmenskultur herangezogen werden. Sie basieren vielmehr darauf, daß *allgemeine* widrige und lästige Einzelerfahrungen „ernst" genommen werden, indem sie gerade nicht – wie normalerweise üblich – verdrängt, als Ausnahme oder persönliches Versagen abgetan werden. Sie erfahren vielmehr die höchste Weihe, die es gibt: Sie werden zur Ehre eines wissenschaftlichen Gesetzes erhoben und so mit unumstößlicher Gewißheit und unausweichlicher Notwendigkeit etabliert. Im Verleugnen oder Konfrontieren solcher „Störungen" des Programms gelungener Rationalisierung zeigt sich dann im konkreten Einzelfall die Unternehmenskultur.

Beispiele für Organisationsgesetze:

Wer unfähig ist, aus vergangenen Sitzungen zu lernen, ist dazu verdammt, sie zu wiederholen.

Wer am wenigsten arbeitet, bekommt am meisten Auszeichnungen.

Tu einem einen Gefallen und es wird dein Job!

Was dir auf der einen Rangstufe eine Beförderung einbringt, bricht dir auf der anderen das Genick.

Der Endtermin ist immer eine Woche nach dem ursprünglichen Endtermin.

Wenn du zwei widersprüchliche Anweisungen erhältst: Erfülle sie beide!

Jedes einfache Problem kann unlösbar gemacht werden, wenn man nur genug Besprechungen dazu abhält.

Ein guter Slogan kann das Nachdenken 50 Jahre blockieren.

Arbeitseinsatz × Zeit = Konstant

a) Wenn für eine Arbeit viel Zeit zur Verfügung steht, dann wird der anfängliche Einsatz klein sein.
b) Wenn die Zeit zu Null strebt, strebt der Arbeitseinsatz ins Unendliche.

c) Gäbe es die letzte Minute nicht, es würde nichts erledigt werden.

Das Arbeiterdilemma:

1. Egal, wie viel du tust, du wirst nie genug tun.
2. Was du nicht tust, ist immer wichtiger als was du tust.

Die Technik wird von zwei Typen von Menschen beherrscht: Jene, die das verstehen, was sie nicht managen und jene, die managen, was sie nicht verstehen.

In einer hierarchischen Organisation steigt die Konfusion mit der Rangebene.

Eine Unze Image ist ein Pfund Leistung wert.

Der grundlegende Mythos des Managements ist, daß es existiert.

Die Dauer einer Sitzung steigt im Quadrat der Anzahl Anwesender.

Die auf einen Tagesordnungspunkt verwendete Zeit steht im umgekehrten Verhältnis zum Betrag, um den es geht.

Wenn du sie nicht überzeugen kannst, verwirre sie!

Streite dich nie mit einem Idioten – die Leute könnten den Unterschied nicht merken!

Menschen und Nationen werden rational handeln, wenn alle anderen Möglichkeiten ausgeschöpft wurden.

Wenn du zwischen gutem Rat und schlechtem Rat unterscheiden kannst, brauchst du überhaupt keinen Rat.

Wenn du dran wärst, ändern sie die Regeln.

Wenn ein Problem gelöst wurde, lösen sich die Leute nicht auf, die daran gearbeitet haben.

Nichts ist so unvermeidlich wie ein Fehler, für den die Zeit reif ist.

Wer sagt, daß es nicht geht, sollte nie den unterbrechen, der es gerade macht.

Es gibt keine noch so einfache Arbeit, die man nicht falsch tun könnte.

Dringlichkeit steht im umgekehrten Verhältnis zur Bedeutung. (62)

Humor und Witz im Betrieb

In Fortführung unserer Diskussion jener sprachlichen Produktionen, die einen Zugang zur Unternehmenskultur erlauben, kommen wir nach Sprüchen, Graffiti und „Gesetzen“ auf humorvolles Verhalten im Unternehmen. *Witze* sind dabei nur ein kleiner Ausschnitt, den wir abschließend erörtern werden.

In vielen Normen-, Werte- und Klimafragebögen tauchen auch Fragen nach der „Stimmung im Betrieb“ auf: ob sie heiter, gelöst, fröhlich, optimistisch oder muffig, gedrückt, bierernst, nüchtern ist.

Es handelt sich dabei um eine globale Einschätzung der vorherrschenden Atmosphäre, die sich nicht auf einzelne Auslöser bezieht. Aber Betriebe, Abteilungen und Arbeitsgruppen können sich erheblich unterscheiden in dem Ausmaß, wie sie Heiterkeit, gute Laune und Vergnügtheit ausstrahlen. Um dieses diffuse Gesamt-Gefühl näher aufzuschlüsseln und nach Indikatoren von Euphorie und Humor zu suchen, unterscheiden wir folgende Facetten:

1. Das Niveau *ritualisierter Heiterkeit.* Damit meinen wir die standardisierte Alltagsfröhlichkeit, wie sie sich im persönlichen Umgang miteinander zeigt, etwa in Begrüßungsritualen, wo nach den üblichen Floskeln kleine Scherze über Kleidung, Haare, Schmuck, Hobbies gemacht werden. Begegnungen können getragen sein von einer unausgesprochenen Norm des „keep smiling“, die durchaus etwas Aufgesetztes und Fassadenhaftes haben kann, aber dennoch eine, wenn nicht gelebte, so doch funktionierende unternehmenstypische Grundhaltung anzeigt.
2. *Stabilisierte Rollenzuweisungen:* Bestimmte Personen übernehmen dauerhaft die Rolle des Gruppenclowns oder -trottels, sind die schrulligen Typen oder die Witzbolde, spielen sich als Hofnarr oder Schwejk auf. Wie wir bei der Diskussion der Psychodynamik in Unternehmen zeigen werden, sind weder die Rollen, noch die Personen, die sie ausfüllen, zufällig; vielmehr kann davon ausgegangen werden, daß zur Bewältigung einer Reihe von Aufgaben – die wir anschließend skizzieren werden – humorvolles, schlitzohriges, albernes, schlagfertiges Verhalten nützlich ist.
3. Bei der Arbeit kommt es immer wieder vor, daß durch irgendein ungewolltes und unvorhergesehenes Ereignis spontane Heiterkeit hervorgerufen wird (zum Beispiel durch ungelenke Bewegungen, kleine Mißgeschicke, Fehlleistungen, wie Versprecher oder Verhören). Es ist aufschlußreich zu sehen,

ob und wie eine solche *Situationskomik* wahrgenommen und zugelassen wird – mit Verlegenheit, Peinlichkeit, Schmunzeln, Gekicher oder homerischem Gelächter.

4. Das Gebiet, auf das wir etwas ausführlicher eingehen wollen, sind die in der anthropologischen Literatur so genannten „*joking relationships*" (Scherzbeziehungen). Im Rahmen von etablierten symmetrischen (gleichgestellten) oder asymmetrischen (hierarchisch gestuften) Beziehungen wird eine Person zum Ziel von Spott, Hänselei oder Verulkung, wobei festgelegt ist, daß die Zielscheibe auch bei derben Späßen „mitspielen" muß.

Solche Spaßbeziehungen können auf einer verbalen und einer nonverbalen (in Handlungen ausgedrückten) Ebene verwirklicht werden:

Auf *verbaler* Ebene kann das beispielsweise so aussehen: Ein Innendienstler begrüßt einen Außendienstler: „Na, alter Ganove, wie viele hast du wieder mal reingelegt?" Er: „Sei froh, daß wir uns so abrackern, sonst würdet ihr aus eurem Büroschlaf ganz schön unsanft aufwachen!"

Auf der *Handlungsebene:* Ein Arbeiter legt einem Kollegen, der als prüde bekannt ist, ein Pornoheft in den Werkzeugkasten und ist „zufällig" dabei, als der Kollege ihn ahnungslos öffnet. Mit großem Hallo wird nun die „Sauerei" bekanntgemacht.

Als wichtiges Unterscheidungskriterium führen wir die erkennbare *Tendenz* ein, die hinter einem solchen Jux steht, ob sie eher eine aggressive, erotische, altruistische, defensive oder kindlich-spielerische Richtung hat.

Am häufigsten werden in der Literatur die *aggressiven Scherze* beschrieben. Hier wird der andere gefrotzelt, gefoppt, verhöhnt, ausgelacht, nachgeäfft, „vorgeführt", „durch den Kakao gezogen" und so weiter.

Aus einem metallverarbeitenden Betrieb werden folgende „Spielchen" berichtet (63):

- Einem Kollegen heimlich die Putzwolle aus der Gesäßtasche ziehen und sich dann diebisch freuen, wenn er sie im Bedarfsfall vorholen möchte und ins Leere greift;

- einen schmutzigen Öllappen auf die neu gewaschene und gebügelte Montur werfen;
- heimlich einen vollen Behälter ausleeren, so daß der andere beim Aufheben viel zu viel Kraft einsetzt und komische Bewegungen macht;
- mit Markierfarbe Griffe und Hebel einfärben und – wenn der Kollege das nicht gemerkt hat – sich darüber freuen, wie er sich beim Schweißabwischen das ganze Gesicht verschmiert;
- die Bohrflüssigkeitsdüse falsch einstellen, so daß der Kollege unerwartet angesprüht wird;
- Maschineneinstellungen heimlich verändern, Eichungen verstellen usw., so daß der andere Ausschuß produziert;
- mit Werkzeugen und Material sexuelle Organe und Bewegungen nachahmen ...

Aus dem Bürobereich bringen Bosetzky und Heinrich folgende Schilderung im Rahmen einer Auflistung von Verhaltensweisen, mit denen Organisationsmitglieder „Rollendistanz" (mangelnde Identifikation mit der Aufgabe) zeigen (64):

Rückfall in kindliche Verhaltensweisen (Regression), das heißt sie bewerfen Kollegen und Kolleginnen mit Papierkugeln und Büroklammern, malen übergroße Telefonnummern auf die Fensterscheiben, damit Sekretärinnen aus gegenüberliegenden Bürogebäuden sie anrufen, verstecken anderen die notwendigen Arbeitsmittel, schrauben die Mikrofone aus den Telefonen und verschieben Schränke und Schreibtische derart, daß sie sich nicht mehr öffnen lassen, legen Karikaturen von Chefs und irgendwie aus dem Rahmen fallenden Kollegen in offizielle Umlaufmappen, schwatzen und albern herum und sind unablässig dabei, nach Pausen zu rufen.

Im Bericht des Wehrbeauftragten fand sich 1978 folgende Episode:

„Auf einem Zerstörer legten fünf Obermaate und Maate einen Gefreiten UA desselben Decks über die Back, zogen ihm die Hose aus, beschmierten ihn mit Rasierschaum, Bier und anderen Flüssigkeiten und rasierten ihm dann einen Teil der Schamhaare ab, und dies alles ‚nur', um ihn in die Decksgemeinschaft aufzunehmen."

Eine weitere Gruppe von Scherzen hat stark *erotische Akzente.* Wenn Männer und Frauen zusammenarbeiten, kommt es immer wieder zu Neckereien und Flirts, es wird geschäkert, kokettiert, aufgereizt, bis hin zu eindeutigen Gesten und Aufforderungen oder gar sexuellen Belästigungen. Dazu einige Zitate aus Schneiders Bericht „Frauen bei Bosch“ (65):

„Überhaupt beurteilen sich die Frauen gegenseitig danach, wie weit sie die sexuellen Angebote der Meister und Einrichter abwehren und sich darüber lustig machen. ‚Wir wissen schon‘, erklärte mir eine Frau dazu, ‚daß wir hier danach taxiert werden, was für ein Fahrgestell eine hat. Darüber unterhält sich dann der Meister mit seinen Einrichtern ... Wenn hier so ein Einrichter herkommt und groß tut, uns was vormachen will, wie man die Maschine einrichtet, weil er studiert hat, und es dann längst nicht so gut kann wie wir, wo wir seit zehn Jahren hier sitzen und die Maschine kennen, besser als unsere Familie, da lache ich nur und sehe mir meinen Einrichter mal gründlich von oben bis unten an, in seinem kackbraunen Kittel, solange, bis er rot wird. Ja, ich weiß schon, wie man sie in Verlegenheit bringt.‘“

In bezug auf den Meister:

„Dann lassen sie ihn wieder warten, wenn er ruft, oder sie erzählen sich einen anzüglichen Witz, wenn er in der Nähe ist, und lachen sich halbtot, damit er merkt, daß er nicht mitlachen kann.“

Ein weiteres Beispiel für (homo-)erotisch getönte „joking relationships“:

In einer Schilderung von Männern im Nachtdienst der Post wird die Reaktion eines Arbeiters beschrieben, als ein anderer während des Essens das Radio abstellen will: „Laß den Apparat stehen, alter Wichser, der du bist“, schreit Detlef über die Bohnen. Die vier anderen veranstalten daraufhin einen tosenden Lärm. ‚Der Ludwig issn Wichser. – Puff, puff, puff, die Eisenbahn.‘ – ‚Wir sind die Nachtexhibitionisten und wichsen dem Morgen entgegen ...‘ – ‚Und lassen uns von Nachtigallen schlagen‘.“ (66)

Wohl weil sie weniger spektakulär sind als aggressive und erotische Scherze, werden *altruistische Interaktionen* seltener in der Literatur berichtet. Hier geht es darum, daß Kollegen einander mit Späßchen über Schwierigkeiten hinweghelfen, sich ermuntern, aufheitern, zulächeln oder beruhigen.

In seinem Bericht über „Frauen bei Bosch“ schreibt Schneider:

„Wenn der Einrichter sich einmal an die Maschine setzen muß, um ein paar übriggebliebene Teile zu montieren, so kokettiert er ohne weiteres damit, daß er so was nicht kann, und ruft: ‚Frau J., Frau J., ich ertrinke, helfen Sie mir.‘ Frau J. hat es ganz gerne, daß er es nicht kann oder vorgibt, es nicht zu können.“

Bastian erzählt eine weitere Sequenz aus einer Frühschicht bei der Post (67):

„He, Richard“, Hans überschreit die ratternde Briefstempelmaschine, „was gibt's heute nacht zu essen, hast du dir schon was überlegt?“

„Gefüllte Kuh in roter Stempelfarbe und gedünstete Paketkarten.“

„Du altes Rotzfaß, versündige dich nicht an deinen Kollegen.“ Hans spielt den Entrüsteten. „Also gut, der Ludwig soll fünf Portionen Bauernbratwurst mitbringen.“

„Was, schon wieder? Bratwurst hatten wir doch erst letzte Nacht, man frißt sich ja 'nen Ekel dran. Nee, nee, nix da.“

Zwischen den Briefverteilspindeln lugen die roten Backen von Walter hervor: „Der Richard kann wieder mal seine dicken Bohnen machen.“ Ludwig, hocherfreut, daß er nicht zum Fleischer latschen muß, springt händereibend vom Drehstuhl: „Jawoll, Saubunn und Speck.“

Detlef, der büchsenfertiggerichtessende Junggeselle, verdreht die Augen und prophezeit: „Jedes Böhnchen gibt ein Tönchen, jede Bohn gibt den Ton, der Herr sei mit uns.“

Und Walter, der Westernfan, legt einen Packen Briefe aus der Hand, nimmt einen kräftigen Schluck aus der Flasche, rülpst feierlich und meint sinnend: „Jaja, wie in alten Zeiten, weißt du noch, Richard, damals 1879, zweitausendfünfhundert Longhorns auf dem Chisholm Trail nach dem Norden gepeitscht. Und was gab's?“

Noch seltener sind Beispiele, in denen eine *defensive Reaktion* zum Ausdruck kommt, mit der eine belastende oder beängstigende Situation bewältigt, kommentiert oder überspielt wird. Hier geht es um die typischen Konterformen ironischer oder sarkastischer Kommentare, um Schlagfertigkeit und Galgenhumor, die in einigen der oben zitierten Graffiti veranschaulicht sind.

Kindisches Herumalbern, Blödeln, läppische Verrenkungen oder ein „unmöglicher“ Aufzug – meist durch den Gruppenclown präsentiert – tragen auch zur Spannungsauflösung und zu befreiendem Gelächter bei:

Roy, der zusammen mit vier Arbeitern mehrere Wochen lang monotone Plastikstanzarbeit machte, berichtet über bestimmte

Themen, die sich beständig, oft mehrmals täglich, wiederholten (68):

- Wenn zum Beispiel die Frau eines Arbeiters anrief und ihm irgendwelche Besorgungen für den Nachhauseweg durchgab, dann wurde er als Pantoffelheld bezeichnet und die Standardhänselei war: „Bist du eine Maus oder ein Mann?"
- Wenn Sammy zur Toilette oder zum Wassertrinken ging, schaltete ihm Ike regelmäßig den Strom seiner Maschine ab. Unweigerlich fiel Sammy drauf rein (oder spielte mit), war gekränkt, fluchte ...
- Regelmäßig kam auch das „Poom-Poom"-Thema auf: Ike fragte einen: „Wie häufig hast du heute nacht ‚poom-poom' gemacht?" Der Befragte antwortete normalerweise: „Ich bin zu alt für poom-poom", worauf dann die Frage an Roy weitergegeben wurde, von dem man dann, als dem jüngsten Mann in der Gruppe, nähere Auskünfte über sein poom-poom haben wollte ...

Witze

Gegenüber solchen – für Außenstehende höchst langweiligen – Standardsituationen gibt es auch „neue" Scherze, wenn irgendeiner einen mitgebrachten Scherzartikel vorführt, eine lustige Geschichte aus dem Privatbereich oder einer anderen Abteilung erzählt oder eben: einen neuen *Witz* weiß. Wobei das Neue an Witzen eine relative dehnbare Angelegenheit ist. Bierce definiert in seinem „Wörterbuch des Teufels" den Begriff Eozän: „Erste der drei großen Perioden, in welche Geologen das Alter der Welt unterteilt haben. Aus dem Eozän stammen die meisten bekannten Witze" (69).

Witze sind Fertigware, die sich bei einmaligem Genuß schon verschleißt. Den „mitgebrachten" Witzen fehlt das Schlagfertige und Maßgeschneiderte, das kreative Situationskomik auszeichnet. Sie gleichen darin den Graffiti, deren etwas fülligere Verwandte sie sind (weil Witze ihre Botschaft meist in einer kleinen Story verkleiden). Dennoch können Witze „sitzen" und für Zustände, Personen oder Stimmungen treffende und ätzende Charakterisierungen bieten – und deshalb sind Witze, die in und über Unternehmen erzählt werden, auch ein möglicher Zugang zur Hypothesenbildung über die Unternehmenskultur. Wir haben einige Unternehmenswitze zusammengestellt (s. Seite 147–149).

Wer Witze erzählt, will unterhalten und sich als lustig und gesellig präsentieren, sich von Triebspannungen und Ängsten auf eine kaum sublimierte Weise entlasten und konkrete Mängel und Verleugnungen entlarven. Gerade im Hinblick auf diese letzten Funktionen könnte man der Analyse der Witze wiederum jenes Raster der Wertepolaritäten zugrundelegen, das wir bei Geschichten und Graffitis erprobt haben und zeigen, daß auch die Themen von Witzen nicht unerschöpflich sind. Weil aber der qualitative Ansatz für eine Vielfalt von Zugängen plädiert und unterschiedliche Sichtweisen zuläßt oder gar fordert, soll hier eine andere Vorgehensweise skizziert werden. Wir gehen dabei von einer Einteilung aus, die nicht bis zu den „Grundannahmen" (Mythen) vorstößt, sondern eher datennah bleibt, indem sie eine Klassifikation der *Witzthemen* versucht. Es werden also Kategorien gebildet, wie sie ähnlich auch bei einer Betriebsumfrage vorkommen könnten, in der man sich über Konflikte und Arbeitszufriedenheit informieren möchte. Man würde dort zum Beispiel wissen wollen, wie es um die Einschätzung der Vorgesetzten, um Aufstiegsmöglichkeiten, Bezahlung, Betriebsklima steht.

Wir haben die folgenden Witze in sieben Kategorien eingeteilt (und numeriert). Unsere Klassifikation nennt zunächst die Hauptgruppen und führt dann jeweils Untergruppen auf, denen wir die Witze (entsprechend ihrer „Platzziffer") zugeordnet haben. Wegen der Enge des Raumes können wir die Witze nicht derart umfassend interpretieren, wie sie es eigentlich verdienten. Wir konzentrieren uns daher auf die hervorstechenden Hauptaussagen mit der Gefahr, daß Themenverschränkungen, Anspielung auf dritte Aspekte, Nebenschauplätze oder ähnliches verlorengehen.

1. Chefwitze

Damit werden negative Eigenschaften vom Vorgesetzten herausgestellt, wodurch er von dem überhöhten Podest gestürzt wird, auf dem er als charismatische, unfehlbare, gütige, effiziente, sachliche

Führungskraft erscheint. Diese Witze wollen die Ideologie aushöhlen, daß in Unternehmen die fähigsten Mitarbeiter an der Spitze stehen. Die Witze lassen die Vorstände, Führungskräfte oder Vorgesetzte nicht mehr als Supermänner erscheinen, wofür sie sich gerne ausgeben, sondern als gewöhnliche Menschen mit allen Schwächen, Leidenschaften und Fehlern.

Chefs erscheinen nun

- als Versager und als unfähig *(1, 2);*
- als rückgratlos, duckmäuserisch und gesichtslos *(3, 4);*
- als überheblich, eingebildet und arrogant *(5);*
- als grausam, verletzend, herablassend, unehrlich *(6, 7);*
- als unbeliebt, entbehrlich, überflüssig *(8)*.

2. *Witze über das ungerechte System*

Vordergründige Zielscheibe der Kritik ist in vielen Fällen wiederum der Vorgesetzte, gemeint ist aber hier das System, das er vertritt. Er verkörpert die ökonomischen Interessen des Unternehmens: Profitmaximierung, Kosteneinsparungen, Effizienz, Produktivität. Weil diese Witze allgemeine Merkmale der vorherrschenden Form organisierten Wirtschaftens an den Pranger stellen, sind sie nicht unternehmensgebunden, sondern übertragbar auch auf andere Unternehmen. Durch diese Witze wird der Schleier der Menschlichkeit, Fairneß und sozialen Gerechtigkeit gelüftet, unter dem sich der wahre Charakter des Systems verbirgt. Es enthüllt sich als unerbittlich, kleinlich, knauserig, buchhalterisch ... Sichtbar wird dies etwa beim Feilschen um den gerechten Lohn. Aus der Sicht des Vorgesetzten ist der Mitarbeiter sein Geld nicht wert *(9);* andererseits sieht sich dieser stets übervorteilt und ausgebeutet *(10, 11)*. Gleiches trifft auch auf die Gewährung eines legitimen Freizeitausgleichs zu. Aus Sorge, daß die Arbeitsmoral aufgeweicht werden könnte, werden selbst die unverfänglichsten Ansprüche auf Freistellung als Nichtigkeiten abgewertet *(12, 13)*.

3. Karriere- und Erfolgswitze

Hier ist dieselbe Ideologie wie oben Zielscheibe der Kritik, daß nämlich der Aufstieg in Unternehmen nur von Kompetenz und Leistung abhängig sei. Diese Witze weisen auf die „wahren" Regeln des Erfolgs hin, wie

- Einsatz mikropolitischen Handelns oder das Spiel mit verdeckten Karten *(14);*
- nach dem Munde reden, schleimen, radfahren *(15);*
- Ausnützen von Beziehungen *(16).*

Zugleich wird dadurch denen, die es geschafft haben, Inkompetenz und geringe Leistungsfähigkeit attestiert.

4. Widerstandswitze

In ihnen wird dargestellt, wie der „kleine" Mann (oder die wehrlose Frau) gegen die offizielle Autorität mehr oder minder verdeckt aufbegehrt. Dies kann

- über verbale Kraftakte (Ironie, Satire, Schlagfertigkeit) *(17),*
- im Schutz beabsichtigter oder unwillkürlicher Fehlleistungen *(18, 19),*
- oder durch Eröffnung neuer Kriegsschauplätze, auf denen man sich Wettbewerbsvorteile erhofft *(20),*

erfolgen. Gleichzeitig wird aber auch der riskante Charakter solcher subversiven Anschläge gegen die geheiligte Ordnung deutlich, wenn sie ins Leere laufen oder unvermittelt als Waffe gegen den Saboteur gewendet werden.

5. Erotische Witze

Im Mittelpunkt stehen hier die sexuellen Triebwünsche der Männer, die sie aber, weil sie diese nicht offen zugeben können, in ihre Triebobjekte, die Frauen, hineinprojizieren. Die Frauen (und hier vor allem die Sekretärinnen) erweisen sich in diesen Witzen dann nicht als die verführten Opfer, sondern als Täter, die aktiv in die Gestaltung der sexuellen Beziehung eingreifen *(21, 22).*

Daneben wird in anderen Witzen auch eingeräumt, daß auch die männlichen, vor allem vorgesetzten Organisationsmitglieder nicht frei von erotischen Wünschen sind *(23)*.

Darüber hinaus beleben manche Witze auch den Mythos, daß Sex eine Währung sei, die – von Frauen – instrumentell und karrieredienlich eingesetzt wird *(24)*.

6. Witze über Mitarbeiterleistung

In diesen Witzen wird die illusionäre Vorstellung karikiert, daß in Unternehmen unter den Mitarbeitern geballter Sachverstand und ungebremster Leistungswille vorherrschten. Statt dessen verweisen sie auf die andere Seite des Bildes; Mitarbeiter sind zum Beispiel
- faul, desinteressiert, nicht motiviert, arbeitsscheu *(25, 26, 27)* oder
- unfähig *(28, 29, 30)*.

Man könnte sogar eine eigene Rubrik „Bürokratisierung" eröffnen, unter die Witze fallen, die die Tätigkeit von Kommissionen oder Beratern auf den Arm nehmen, indem sie das Mißverhältnis von (enormem) Mitteleinsatz und (banalem) Ergebnis herausstellen *(31)*.

7. Berufsgruppen- und mitarbeitergruppenspezifische Witze

Hier werden stereotype Merkmale einer bestimmten Berufs- oder Mitarbeitergruppe als deren unlöschbarer Makel karikiert, zum Beispiel
- die Trägheit und mangelnde Einsatzfreude der Beamten *(32)*,
- die Profitorientierung von Börsenmaklern *(33)*,
- die Veruntreuungsgefahr bei Buchhaltern *(34)*,
- die Banausenhaftigkeit von Gastarbeitern *(35)*
- oder das geringe intellektuelle Niveau der Auszubildenden *(36)*.

1 Was ist das Gemeinsame und der Unterschied zwischen unserer Firma und dem Eiffelturm? Bei beiden sitzen an den wichtigen Stellen Nieten; beim Eiffelturm sind die größten Nieten *unten.*

2 „Sie wollen einen Posten in unserer Firma. Was können Sie denn?" „Nichts!" „Tut mir leid, die hochbezahlten Positionen sind alle schon besetzt."

3 Warum werden in der Vorstandsetage Zebrastreifen angebracht? Damit die Kriecher nicht von den Radfahrern überrollt werden!

4 Was ist der Unterschied zwischen einem Manager und einem Autoreifen? Der Autoreifen braucht ein Mindestprofil!

5 Drei Vorstände streiten sich darüber, wer von ihnen der größte ist.
Der erste: „Ich werde am meisten in der Presse gelobt!"
Der zweite: „Ich hatte einen Traum, in dem Gott zu mir sagte: ‚Du bist der größte!'"
Da beugt sich der dritte drohend vor: „Was soll ich gesagt haben?"

6 Unser Chef behandelt alle Mitarbeiter wie rohe Eier. Er haut sie alle in die Pfanne.

7 „Gestern ist meine neue Sekretärin tödlich überfahren worden; sie war erst einen Monat da!" „Na ja, dann hat sie wenigstens nicht lange leiden müssen!"

8 Der Firmeninhaber will das 50jährige Firmenjubiläum feiern und fragt seinen Prokuristen, wie man das am besten machen könnte: „Es soll auffallen, die Leute sollen sich freuen und es soll nichts kosten!" Der Prokurist: „Hängen Sie sich auf! Das kostet nichts, die Leute freuen sich und es fällt auf!"

9 Ein Angestellter möchte von seinem Chef mehr Gehalt haben: „Haben Sie nicht auch den Eindruck, daß mein Gehalt in keinem Verhältnis zu meinen Fähigkeiten steht?" „Sie haben Recht, aber ich kann Sie doch nicht verhungern lassen."

10 Der Chef zum neueingestellten Sachbearbeiter: „Ich bitte Sie, sagen Sie keinem, welches Gehalt ich Ihnen zahle!" „Da brauchen sie keine Angst zu haben, ich schäme mich genauso wie Sie darüber!"

11 Der Direktor verkündet in der Abteilungsversammlung ganz stolz: „Nun geht bei uns alles elektrisch!" Eine Stimme aus dem Hintergrund: „Merkt man, sogar das Gehalt versetzt einem einen Schlag!"

12 Ein Mitarbeiter kommt zum Chef und will einen Tag Sonderurlaub, um seine Silberhochzeit zu feiern. Der Chef: „Kommt nicht in Frage! Wenn ich das einmal genehmige, kommen Sie alle 25 Jahre wieder!"

13 Der Sachbearbeiter kommt zu spät ins Büro und entschuldigt sich bei seinem Chef. Seine Frau habe ihm heute nacht einen Sohn geschenkt. „Soso", brummt er, „die hätte Ihnen lieber einen Wecker schenken sollen!"

14 „Wie lange dauert es, bis man Vorstand ist?" „Ehrlich währt am längsten!"

15 Am Schluß des Assessment-Centers kommt für die Trainees noch die Runde der persönlichen Interviews, an denen der Personalchef selbst teilnimmt. Jeder der 12 Kandidaten wird gefragt, wieviel 2 und 2 seien. Alle Kandidaten bis auf einen sagen: 4. Der letzte aber fragt zurück: „Wie hätten Sie es denn gern?" – und er wird eingestellt!

16 Der Präsident des Konzerns empfängt den jungen Angestellten und klopft ihm wohlwollend auf die Schulter. „Ich muß sagen, junger Mann", beginnt er leutselig, „daß Sie sich ausgezeichnet entwickeln. Vor drei Monaten sind Sie in unsere Firma eingetreten. Bereits einen Monat später wurden Sie zum Direktionsassistenten ernannt. Und heute habe ich die Ehre, Ihnen mitzuteilen, daß Sie in den Aufsichtsrat unserer Firma gewählt worden sind. Was haben Sie dazu zu sagen?" „Danke, Papa!"

17 „Wenn ich mit dem Finger schnippe, dann kommst du!" sagte der Meister zum Azubi. Der antwortet: „Wenn ich mit dem Kopf wackele, dann komm ich nicht!"

18 „Herr Direktor, während Ihrer Abwesenheit war jemand da, der sehr erregt war und Sie verprügeln wollte!"
„Und was haben Sie gemacht?" „Ich sagte, es täte mir leid, daß Sie gerade in einer Besprechung sind!"

19 „Fräulein Sabine, seit dem ersten Januar haben wir sämtliche Briefe falsch frankiert", sagt der Chef zur Aushilfskraft.
„Ja, Herr Direktor, wie konnten wir nur so blöd sein."

20 Mitarbeiter in der Herrentoilette zum Chef: „Hier ist der einzige Ort, wo ich mir Ihnen gegenüber was 'rausnehmen darf!"
Chef: „Aber ich fürchte, auch diesmal werden Sie den kürzeren ziehen!"

21 Der Chef zur Sekretärin: „Sie können ja unserem neuen Mitarbeiter alles zeigen!" „Was?" fragt sie verwirrt, „schon am ersten Tag?"

22 Beim Ausfüllen eines Zufriedenheitsfragebogens stößt die Mitarbeiterin auf die Frage: „Verhältnis zum Chef?". Nach kurzem Zögern schreibt sie: „Ja."

23 Der Juniorchef hält mit seinem Porsche neben der hübschen Sekretärin: „Kann ich Sie mitnehmen?" Sie: „Fahren Sie Richtung Norden?" „Ja!" „Dann grüßen Sie die Eskimos!"

24 Bei einem Arbeitsessen fragt die Sekretärin ihren Tischnachbarn: „Sind Sie Bankdirektor?" „Nein" sagt er. „Sind Sie Regierungsmitglied?" „Nein" antwortet er wieder. „Dann tun Sie Ihre Hand von meinem Knie!"

25 Die Kollegen im Zimmer nebenan spielen schon wieder Mikado: Wer sich zuerst bewegt, der hat verloren.

26 „Seit wann arbeiten Sie hier?" „Seit man mir mit Kündigung gedroht hat!"

27 Der Meister drohend zum Azubi: „Habe ich dir nicht verboten, beim Arbeiten zu rauchen!?“ Der Azubi: „Haben Sie mich arbeiten sehen?“

28 Angestellter (jammernd umherlaufend): „Ich halte es vor Kopfschmerzen nicht mehr aus, wenn das so weitergeht, verlier ich noch den Verstand!“
Chef: „Wenn Sie solche Schmerzen haben, gehen Sie nach Hause, aber hören Sie endlich auf zu prahlen!“

29 Der Chef lobt die neue Sekretärin: „Sehr gut! Nur zweimal verschrieben. Jetzt versuchen wir mal das zweite Wort!“

30 Ein Hahn kommt mit einem Straußenei in den Hühnerstall und sagt: „Ich will ja nicht kritisieren, meine Damen, aber da sehen Sie, was anderswo geleistet wird!“

31 In der Zentralverwaltung wird ein ausgesetztes Baby gefunden. Der Vorstand setzt eine Kommission ein, die prüfen soll, ob dieses Kind im Hause entstanden ist und ob etwa gar ein leitender Angestellter dabei beteiligt war. Nach einem Jahr legt die Kommission ihren Abschlußbericht vor: Das Kind stammt nicht aus dem Haus, weil
- bei uns noch nie zwei so eng zusammengearbeitet haben,
- noch nie etwas mit Lust und Liebe gemacht wurde,
- noch nie etwas in 9 Monaten fertig war und
- noch nie etwas mit Hand und Fuß gemacht wurde.

Ein Leitender kann es schon gar nicht gewesen sein, denn von denen hat noch keiner eine neue Sache angefangen.

32 Ein Beamter hat im Lotto einen Millionengewinn gemacht. Der Reporter fragt ihn, was er nun tun werde. Der Beamte: „Nie mehr arbeiten!“ „Aha“, sagt der Reporter, „dann werden Sie also weiterhin im Dienst bleiben?“

33 Der alte Börsianer ist schwer erkrankt. Seine Angehörigen trösten ihn und sagen, daß er sicher mehr als 90 Jahre alt werden wird. Er: „Warum soll mich Gott mit 90 nehmen, wenn er mich für 82 haben kann?“

34 Der Leiter der Lohnbuchhaltung wird gefragt: „Wie geht's?“ Er antwortet: „Wie man's nimmt!“

35 Der Chef ruft wiederholt zum Fenster hinaus: „Grüne Seite nach oben!“ Ein gerade anwesender Besucher fragt ihn, was er denn mache. Er antwortet: „Unsere Türken setzen dort unten neue Rasenstücke ein.“

36 Der Maler sagt zu seinem Lehrling: „Du streichst die Fenster und ich die Türen!“
Nach einer Stunde kommt der Lehrling wieder und fragt: „Soll ich den Rahmen auch noch streichen?“

Neben den konfektionierten Witzen gibt es Witze, die wiederholt *und* situationsangemessen eingesetzt werden können, die sogenannten *Meta-Witze.* Das Komische am Meta-Witz ist, daß allein die Pointe an sich (für einen Außenstehenden) buchstäblich witzlos ist.

An unserem Institut wurde einmal der Witz vom Cowboy erzählt, der geheiratet hat und nun mit seiner jungen Frau nach Hause reitet. Das Pferd stolpert unter der doppelten Last und der Cowboy sagt: „Erstens." Sie reiten weiter, das Pferd stolpert wieder und der Cowboy sagt: „Zweitens." Als das Pferd nach einiger Zeit wieder strauchelt, sagt er „Drittens!", steigt ab und erschießt das Pferd. Seine Frau beginnt zu toben: „Du kannst doch deswegen nicht das Pferd erschießen, bist du verrückt geworden?" Er kühl: „Erstens!"

Wenn nun irgendeiner eine unpassende Bemerkung macht, eine dumme Frage stellt oder einen Termin nicht einhält, kann es ihm passieren, das jemand „Erstens" sagt.

Fast jede Pointe eines Witzes kann in dieser Form verwendet werden. Weil – aus dem Zusammenhang des Witzes gerissen – die Pointe irgendeine alltagssprachliche Aussage ist (die nur die Eingeweihten verstehen), besteht die Möglichkeit des Meta-Meta-Witzes: Mitarbeiter können jede beliebige Äußerung ihres Chefs als einen Witz interpretieren!

Wie schon bei der Diskussion der Graffiti erwähnt, kann der mögliche Beitrag von Witzen zur Entschlüsselung von Unternehmenskultur erst dann voll genutzt werden, wenn die aktuelle Situation, in der der Witz erzählt wird, miterfaßt und ausgewertet wird. (Wem wird erzählt? Bei welcher Gelegenheit? Wie wird darauf reagiert? Wer erzählt welche Witze? Wie öffentlich, ungehemmt, wie häufig werden Witze erzählt?)

Witze teilen viele Funktionen mit den anderen Formen von Humor im Betrieb, die wir oben dargestellt haben. Gemeinsame Beiträge der verschiedenen Varianten (Streiche spielen, Hänseleien, Galgenhumor, Neckereien, keep smiling, gelöste Heiterkeit, Späße, Clownereien) sind:

- Soziale Integration und Distanzierung (nur wer „dazugehört", darf bestimmte Streiche spielen oder Bemerkungen machen).

Vorgesetzte oder Autoritäten können ungestraft angegriffen und von ihrem hohen Podest heruntergeholt werden.

- Normverankerung und -aufweichung (im unernsten Überschreiten von Normen werden deren Grenzen verdeutlicht; man kann ohne drastische Konsequenz erproben, wie weit man gehen kann).
- Bewältigung von Belastungen (in streßgeladenen Situationen oder bei monotoner anspruchsarmer Tätigkeit wirkt humorvolles Verhalten entlastend, es verschafft Abwechslung und erlaubt Eigeninitiative).
- Aggressive und erotische Impulse können auf sozial akzeptable Weise zum Ausdruck gebracht werden; es bleibt immer die Distanzierungsmöglichkeit des „es-war-ja-nicht-so-gemeint".
- Für Spannungen der Gruppe kann eine Rolle eingerichtet werden (Clown, Opfer), an der diese Spannungen sichtbar und abreagiert werden können.
- Erlebte Macht- und Hilflosigkeit können „mit einem lachenden Auge" abgewehrt und überspielt werden („Humor ist, wenn man trotzdem lacht", „Immer nur lächeln ... wie's da drin aussieht, geht niemand was an!").
- Witze geben Gelegenheit, sich selbst darzustellen und als geistreich, schlagfertig, tolerant, kontaktfreudig, mutig zu profilieren, aber auch die Möglichkeit, wahre Gefühle und Ängste hinter Fassaden zu verbergen („mit einem Scherz darüber hinweggehen", keep smiling).
- Die Labilität sozialer Situationsdefinitionen wird vorgeführt: Man kann alles auch anders sehen und handhaben! Dabei werden Widersprüche und Mängel aufgedeckt.

Sprechende Handlungen: Routinen, Bräuche, Riten, Spiele

Zentrale Werte eines Unternehmens kommen in Geschichten, Anekdoten, Euphemismen und Symbolen zum Ausdruck, sie lassen sich als Ideologien und Mythen abstrahieren. Wenn jedoch solche „Überlieferungen" bloße Schriften oder Erzählungen oder

Sprach-Regelungen bleiben, gewinnen sie kaum Wirksamkeit im Alltagshandeln der Mitglieder. Es sind der aktuelle Nachvollzug und die Ver-Wirklichung im konkreten Handeln, die das symbolische „Programm" vermitteln und erneuern. Was „wahr" ist und „gelten soll", was ganz besonders wichtig, ängstigend oder undurchschaubar ist, wird nicht dem Zufall oder der individuellen Initiative überlassen. Das „Ausagieren" der zentralen Inhalte wird vielmehr auf das genaueste *kollektiv* geregelt. Die Untersuchung jener Handlungen, die bis ins einzelne reglementiert und standardisiert sind, eröffnet den Zugang zu den „Essentials" einer Kultur. Dabei ist eine Unterscheidung hervorzuheben, die in den Sozialwissenschaften eine lange Tradition hat: die zwischen instrumentellem und expressivem Verhalten.

Instrumentell wird ein Verhalten genannt, wenn es effizienter Problemlösung dient und der Einsatz von Mitteln für genau definierte Zwecke rational kalkuliert wird.

Expressives Verhalten meint demgegenüber Äußerungen, die nicht strategisch (zur Zielerreichung) eingesetzt werden, sondern
- unzensierte Veröffentlichung einer Befindlichkeit sind,
- ungewollte spontane Begleiterscheinung zielbezogenen Handelns darstellen oder
- ein Handeln sind, dessen Zweck in sich liegt, das „für sich" und nicht „um zu" erfolgt (zum Beispiel spielen, singen, lieben, trauern ...).

Der Unternehmenskulturansatz kann durch die These charakterisiert werden, daß es für ihn kein rein instrumentelles (taktisches, rationales, ökonomisches) Verhalten gibt: *jedes* beobachtete Verhalten hat expressive Anteile und in vielen Fällen versteht man seine Existenz und seinen Inhalt besser, wenn man es – wider allem ersten Anschein – *nicht* aus instrumenteller, sondern aus expressiver Perspektive würdigt.

Daft hat in einer einfachen Grafik die komplementäre Beziehung zwischen diesen beiden Aspekten organisatorischer Wirklichkeit veranschaulicht (70):

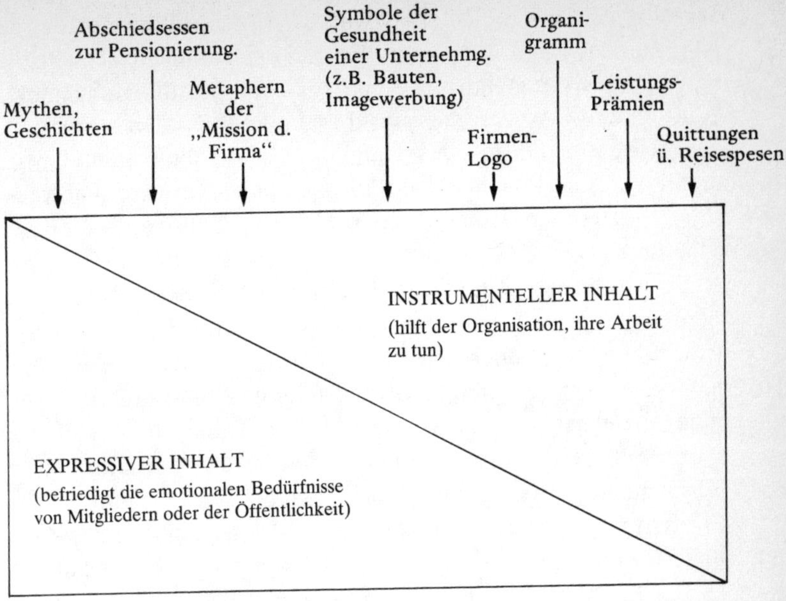

Ordnet man auf diesem Kontinuum einzelne symbolische Elemente (Mythen, Anekdoten, Riten, Artefakte) an, dann wird deutlich, daß meist *beide* Komponenten – wenngleich mit unterschiedlichem Gewicht – vorhanden sind. Jedoch scheint eine Korrektur des Daftschen Schemas angebracht: Die Diagonale kann auf beiden Seiten nie den Nullpunkt erreichen – weil *jedes* Produkt, *jede* Aktivität, *jedes* Programm zumindest einen Bodensatz an Expressivität beziehungsweise Instrumentalität hat: rein instrumentelle Elemente dürfte es praktisch nicht geben, genauso wie alle expressiven Formen auch instrumentell genutzt werden (können).

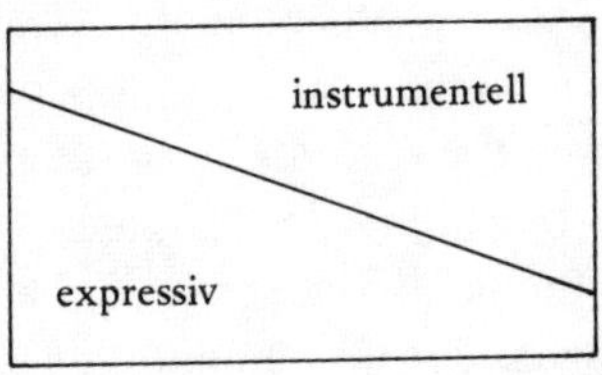

An dieser Stelle ist zurückzuverweisen auf eine Unterscheidung, die wir bei der Diskussion des Unternehmenskulturbegriffs eingeführt haben, nämlich diejenige zwischen „Kultur haben" und „Kultur sein". Wenn wir im folgenden über die (unternehmens-) kulturelle Regulierung des Handelns reden, dann greifen wir zurück auf die Metapher, das Unternehmen als eine Miniaturgesellschaft zu sehen: Hinter der Fassade von technischer Rationalität gibt es wie in archaischen Gesellschaften Riten, Zauber, Wahrsagekunst, Tabus und vieles mehr. Damit wird der instrumentellen Vernunft ein erweitertes Verständnis der Handlungsbegründung gegenübergestellt: Es geht nicht mehr um das möglichst effiziente (das heißt aufwandsminimale oder ergebnisoptimale) Erreichen von isolierten Wirkungen. Die Forderungen, die der homo oeconomicus erfüllen muß, sind Programm, nicht Wirklichkeit. In der Unternehmensrealität gibt es nämlich kein klares, meßbares, widerspruchsfreies und von allen geteiltes Ziel, auf das hin die Anstrengungen aller systematisch koordiniert werden könnten. Die internen und externen Bedingungen ändern sich fortwährend, ihr jeweiliger Zustand ist nur beschränkt bekannt, die Zusammenhänge sind längst nicht voll durchschaut, die verschiedenen „Koalitionäre" im Unternehmen verfolgen zum Teil unvereinbare Ziele und nicht nur das fiktive „Gesamtziel" wird angestrebt, auch die Wege zum Ziel sind nicht bloß neutrale Mittel zum Zweck. Um es zu wiederholen: Unternehmen produzieren eben nicht nur Güter und Dienste, sondern auch Macht, Persönlichkeiten, Sozialbeziehungen, Gesellschafts- und Umweltveränderungen.

Bei einer solch breiteren Sicht der Verhältnisse wird verständlich, warum auch (scheinbar) irrationale Praktiken überlebt haben, bei denen man sehr spekulativ argumentieren müßte, wollte man ihren gesicherten Zusammenhang zu „der" Zielerreichung behaupten. Neben konsequenter Zielverfolgung gibt es eben *auch* Rivalität, Gewohnheiten, Machtstreben, Kungelei, Ängste, Gedankenlosigkeit, Desorientierung. Wir wollen im folgenden zeigen, daß bestimmte Handlungen in „rational" organisierten Unternehmungen (besser) zu verstehen sind, wenn sie nicht nur mit der Brille der instrumentellen Vernunft betrachtet und als störend oder fehlerhaft bekämpft werden.

Affektuelle, traditionale, zweck- und wertrationale Handlungen

Um unsere folgende Akzentsetzung in einen größeren Zusammenhang einordnen zu können, werden wir zunächst die vielzitierte Handlungstypologie von Max Weber skizzieren.

Er unterscheidet affektuelles, traditionales, zweck- und wertrationales Handeln:

Affektuelles Handeln ist bestimmt durch aktuelle Affekte und Gefühlslagen (sofortige Rache, unmittelbarer Genuß, spontanes Abreagieren von Wut, Panik und so weiter).

Man könnte versucht sein, diesen Handlungstyp für die Diagnose von Unternehmenskultur auszuschließen, bei der es ja definitionsgemäß um personübergreifende und dauerhafte Erscheinungen geht. Dies wäre aber aus zwei Gründen verfehlt: Zum einen können beispielsweise unbeherrschte, labile, neurotische Personen in einflußreichen Positionen ein Dauerklima der Unberechenbarkeit und Impulsivität schaffen. Wir werden darauf im Kapitel „Psychodynamik" näher eingehen. Zum anderen fordern die Bedingungen organisierten Handelns Verzichts-, Triebunterdrückungs- und Verdrängungsleistungen, die nicht immer durchgehalten werden, sondern sich in plötzlichen Ausbrüchen in Frage stellen. Um dazu einige Beispiele zu nennen:

„Der Amoklauf eines 29 Jahre alten Buchhalters gegen den Computer einer Frankfurter Versicherungsgesellschaft ist wegen Schuldunfähigkeit des Angeklagten vor einer Strafkammer des Landgerichts Frankfurt straflos geblieben. Der bei der Versicherung angestellte Buchhalter hatte in der Nacht zum 3. Juni 1980 mit einem Stuhl den Computer demoliert, nachdem dieser innerhalb weniger Stunden fünfmal versagt hatte. Anschließend entfachte er mit Akten in den Büroräumen einen Brand, der die Einrichtung fast völlig zerstörte. Der Mann hatte wegen mehrerer Defekte an dem Computer nächtelang Überstunden leisten müssen.

Aus den Aussagen des Angeklagten in Verbindung mit einem psychiatrischen Gutachten ergab sich im Prozeß, daß der Mann wegen einer seelischen Störung sowie hoher Streßbelastung und Alkoholeinfluß zur Tatzeit nicht zurechnungsfähig und somit freizusprechen war" (71).

Gewalt gegen Dinge tritt als *Sabotage* an Arbeitsmitteln oder Arbeitsgegenständen auf. Sie beginnt mit kleinen Produktveränderungen, um auf den Produkten einen erkennbar eigenen Beitrag zu hinterlassen: Kratzer, Knicke, Farbspritzer auf Massenproduktion, von denen normalerweise eines wie das andere ist. Ein Stahlarbeiter zu solcher „Produktdiversifikation": „Ja, ich möchte auch meine Signatur auf ihnen. Manchmal, aus purer Gemeinheit, schlage ich eine Delle in irgendetwas, das ich gerade mache. Ich möchte etwas tun, um es wirklich einzigartig zu machen. Schlage mit einem Hammer ... Ein Fehler: *meiner*" (72).

„Ausgestaltungen dienen der Erhöhung von ‚Ausdruckschancen': Poster der örtlichen Fußballmannschaft an einer Maschine; eine demonstrativ aufgereihte große Zahl von leeren Bierflaschen auf dem Fensterbrett hinter dem Arbeitsplatz; das pin-up im Spind, das Büro mit dem Foto der Gattin oder des Stammhalters auf dem Schreibtisch, Blumen in der Vase auf einem Kunstplakat an dem freien Stück Wand zwischen Tür und Aktenschrank. ‚Ich beklebe die Wände meines Büros mit Postern und bringe Blumen mit, bringe ein Radio mit, schaffe meine Lieblingskeramiklampe her. Ich bin die einzige im ganzen verdammten Gebäude mit dem Tisch zum Fenster statt zur Tür', schildert eine Lektorin. Noch weiter reichen die Ausschmückungspraktiken in einem modernen Büro, wo manche Leute ihre Arbeitsplätze mit Girlanden, Mobiles und Fischernetzen drapieren oder Vogelkäfige aufhängen. Dort hat jeder seinen unverwechselbaren Arbeitsplatz" (73).

Häufen sich solche „affektuellen Handlungen", dann kann man durchaus von zum Beispiel unsteter, gewalttätiger, neurotischer, rebellischer, kindlich-verspielter Unternehmenskultur reden.

Traditionales Handeln ist nach Max Weber durch „eingelebte Gewohnheit" charakterisiert, ein „dumpfes ... Reagieren auf gewohnte Reize". Überlieferte Formen des Handelns werden als fraglos gültig und unantastbar angesehen.

Dieser Handlungstyp wird im Mittelpunkt der folgenden Überlegungen stehen. Wir werden uns dabei auf Traditionen, Bräuche, Sitten, Rituale, Zeremonien beziehen.

Wertrationales Handeln: „*Rein* wertrational handelt, wer ohne Rücksicht auf die vorauszusehenden Folgen handelt im Dienst seiner Überzeugung von dem, was Pflicht, Würde, Schönheit, religiöse Weisung, Pietät, oder die Wichtigkeit einer ‚Sache' gleichviel welcher Art ihm zu gebieten scheinen" (74).

Hier geht es – bezogen auf Unternehmenskultur – um die nicht mehr weiter (zum Beispiel durch Zweckmäßigkeitsüberlegungen) begründbaren Letztziele des Handelns, also um die Basisannahmen, Mythen, Grundwerte, Kernziele eines Unternehmens. Wie wir gezeigt haben, versuchten Unternehmen durch Führungsphilosophien, Unternehmensgrundsätze, Geschichten, Sprachregelungen, Slogans und so weiter direkt solche fundamentalen Handlungsprämissen in den Mitarbeitern zu verankern, um deren rein individuelle Nützlichkeitskalküle durch einen gemeinsamen und höherwertigen Bezugsrahmen zu ersetzen. Wer sich in seinem Handeln kompromißlos und ohne Rücksicht auf Folgen auf solche geschriebenen oder ungeschriebenen Grundnormen bezieht, handelt wertrational.

Zweckrational ist Handeln dann, wenn es an vorgegebenen Zwecken orientiert ist und sie unter rationaler Abwägung von Mitteln und Nebenwirkungen verfolgt. Auf diesen Handlungstyp der instrumentellen Vernunft, dessen Kriterium nicht die Richtigkeit des Zwecks, sondern die Effizienz der Zweckerreichung ist, werden wir hier nur kurz eingehen, bevor wir danach auf Rituale und Spiele zu sprechen kommen.

Das Extrem zweckrationalen Handelns ist durch das Programm des homo oeconomicus repräsentiert: Unberührt von affektiven, traditionalen oder wertrationalen Einflüssen werden in systematisch-konsequenter Weise (das heißt jederzeit durch den Erfolgsnachweis begründbar) jene Handlungsalternativen gewählt, die optimale Zielerreichung gewährleisten.

Das muß nicht bedeuten, daß in jeder Handlungssituation aufs neue definiert, kalkuliert und entschieden wird. Es können sich durchaus traditionale Elemente „einschleichen“, wenn für die Entscheidungsfindung Heurismen (allgemeine Suchregeln), Strategien oder Subziele vorgegeben werden, die ein Gesamtentscheidungsproblem in handhabbare Einheiten aufteilen. Auch allgemeinverbindliche Handlungsregeln (SOP, standard operating procedures) gehören hierher. Durch sie wird Handeln programmiert, es kommt zur Denkentlastung durch rationale Routine:

Wenn definierte Auslösesituationen vorliegen, hat man klare Anweisungen, was zu tun ist (Beispiele dafür: Materialanforderungen, Unfallmeldungen, Alarme, Dokumentationen, Störfälle, Wartungsarbeiten). Das kann dann im Extremfall so weit gehen, daß sogar einzelne Handgriffe bis ins Detail vorgeschrieben sind, weil sie als „der einzig beste Weg“ erkannt worden sind. Dieses

Ziel perfekter Handlungsstandardisierung auf wissenschaftlicher Grundlage verfolgte zum Beispiel um die Jahrhundertwende Frederick Taylor mit seinem *Scientific Management.*

Solche Routinen stehen im Zwischenfeld zwischen zweckrationalem und traditionalem Handeln. Sie sind dann eher dem zweckrationalen Bereich zuzurechnen, wenn jederzeit die Möglichkeit besteht, sie auf der Grundlage rationaler zielbezogener Argumentation durch andere Programme zu ersetzen, die die vorgegebenen Ziele ökonomischer erreichen. In dem Maße aber, in dem der Zielbezug von Routinen nicht offengelegt und/oder nicht faktisch oder theoretisch belegt wird oder wenn affektive und traditionale Bindungen bestehen („lieb(!)gewordene Gewohnheiten"), müssen solche Handlungsprogrammierungen jenem Formenkreis zugerechnet werden, auf den wir anschließend ausführlicher eingehen werden: den Bräuchen, Sitten und Ritualen. Zwischen den Handlungsformen, die wir beschreiben werden, bestehen fließende Übergänge, so daß unsere Zuordnungen nur akzentuierend gemeint sind.

Traditionen, Bräuche und Sitten

Hier geht es um althergebrachte Verhaltensgewohnheiten, die befolgt werden, weil „es immer schon so gemacht wurde". Beispiele sind etwa Parkplatzregelungen und Kantinensitzordnungen, Oktoberfestnachmittag und Weihnachtsfeier, der Geburtstagsdrink mit Kollegen, eine bestimmte Zeit und Dauer der Vormittagspause, das Überziehen der Mittagspause um 10 Minuten, die jährliche Information der leitenden Angestellten durch den Vorstandsvorsitzenden mit anschließendem gemeinsamem Imbiß, der Besuch (mit Kollegengeschenk) von Gruppenmitgliedern, die im Krankenhaus liegen, Vorrechte älterer Mitarbeiter bei der Zuweisung neuer Maschinen, der Brauch, sich mit Vornamen anzureden und so weiter. Auch solche Prinzipien wie „Beförderung aus den eigenen Reihen" oder „Einstimmigkeit der Vorstandsbeschlüsse" können Traditionen sein, für die jedoch nachträglich durchaus rationale Gründe beigebracht werden können.

Entscheidend ist, daß derartige Gewohnheiten sich verfestigen und zu Gewohnheitsrechten werden, die als einklagbarer Besitzstand gelten (zu erinnern ist hier an die Schwierigkeiten, die Arbeitgeber haben, wenn sie sogenannte „freiwillige" Sozialleistungen rückgängig machen wollen).

Besonders sichtbar werden solche Gewohnheiten, Traditionen und Bräuche, wenn Firmen von anderen übernommen werden oder wenn neue Vorgesetzte in Abteilungen oder Gruppen das Sagen bekommen. Nicht selten werden dann die bisher selbstverständlichen Praktiken in Frage gestellt und erst, wenn sie gefährdet sind, wird bewußt, daß sie eigentlich Besonderheiten sind.

Rituale

Bräuche und Rituale (oder Riten) sind nicht streng zu unterscheiden; manche Autoren verwenden die beiden Begriffe synonym, vor allem, wenn das Moment des Sakralen, das Ritualen manchmal zugeschrieben wird, ausgeklammert bleibt. Die Gemeinsamkeiten zwischen Bräuchen (Traditionen, Sitten) und Ritualen sind:

- Beide haben einen *formelhaften Ablauf,* sie werden in stereotyper Weise vollzogen;
- sie werden *öffentlich* ausgeführt, sozial überwacht und erwartet;
- sie haben einen stark *expressiven,* sozioemotionalen oder symbolischen Gehalt, das heißt sie verweisen auf einen anderen Sachverhalt, dienen zum Beispiel nicht unmittelbar der Leistung, sondern der Festigung des Zusammenhalts, dem Ausdruck von Gefühlen, der Befriedigung von Triebwünschen, der Erzeugung und/oder Bewältigung von Ängsten.

Einen Unterschied könnte man allenfalls konstruieren im Grad der Differenzierung und Institutionalisierung: Riten hätten dann *längere Handlungsketten* (mehr aufeinander abgestimmte unterschiedliche Handlungen), eine *differenziertere Rollenstruktur* (eine größere Zahl unterschiedlicher Funktionsträger und damit einen Bedarf für stärkere Regelung der Koordination), sie sind eher *formalisiert* (es gibt schriftlich oder mündlich überlieferte Regelwerke) und *institutionalisiert* (sozial geregelt und sanktionsbewehrt) und sie erheben schließlich gegenüber Beteiligten und Publikum den *Anspruch,* der *Bewältigung von Sachaufgaben* zu dienen (oder – um es extrem zu formulieren – sie täuschen über wichtige latente Funktionen hinweg) (75').

Riten sind nach dem bisher Gesagten standardisierte Verhaltensabläufe, in denen existentielle Fragen einer Gemeinschaft durch kollektiv reglementiertes Handeln bearbeitet oder bewältigt werden. Riten haben immer ein Doppelgesicht, sie lösen Probleme für die Gemeinschaft und den einzelnen. Im folgenden haben wir einige wichtige Problemfelder, für die häufig ritualisierte Lösungen existieren, aufgeführt, wobei kollektive und individuelle Perspektiven einander gegenübergestellt werden:

Kollektive Perspektive		**Individuelle Perspektive**
(Wie) Unterscheiden wir uns von den anderen?	*Identität*	Wer bin ich? Bin ich wer?
Gehören wir zusammen?	*Solidarität*	Gehöre ich dazu?
Können wir die Zukunft meistern? Auf wessen Schutz können wir bauen? (Götter, Freunde, Gemeinschaft)?	*Sicherheit*	Kann ich mich auf die anderen/die höheren verlassen?
Welche Normen gelten? Wie läßt sich Kooperation sichern?	*Ordnung*	Was darf ich? Woran kann/muß ich mich halten?
Können wir stolz auf uns sein? Wie können wir unsere Bedeutung sichtbar machen?	*Wertschätzung*	Werde ich akzeptiert/geliebt? Wie muß/kann/darf ich mich präsentieren?

Was gibt uns die Kraft zur Lösung unserer Probleme? Woher kommt unsere Energie?	*Motivation*	Bin ich stark genug, um meine Ziele zu erreichen?
Was ist unsere „Mission" oder Aufgabe? Wozu sind wir da?	*Sinn*	Was ist der Sinn meines Lebens?
Wie wird es mit uns weitergehen? Wie überwinden wir Rückschläge, Bedrohungen, Konflikte? Gibt es ein Ende? Wie müssen wir „Sünden" büßen?	*Krankheit, Tod, Jenseits, Wiedergeburt*	Wie wird es mit mir weitergehen? Wie überwinde ich Rückschläge, Bedrohungen, Konflikte? Gibt es ein Ende? Wie muß ich „Sünden" büßen?

In einer solchen Einteilung lassen sich unschwer Parallelen zu Maslows Bedürfnishierarchie, zu Parsons' fundamentalen Systemerfordernissen oder zu den oben dargestellten Wertepolaritäten finden. Entscheidend ist für den vorliegenden Zusammenhang: Es wird davon ausgegangen, daß in allen instrumentell-technischen Problemlösungen immer *auch* oder gar *vor allem* diese Grundfragen mitbearbeitet werden. Dabei interessiert *nicht individuelles* expressives Verhalten (ein Wutausbruch, ein Glückserlebnis, eine künstlerische Gestaltung), sondern die *kollektive* Inszenierung einer Problemlösung, durch die eine komplexe und instabile Wirklichkeit vereinfacht und handhabbar gemacht wird. Lähmende Unsicherheit wird durch und in tradierten Handlungsschablonen aufgesogen.

In der folgenden Tabelle sind in der Gegenüberstellung von Eingeborenenstamm und Wirtschaftsunternehmen einige Riten aufgeführt, mit denen die oben genannten Lebensfragen bearbeitet werden.

Es geht dabei nicht darum, oberflächliche Gemeinsamkeiten aufzuzeigen. Vielmehr soll veranschaulicht werden, daß in allen großen Unternehmen eine Fülle von Prozeduren existiert, die nicht (nur) durch zweckrationale Begründung legitimiert sind, aber auch nicht töricht, überflüssig oder gar schädlich genannt werden können.

Rituell geregeltes Verhalten

Eingeborenenstamm	Wirtschaftsunternehmen
Dazugehören (Aufnahme und Ausschluß)	
Aufnahme in	Aufnahme
a) den Stamm (Geburts- und Initiationsriten, Namensgebung); b) eine bestimmte Gruppe (Männer, Krieger): Erwerb von Rang, Rechten, Wissen, Fertigkeit (Initiations- und Investiturriten)	a) ins Unternehmen (Personalauslese, Einstand feiern, „Schleifen“); b) in bestimmte Gruppen oder Positionen (Angestellte, Führungskräfte); Vermittlung von Kenntnissen (Schulung etc.); Prokura, Beförderungen; Wahl und Einsetzung neuer Vorgesetzter
Ausschluß aus	Ausschluß durch
a) dem Stamm oder einer Gruppe (Todes-, Tötungs- oder Ausstoßungsriten); Gesichtsverlust	a) Entlassung b) eigene Kündigung c) Degradierung d) Pensionierung e) Tod
Interne Ordnung und Zusammenhalt	
a) Regelung der Pflichten und Tabus – Verhalten gegenüber dem Herrscher (Häuptling etc.) – Verhalten gegenüber den Göttern, Totems usw., Opfer- und Bußriten – Verhalten gegenüber bestimmten Gruppen (wie Frauen, Kindern, Kranken, Sklaven, Gefangenen, Toten) – Verhalten an bestimmten Plätzen	a) Formelle u. informelle Organisation – Verhalten von und gegenüber (hohen) Vorgesetzten – Verhalten gegenüber Banken, Eigentümern, Presse, Aktionären, vor allem gegenüber Markt und Konkurrenz – Verhalten gegenüber Frauen, Jugendlichen, Gastarbeitern, Behinderten, ehemaligen Mitarbeitern ... – Verhalten in Kantinen, Vorstandsetagen, Konferenzsälen
b) Steigerung von Kampfesmut oder Lebensgefühl (Drogen, Tänze, Schmuck, ...)	b) Motivationsveranstaltungen
c) Auszeichnung einzelner (Turniere, Wettkämpfe, Kriegsbeute)	c) Verleihung von Titeln, Urkunden, Orden etc. nach Schulungen und Leistungswettbewerben

d) Festigung der Gemeinschaft – Feiern – Erneuerung, Wiedergeburt	d) Festigung der Gemeinschaft – Ausflüge, Feiern, Versammlungen, Jubiläen, Messen – Organisationsentwicklung, Reorganisation
e) Regelung interner Konflikte	e) Betriebsrat, Disziplinar- und Beschwerdeordnung
Regelung der Außenbeziehungen; Sicherung des Überlebens	
a) Verteidigung und Kriegsführung (Beutezüge, Kämpfe, Friedensverhandlungen, Siegesfeiern)	a) Regelung der Beziehungen zu Konkurrenten, Geldgebern, Kunden, Lieferanten, Gewerkschaften
b) Sicherung der Nahrung (Jagd-, Fruchtbarkeits- und Ernteriten)	b) Sicherung von Ressourcen, Erhaltung der Funktionsfähigkeit (Marketing, Forschung und Entwicklung, Planung, Controlling, Personal ...)

Die Initiations-, Fruchtbarkeits- oder Regenzauberriten „primitiver" Völker kennen sehr viele verschiedene Handlungselemente (rituelle Abwesenheit, Maskierung oder Bemalung, Tänze, Gesänge, Scheinkämpfe, festliches Essen und Trinken, Opfer). Häuptling, Medizinmann, Krieger, alte und junge Männer, Frauen, Kinder haben genau vorgeschriebene Aufgaben. Auf die Einhaltung der „richtigen" Prozedur wird großer Wert gelegt, Abweichungen machen das Ritual ungültig und können zu strengen Bestrafungen führen.

Die manifeste Funktion eines Regenzauberritus ist es, Regen zu bringen. Nach unserem meteorologischen Wissen tut er das nicht (und es ist auch anzunehmen, daß Naturvölker mit ihren differenzierten Kenntnissen von Umwelt und Wetter nicht wirklich erwarten, Regen erzeugen zu können). Wichtiger sind vielmehr andere Funktionen:

Riten
- maximieren die soziale Ordnung (zeigen jedem seinen Platz in der Gesellschaft);
- helfen Unsicherheit und Angst in extremen und unbegreiflichen, bedrohlichen Situationen bewältigen, denen man nicht

mehr taten- und hilflos ausgeliefert ist, sondern auf die man (magisch) einwirken kann;
- schaffen Gemeinschaftsgefühl, festigen den Zusammenhalt und vermitteln das Bewußtsein, nicht als einzelner den Natur- und Geistergewalten unterworfen zu sein, man kann sogar mit ihnen in Kontakt treten;
- strukturieren die Zeit;
- geben dem einzelnen Mitglied eine bestimmte Rolle und (neue) Identität;
- erlauben individuellen und kollektiven Ausdruck von Angst, Aggression, Freude und haben so eine kathartische Funktion.

Ähnliche latente (das heißt nicht ausdrücklich bekanntgemachte und gerechtfertigte) Funktionen haben auch die Rituale in Unternehmen, von denen wir nun einige kurz kommentieren wollen.

Bei *Vorstandsbesuchen* fällt zum Beispiel folgendes auf:

- die penible Programmgestaltung (einen Vorstand darf man nicht warten lassen; er seinerseits darf durchaus rituell warten lassen; man muß ihm einen funktionierenden Betrieb und konstruktive Mitarbeiter vorführen);
- das hochrangige Empfangskomitee, das sich zur Verfügung halten muß;
- die begleitende „Leibgarde" von Beratern und Assistenten;
- geprobte Präsentationen oder Demonstrationen;
- ausgewähltes Essen (das „rituelle Mahl");
- zeremonielle Verabschiedung;
- Erwähnung (mit Foto) in der Werkszeitung.

Zusätzlich oder vor der Lösung von Sachaufgaben geht es bei Vorstandsbesuchen darum, daß

- die Gemeinschaft sich in ihrem Führer/Repräsentanten selbst liebt oder verehrt und die Begegnung mit dem Repräsentanten des Ganzen neue Kraft verleiht;
- mächtige Personen durch Aufmerksamkeit und Hochachtung wohlgesonnen gemacht werden sollen und ungünstige Informationen von ihnen ferngehalten werden müssen;

- um Anerkennung und Wertschätzung geworben wird;
- innere Ordnung, vor allem die betriebliche Hierarchie demonstrativ vorgeführt und damit erhärtet wird.

Vorstandsbesuche sind somit auch eine Gelegenheit zur Machtdemonstration und zur Bestätigung des Mythos, daß dem Auge des Herrn nichts entgeht:

Im *Manager Magazin* wird der Firmenchef Liebherr beschrieben, an dessen „Management-by-Wandering-Around-Stil" eine Umstrukturierung seines Unternehmens nicht viel geändert hatte:

„Wie bisher regiert der Vollblutunternehmer, der in der Biberacher Hauptverwaltung nie einen eigenen Schreibtisch oder eine Sekretärin gehabt hat, durch Reisen von Betrieb zu Betrieb – für Liebherr, dessen Hobby sein Geschäft ist, Ersatz für Urlaub.

Wenn der Selbstfahrer – meist unangemeldet – in einem seiner Werke auftaucht, nimmt er nicht den Weg durch den Haupteingang, sondern durch die Produktion, um zu sehen, was läuft. Wann Liebherr kommt, läßt sich nur bei Schwierigkeiten voraussehen. Befriedigen ihn die Zahlen nicht, die er sich wöchentlich aus allen Konzernbereichen kommen läßt, ist eine Blitzvisite so gut wie sicher" (75).

Die Auswahl und Einführung neuer Mitarbeiter:

Van Gennep hat schon zu Beginn dieses Jahrhunderts die Initiationsriten in primitiven Kulturen beschrieben und verschiedene unabdingbare Stadien identifiziert (76):

Trennung (Auflösung der alten Bindungen, Entfernung von der Herkunftsgruppe, Absonderung in bestimmten Plätzen, schikanöse erniedrigende Behandlung wie Quälen, Foltern, Zufügung ritueller Wunden etc.).

Übergang (Vermittlung von bestimmten geheimen Fähigkeiten und Kenntnissen, fraglosen Gehorsam lernen, Prüfungen, Weihen).

Eingliederung (Rückkehr in die Gesellschaft, Ausstattung mit den Insignien der neuen Rolle, Reden, gemeinsames Mahl, Feiern).

Betrachtet man den Prozeß der Auswahl und Sozialisation von neuen Mitarbeitern, so werden ebenfalls zahlreiche rituelle Vollzüge erkennbar, was unter anderem auch dadurch zu erklären ist, daß die Zulassung neuer Mitglieder (insbesondere von hochrangigen) eine wichtige Entscheidung angesichts großer und kaum zu bewältigender Unsicherheit ist. Um sich dennoch der Richtigkeit der Entscheidungen zu versichern, werden sowohl in der Auswahl (Einsatz von Tests, externen Beratern, zahlreichen „quälenden" Interviews), wie auch in der Sozialisation, Schritte unternommen, die Unsicherheit bewältigen und Vertrauen herstellen sollen.

Welche Funktion haben derartige Rituale? Dem eingestellten Bewerber, der viele Hürden genommen hat, wird Wertschätzung und Überlegenheit (gegenüber seinen Konkurrenten) attestiert; dies fördert Selbstvertrauen und Dankbarkeit gegenüber dem Unternehmen. Es dokumentiert damit, daß wichtige Prinzipien (Leistung, Belastbarkeit) hochgehalten werden; es signalisiert – nach innen und nach außen – daß es schwierig und ehrenvoll ist, akzeptiert zu werden; es versichert sich, daß Personen aufgenommen werden, die „dazupassen" (den inneren Frieden nicht stören, dieselbe Werthaltung haben); durch die Mitbeteiligung vieler im Entscheidungsprozeß wird Verantwortung verteilt, Kooperativität demonstriert und bei den vielen das Bemühen gesteigert, „ihre" Entscheidung zum Erfolg werden zu lassen. (Fast) *Alle* diese Funktionen würden auch erfüllt, wenn die Auswahl letztlich rein zufällig erfolgte. Bezogen auf die extreme Schwierigkeit, ein gültiges und zuverlässiges Erfolgskriterium zu finden, müssen ohnehin die meisten Auswahlprozeduren als expressive Riten betrachtet werden.

Daß *Tarifverhandlungen* mit den Gewerkschaften in ihrem Ablauf zeremoniell fixiert sind, ist allbekannt (beiderseitiges „Aufheizen" der Anhänger; Urabstimmung; Pressekampagnen; extrem überhöhte Forderungen; Treffen in einem Hotel; tage- und nächtelange Verhandlungen; Abbruchdrohungen kurz vor der Einigung; gemeinsame Bekanntgabe des Ergebnisses als gerade noch tragbarer Kompromiß; Beruhigung der Anhängerschaft). Durch diese Dramaturgie unterstreichen beide Funktionärsgruppen ihre Unentbehrlichkeit; der jeweiligen Klientel (und der Öffentlichkeit) werden Entschlossenheit und Kampfbereitschaft vorgeführt und durch die Größe der Bedrohung wird der interne Zusammenschluß gesteigert; Scheinkämpfe treten an die

Stelle offener Aggressionshandlungen; beiden Parteien wird ermöglicht, das Gesicht zu wahren, die friedliche Kooperation kann ohne Wiederaufbauarbeit fortgesetzt werden.

Ähnliche Prozesse spielen sich auch bei *Organisationsentwicklungs*projekten in Firmen ab (77): Renommierte externe Berater werden geholt; sie führen mit verschiedenen Gruppen Gespräche, über die wenig verlautet; schlagen Zusammenkünfte und Diskussionen vor, in denen Probleme generiert und definiert werden – unter Einsatz eines bunten Instrumentariums, wie Meta-Plan, Survey-Feedback, Mirroring, 3-D-Analyse ...; Einigung auf einige wenige Aktionen; Ratifikation durch Vorstand, Verabschiedung der Berater.

Auch hier wird signalisiert, daß das Unternehmen bereit und entschlossen ist, erkannte Probleme anzugehen und daß es dafür hohen Aufwand treibt. Durch Beteiligung vieler fördert es die Gemeinschaft, baut zugleich aber auch eine Absicherung vor unkontrollierbaren Initiativen einzelner oder Fremder ein. Die Position der Unternehmensleitung als oberster Entscheidungsinstanz wird damit aufs neue verankert; allerdings werden kaum gezielte Anstrengungen unternommen, den Erfolg der Bemühungen quantitativ zu messen, um Mißerfolge nicht öffentlich eingestehen zu müssen – und damit zu demoralisieren.

Daß *Konferenzen und Tagungen* in ausgeprägter Weise rituelle Veranstaltungen sind, ist des öfteren bemerkt worden. Bei Konferenzen muß festgelegt sein, wer eingeladen wird, wie lange vor Beginn er informiert und mit Unterlagen versehen sein muß, wo die Sitzung stattfindet und wo jeder Teilnehmer sitzt, welche Ausstattung die Räume und der Service haben, wer wann zu was und wem sprechen darf/muß, an wen das Protokoll geht, wer es verfaßt beziehungsweise redigiert und wer darin namentlich (nicht) genannt wird.

Abgesehen vom möglichen instrumentellen Beitrag von Konferenzen haben sie wichtige expressive Funktion: Sie unterstreichen wichtige Werte (Kooperativität, Teamwork, Sachlichkeit, Fairneß); sie bieten Gelegenheit zur Status- und Machtdemonstration innerhalb der Konferenzgruppe wie nach außen (zugelassen sein zu bestimmten Sitzungen kann wichtiger sein als der Lösungsbeitrag, den man bringen oder erwarten kann); sie können gemeinschaftsbildend wirken; sie vermitteln das Gefühl von Aktivität, Tatkraft und Problembewußtsein; sie bieten Möglichkeiten der Selbstdarstellung; erlauben in ritualisierten (Wort-)Gefechten die Errichtung oder Bestätigung einer Dominanzordnung; sie sichern Kontinuität, weil an gemeinsame und unantastbare Traditionen angeknüpft wird; sie dienen – insbesondere wenn sie regelmäßig als jour fixe einberufen werden – der Rhythmisierung der Zeit; sie sind „Mülleimer", in die alle aktuellen Probleme geworfen werden können ...

Von besonderem Interesse sind auch *Gemeinschaftsveranstaltungen,* die scheinbar offenkundig expressiv gemeint sind (wie Geburtstagsfeiern, Betriebsausflüge, Weihnachtsfeste, Faschingsparties). Bei näherer Betrachtung zeigt sich, daß zusätzlich zu den proklamierten Funktionen (Gemeinschaftspflege und Dank an die Mitarbeiter) auch noch weitere unausgesprochene expressive Leistungen erbracht werden: So können bei derartigen Veranstaltungen die ansonsten strengen Sitten gelockert werden. Man darf sich ausnahmsweise mit „Du" oder dem Vornamen anreden, in seinem Benehmen weniger geschäftsmäßig sein. Dies hat eine Ventilfunktion für Kritik und aufgestaute Aggressionen, wobei gerade die vorübergehende Lockerung der Normen deren generelle Gültigkeit unterstreicht. Auch ansonsten tabuisierte Informationen können ausgetauscht und informelle Kontakte geknüpft werden. Man redet über Mißstände, die Stärken und Schwächen anderer.

Gemeinschaftsveranstaltungen etablieren den Betrieb als einen Ort, an dem es sich leben läßt. Denn auch Vorgesetzte sind „persönlich ganz nett". Es liegt nicht an ihnen, sondern an „den Umständen", daß sie oft keine Zeit haben, unzugänglich sind und hart durchgreifen.

Stark ritualisiert sind auch die gezielten *Aufbau- und Motivationstreffen,* die in marktorientierten Unternehmen für die Außendienstmitarbeiter organisiert werden. Diese Treffen, die eine ausgefeilte Liturgie haben, dienen offiziell dazu, Bilanz zu ziehen und künftige Ziele und Vorgehensweisen bekanntzumachen und zu begründen. Wenn aber dabei einzelne Mitarbeiter öffentlich hervorgehoben und ausgezeichnet oder aber an den Pranger gestellt werden, macht dies jedem deutlich, daß

- er unter ständiger Überwachung steht,
- seine Leistung honoriert wird,
- er – um gut (oder: nicht schlecht) dazustehen – sich mehr als die anderen anstrengen muß,
- (noch so hohe) Vorgaben erreichbar sind (was anhand von Stachanow-Leistungen einzelner belegt wird, so daß Ausreden abgeschnitten werden),
- man vor und mit anderen über eigene Probleme und Leistungen schwadronieren kann (und sich dabei entlasten und präsentieren kann),
- der einzelne durch Erfolgsmeldungen und die Demonstration der Spitzenstellung des Unternehmens Vertrauen und Zuversicht schöpfen kann.

All das wird verständlich als expressives Anliegen, wenn man sich die extrem unsichere Natur von Außendiensttätigkeiten vergegenwärtigt: nicht von ungefähr sprach man früher vom Jagd- und Kriegsglück (!), weil solche Vorhaben in ihrem Ausgang unsicher und in ihrem Ablauf wenig kontrollierbar waren. Alle möglichen Tricks und „Geheimnisse" werden deshalb begierig aufgegriffen, Siege begeistert gefeiert und Helden besungen und dekoriert.

In diesem Zusammenhang spielen auch die sogenannten *„Incentive-Reisen"* (wörtlich übersetzt: Lock-, Köder- oder Anreizreisen) eine zunehmende Rolle. Sie basieren auf der Erkenntnis, daß materielle Anreize vielfach ihr Motivationspotential verloren haben – nicht zuletzt deshalb, weil sie wegen des Gehaltstabus meist privat-anonym bleiben, nicht öffentlich vorzeigbar sind und den unmittelbaren Vergleich mit den Kollegenrivalen auf eine indirekte Ebene verlagern.

Deshalb werden Rituale eingeführt, deren Schlußakt die Incentive-Reisen sind. Vorher aber werden andere wichtige Prozeduren institutionalisiert:

a) Es werden Wettbewerbe ausgeschrieben, bei denen die Leistungskennzahlen (Abschlüsse, Umsatzziffern und so weiter) vorgegeben werden; wichtig ist die interpersonale Vergleichbarkeit der erreichten Punktwerte.

b) Die „Tabellenstände“ werden veröffentlicht, so daß alle sehen, wo sie und die Konkurrenz stehen und was noch zu tun ist.
c) Es werden Kriterien für die Mitgliedschaft in abgestuften Clubs festgelegt (100%-Club bei der IBM, CPC (Cent-Percent-Club bei NCR). Die Mitgliedschaft in den Clubs verleiht abgestufte Anrechte; bei den „untersten“ Clubs beispielsweise kleinere Reisen, Urkunden, Titel, Einladungen.
d) Über diese Auszeichnung hinaus, die an vorher *festgelegte* Bedingungen geknüpft ist, werden dann noch die im unmittelbaren Vergleich *Besten* besonders belohnt: die 10 oder 20 Topverkäufer bekommen dann besondere Auszeichnungen, zum Beispiel Orden, Plaketten, Spitzenautos, Pokale, Ehrentafeln, Vorrechte wie Direkttelefon zum obersten Chef – oder eben exklusiv gestaltete Fernreisen.
   Von besonderer Bedeutung ist, daß während der gesamten Laufzeit des Wettbewerbs mit großem publizistischen Aufwand über den jeweiligen Stand berichtet wird und daß insbesondere die „Sieger“ mit öffentlicher Hervorhebung rechnen können (ihre Vorstellung in Großveranstaltungen, ihre Abbildung in Werkzeitschriften, ihre Verewigung auf Ehrentafeln in der „Ruhmeshalle“ der Firma).

„Zu den Incentive-Vorreitern hierzulande zählt auch die Paderborner Nixdorf Computer AG. Der expansive Computerkonzern hat sein Programm schon perfektioniert: Unten in der Hierarchie rangiert der National Sales Club, in den jeder Verkäufer aufgenommen wird, der 100 Prozent seines Solls erfüllt. Ganz oben steht der International Sales Club, für den eine 150prozentige Leistung erbracht werden muß, und selbst dann ist, so Sprecherin Christa Janda, ‚der Platz noch nicht absolut garantiert‘. Jeder Verkaufsregion steht nämlich nur ein limitiertes Kontingent in diesem exklusiven Zirkel zur Verfügung.

Damit der Absturz für die Topleute nicht zu tief wird und gar – wider die Zielsetzung – in Demotivation umschlägt, wurde dieses Jahr der neue Regional Sales Club dazwischengeschoben.

Wie die Leistung – so der Preis: Was für den einen das Wochenende mit Ehefrau in Köln ist, ist für den anderen die Reise nach San Francisco. Dazwischen liegt – fein abgestuft – der Toskana-Aufenthalt“ (78).

„Einmal im Jahr veranstaltet der badische Tabakwarenhersteller ein mehrtägiges Außendiensttreffen für etwa 250 Mitarbeiter – ‚eine Arbeitstagung mit umfassendem Rahmenprogramm zur Motivierung unserer Leute', so Hildenbrandt. Hinnenberg und Schneider bewiesen, daß sie Verkäufern auch in der kleinen Bundesrepublik attraktive Programme bieten können. Sie stellten jede Tagung unter ein Thema, abgestimmt auf die Hauptattraktion des Treffens. So mieteten sie 1977 (Motto: ‚Roth Händle Derby') die Trabrennbahn in Gelsenkirchen, richteten dort ein eigenes Wettbüro ein und ließen je einen Mitarbeiter aus den 20 Roth-Händle-Verkaufsbüros in den Sulky steigen. Die Amateure trugen – strikt nach Traberregel – ein Rennen aus.

Im Jahr darauf organisierte die Panroyal in Travemünde das ‚Reval-Camp', ein Zeltlager, in dem sportliche Wettkämpfe für harte Männer wie Hinkelsteinstoßen und Tontaubenschießen veranstaltet wurden, freilich immer begleitet von Schulungen.

Zweifellos wirkt aber dieses Rahmenprogramm als positiver Verstärker. Hinnenberg und Schneider setzen mit Erfolg darauf, daß im schweren Beruf der Verkäufer das Geld einiges von seiner motivierenden Wirkung eingebüßt hat, zumindest als alleiniger Anreiz nicht ausreicht. Schneider: ‚Die persönliche Ansprache und Anerkennung rückt in den Vordergrund. Wer sieht, was seine Firma alles für ihn veranstaltet, wird ganz anders loslegen als einer, der nur den monetären Gegenwert dieser Veranstaltung überwiesen bekommt" (79).

„In der Karibik ließ die Panroyal 80 Großhändler auf Schatzsuche gehen. Auf Barbados mußten sie zunächst zur Polizeistation, um den Führerschein zu machen, der auf der Insel immer nur für ein Jahr ausgehändigt wird. Je zwei Mann erhielten dann einen Jeep und eine Landkarte. Die Rallye ging kreuz und quer über die Insel – durch den Urwald, zu den Klippen. Alle erreichten den Strand, wo im Sand 80 Schatzkisten mit hochprozentigem Inhalt vergraben lagen. ‚Die Leute suchten mit deutscher Gründlichkeit', schmunzelt Schneider. ‚Sie bildeten eine Kette und pflügten gemeinsam jeden Quadratzentimeter um.' Die anschließende Strandfete und der Törn auf einem Piratenschiff hatten das vorausgeplante Ergebnis – kaum mehr steigerungsfähige Stimmung" (80).

Wir brechen hier unsere Beispielsammlung ab, weil wir keine Vollständigkeit anstreben, sondern nur veranschaulichen wollen, daß scheinbar sachorientierte Handlungssysteme auch als „institutionalisierte expressive Handlungen" zu interpretieren sind. Wie Rituale entschlüsselt werden, soll abschließend am Beispiel der Personalbeurteilung (einem besonders weitverbreiteten Ritual) erläutert werden.

ENSTEHUNG UND FUNKTION VON RITUALEN

(am Beispiel der Personalbeurteilung PB)

BEDINGUNGEN UND INTERESSEN

Größe, Differenziertheit der Unternehmung
Mangelnde Möglichkeiten exakter Leistungsmessung
Gewöhnung ans Zensiertwerden
Aufrechterhaltung hierarchischer Kontrolle
Disziplinierungsbedarf
Geltung von Leistungsprinzip, Fairneß

↓ führen zu

EXPLIZITE(N) ZIELE(N)

Personalinventar
Stellenzuweisung
Entgeltdifferenzierung
Beförderungsgrundlage
Ausbildungsbedarf
Kontaktintensivierung
Verhaltenskorrektur

↓ werden angestrebt durch

STANDARDISIERTE VERFAHREN (≙ RITUAL)

Vorbereitung: PB-System entwerfen oder auswählen; Manual und PB-Formular; Vorgabe der „Noten"-Verteilung; Schulungskurse
Durchführung: Einstufung durch den Vorgesetzten; Gespräch, Begründungen; evtl. geringfügige Korrektur der Urteile; Unterschrift, gegenseitiges Versichern guten Willens, Verabschiedung
Nachbereitung: Zentrale Speicherung und Auswertung

↓ führen zu

BEOBACHTETE(N) WIRKUNGEN

Urteils-„Fehler" (Milde, Häufung, Halo usw.)
Unlust der Vorgesetzten (mehrfache Aufforderungen nötig)
Taktisches Beurteiler- und Beurteilten-Verfahren
Unvergleichbarkeit der Beurteilungen
Eigenleben der Zahlen
Klimabelastung

↓ verfehlen ↓ erreichen

verfehlen ↓

EXPLIZITE ZIELE

PB-Daten dienen nicht als Entscheidungsgrundlage, sondern nur zur nachträglichen Entscheidungsrechtfertigung
Das Klima verschlechtert sich
Das Feedback wird verklausuliert
Es wird nach anderen Kriterien befördert …

erreichen ↓

IMPLIZITE ZIELE

1. Mythen:
   - Es geht fair zu
   - Wir geben uns Mühe
   - Leistung lohnt!
   - Vorgesetzte haben Belohnungsmacht
2. Vorgesetzte müssen sich
   - festlegen und
   - offenbaren
3. Bedeutung der Personalabteilung wird unterstrichen
4. Den Vorgesetzten werden unlösbare Aufgaben zugewiesen (und sie darum beliebig zur Verantwortung ziehen können).

Was hier am Beispiel von Personalbeurteilung demonstriert wurde, kann ebenso für andere hoch ritualisierte Verfahren der Personalarbeit, wie Führungsschulung, Gehaltsfindung, Stellenbewertung, Karriereplanung und so weiter, gezeigt werden. Auch wenn sie ihre expliziten Ziele verfehlen, sind sie für die betriebliche Praxis dennoch unverzichtbar. Denn die bei der Anwendung dieser Verfahren auftretenden unintendierten Wirkungen und Nebenfolgen lassen andere unausgesprochene Ziele erreichen, die für den Bestand des Unternehmens genauso wichtig sind wie die offiziellen Ziele, für deren Erfüllung solche Verfahren konstruiert werden.

Seher und Zauberer: Die Zukunft erkennen und erzwingen

In den Umkreis ritueller Praktiken gehören auch *mantische und magische Handlungen,* durch die versucht wird, die Zukunft vorherzusehen und zu beeinflussen. *Mantik* ist die Weissagung oder Vorhersage der Zukunft mit Hilfe von (Natur-)Ereignissen, dem Verhalten von Tieren (Vogelflug), anatomischen Merkmalen (Hand- oder Eingeweidelesen), zufälligen Regungen (Versprechen, Stolpern), Namen, Träumen, himmlischen Zeichen (Blitze), Sternkonstellationen. *Magie* ist die Praxis, durch bestimmte festgelegte Handlungen auf gleichnishafte Weise den Gang der Dinge beeinflussen zu wollen (Zaubersprüche, Opferhandlungen, Beschwörungen).

Angesichts der entmutigenden Ergebnisse zur Gültigkeit von *eignungsdiagnostischen Verfahren und Instrumenten,* die empirische Studien immer wieder einbringen (80'), ist es überraschend, mit welcher Zuversicht Einstellungsgespräche, Intelligenztests, Fragebögen, Fotos, Lebensläufe, Referenzen, ja sogar Handschriftproben und Geburtsdaten zur Vorhersage künftiger Eignung herangezogen werden. (Analoges kann man zu innerbetrieblichen Meinungsbefragungen oder zu Marktforschungsstudien sagen.) Dies alles gewinnt Sinn, wenn man es als Mantik versteht: Man tritt auf geheimnisvolle Weise mit jenen übernatürlichen Kräften in Kontakt, die die Zukunft bestimmen. Man ist nicht mehr länger der quälenden Unsicherheit über den Gang des Schicksals ausgesetzt, man hat es selber in die Hand genommen.

Ähnliches gilt für die Heranziehung von *Experten,* zum Beispiel berühmten Unternehmensberatern: Sie entlastet die Hilfesuchenden eigene Anstrengungen zu unternehmen und nimmt ihnen die Verantwortung für einschneidende Maßnahmen ab, wie etwa Entlassungen, Degradierungen, Umorganisation; sie belegt, daß alles getan wurde, um das vorhandene (Geheim-)Wissen zu nutzen und zeichnet die von den oder dem Experten vorgeschlagene Lösung mit einer besonderen Aura aus, so daß Kritiker entkräftet (!) werden (und dies um so mehr, je stärker das Mana des Unternehmensberaters ist; ein besonders starkes Mana scheint in Deutschland McKinsey zu haben!), manchmal stirbt der Ungläubige oder Zuwiderhandelnde geradezu den Voodoo-Tod. Besteht das Problem weiter, hat man die Möglichkeit, die Schuld beim Experten zu suchen (und von sich abzulenken) oder sich einen neuen noch besseren Zauberer zu suchen.

Von einigen Autoren wird behauptet, daß

- *Berichte und Memoranden* wenig nutzbare Informationen enthalten, sondern dazu dienen, die „Zeit anzuhalten" (Sicherheit zu suggerieren, das Gefühl der Machbarkeit zu vermitteln);
- *langfristige Planung* angesichts einer turbulenten und unberechenbaren Umwelt unmöglich ist (was durch das Scheitern praktisch aller inhaltlich festgelegten Langzeitprognosen erhärtet wird); Planung ist Selbstkommunikation, durch die man sich suggeriert, daß man dem Schicksal *nicht* ausgeliefert ist. Wie Urmenschen in ihren Höhlen das Töten der Jagdbeute und der Feinde – so wie sie es sich ersehnten – aufzeichneten, so sind Pläne wenig mehr als Wunschprojektionen, in denen erhoffte Erfolge magisch vorweggenommen werden. Außerdem steigert Planung die interne Kommunikation und erhöht die Anstrengungsbereitschaft aufgrund der Selbstverpflichtung durch Mitbeteiligung;
- *„strategische Planung"* ist zum Beispiel ein Sammelbegriff für Handlungssequenzen, die das explizite Ziel haben, die Zukunft zu gestalten. Dieses Ziel wird selten erreicht, aber allein der Akt des Planens vergewissert die Beteiligten, daß sie die ansonsten bedrohliche Zukunft kontrollieren können und fördert den intensiven Zusammenhalt; die Situationsanalyse und die Klärung des *jetzigen* Stärke-Schwächen-Profils dient als Ausweis von Handlungsfähigkeit und -willen gegenüber einer kritischen Öffentlichkeit, die kaum abschließende Kriterien hat, die Tüchtigkeit des Managements zu bewerten;
- *Kontrollen* sollen die Illusion der Beherrschbarkeit aufrechterhalten: Man hat die Geschehnisse im Griff. Das führt allzu leicht dazu, daß sich das Kontrollbedürfnis auf das leicht zu Kontrollierende verlagert (Stechuhren, Kosten, Anzahl der Kundenbesuche, Anwesenheit, Materialverbrauch); daß Zahlen „frisiert" werden, weil Kontrollen überstanden, aber nicht Ziele erreicht werden sollen; daß, weil Ergebnisse gemessen werden müssen, nur noch „meßbare" Ziele festgelegt werden, die eine Pseudosicherheit vermitteln und verhindern, daß manche Dinge besser „offen" (diskutierbar, revidierbar) bleiben sollten.

Berührungsängste: Tabus in Unternehmen

Unter Tabus versteht man Verbote (oder Meidungsgebote), die sich in Eingeborenenkulturen auf bestimmte Tiere, Orte, Speisen oder Menschen (zum Beispiel Kranke, menstruierende oder stillende Frauen) beziehen. Auch in Organisationen gibt es ungeschriebene Tabus: In Gegenwart bestimmter Personen dürfen bestimmte Themen nicht angesprochen oder bestimmte Ausdrücke nicht gebraucht werden (so darf beispielsweise Kritik an Vorgesetzten nur in kunstvoller Verkleidung – wenn überhaupt – vorgetragen werden).

In jeder Firma gibt es daher Verhaltensregeln, die der Verletzung wichtiger Tabus entgegenwirken sollen (81):

1. Nicht auffallen durch Kleidung, Sprache, demonstrativen Konsum, Auto ... Es läßt sich hier geradezu von einem „Prinzip maximaler Mittelmäßigkeit" sprechen.
2. Die gegebene Ordnung nicht stören („keinen Wirbel machen").
3. Nicht den Anschein erwecken, daß man seinen Job nicht ernstnimmt.
4. Nicht den Eindruck von Faulheit aufkommen lassen.
5. Nicht über die Firma, den Vorstand, den Unternehmenszweck witzeln oder sie lächerlich machen.

Daß hinter Tabus die Lust ihrer Übertretung steht, die durch starke Furcht gehemmt werden muß, hat schon Freud festgestellt:

Die Menschen „haben also zu ihren Tabuverboten eine *ambivalente Einstellung;* sie möchten im Unbewußten nichts lieber als sie übertreten, aber sie fürchten sich auch davor; sie fürchten sich gerade darum, weil sie es möchten, und die Furcht ist stärker als die Lust. Die Lust dazu aber ist bei jeder Einzelperson des Volkes unbewußt wie bei dem Neurotiker" (82).

Ein Beispiel für das *Faulheitstabu* findet sich bei Wallraff. Diese Episode belegt, wie eng das Verbot von „Faulheit" mit Herrschaft und Kontrolle zusammenhängt und wie sehr unter repressiven Bedingungen darauf geachtet werden muß, daß das schlechte

Beispiel nicht Schule macht: Wo kämen wir hin, wenn das alle täten?

„Wenn keine Arbeit da ist, wird welche erfunden. Meister Z. ist da sehr erfinderisch. Er hat sich dem Betriebschef gegenüber zu verantworten. Nicht, daß die Anlage läuft – das ist Sache des Betriebsingenieurs –, er muß für seine Arbeiter geradestehen. Er ist sehr unsicher. Bei Spät- oder Nachtschicht, wenn der Betriebschef zu Hause ist, drückt er schon mal ein Auge zu, wenn er einen herumsitzen sieht. Bei Frühschicht rennt er meist nervös durch die Gänge, und wenn er einen beim Nichtstun erwischt, erfindet er schnell eine Arbeit. Fegen und noch mal fegen. Es ist ihm auch gleichgültig, ob das die Nachtschicht bereits gemacht hat. Genauso gleichgültig ist es ihm, ob man die Arbeit nur vortäuscht. Es genügt, einen Besen in der Hand zu haben und ein bißchen auf der Stelle zu fegen. Er hat sich dem Betriebschef gegenüber zu verantworten. Wenn der ihm sagt, wir würden nicht genug spuren, macht uns Z. die Hölle heiß.

So neulich, als der Betriebschef den 17jährigen F. beim Pennen erwischt; er sitzt auf der obersten Stufe einer tausendstufigen Treppe, die er fegen soll, hat den Besen zwischen die Beine geklemmt, den Kopf vornüberhängen und schläft. Der Betriebschef weckt ihn nicht, beschwert sich statt dessen bei Meister Z. Dieser hat sogleich eine Spezialarbeit für F. parat. Er soll im Freien den mehrere Tonnen fassenden Kübel mit Sinter vollschaufeln. Und weil Meister Z. den Rüffel vom Betriebschef noch nicht geschluckt hat, stellt er F. ein Ultimatum: ‚Wenn der Kübel bis Schichtschluß nicht voll ist, fliegst du raus. Morgen kannst du dir dann die Papiere holen.‘

Die Arbeit ist während einer Schicht kaum zu schaffen, besonders nicht von F., der ziemlich schmächtig gebaut ist. Der Eisenkübel ist an die zwei Meter hoch, F. reicht mit ausgestrecktem Arm eben bis zum Rand. Er muß die Schaufel bis über seinen Kopf ziehen. Meister Z. kommt alle Augenblicke nach ihm sehen, damit ihm keiner hilft. F. gibt sein Bestes. Er will nicht die Papiere bekommen. Er ist noch keine drei Monate hier. Vorher war er am Bau. Die Arbeit hier ist besser. Und wenn er so oft die Arbeit wechselt, nimmt ihn so schnell kein anderer mehr. Das dreckigste ist nur, daß die Arbeit total überflüssig ist. Es ist die Arbeit des Hubladers, der jeden Abend kommt und den Kübel mit drei, vier Ladungen innerhalb von fünf Minuten bis über den Rand füllt. F. schaufelt, bis sein Hemd naß am Körper klebt. Dann zieht er sich das Hemd aus und wenig später auch das graue Unterhemd. Um 12 Uhr mittags hat er noch keine Pause gemacht, noch zwei Stunden sind es bis Schichtschluß, und der Kübel ist erst knapp über die Hälfte voll ...“ (83).

Ein anderes Beispiel sind die sogenannten *Gehaltstabus,* die vor allem bei (höheren) Angestellten verbreitet sind. Wenn – wie bei vielen Arbeitern – Leistung durch Stückzahl gemessen wird oder wenn eindeutige Eingruppierungen vorliegen (wie bei unteren Angestellten oder im öffentlichen Dienst), dann braucht man die Einkommenshöhe nicht geheimzuhalten. Anders bei den höheren Chargen bis hinauf zu den Vorständen: Hier herrscht das Tabu (trotz „Gehaltsbandbreiten" und Offenlegungspflichten). Soll der grenzenlose Neid der Zukurzgekommenen nicht geweckt werden? Soll verdrängt werden, daß das vielgepriesene Leistungsprinzip gar nicht gilt (weil man Leistung nicht eindimensional messen kann oder weil Marktüberlegungen eine Rolle spielen: für neu „eingekaufte" Mitarbeiter muß man eben mehr bezahlen als für die alten, die ohnehin nicht mehr kündigen können)? Ist die Angst zu groß, bei einem *offenen* Vergleich zu schlecht abzuschneiden und selbstschützende Illusionen aufgeben zu müssen (denn in einer kapitalistischen Gesellschaft symbolisiert der Preis den Wert)? Soll durch die Illusion, daß noch mehr Anstrengung vermutlich mit viel mehr Geld belohnt wird, die Motivation aufrechterhalten werden?

Spiele ohne Grenzen?

Rituale sind gleichförmige Handlungsabfolgen. Sie gelten in einer sozialen Gemeinschaft als angemessene Vorgehensweisen, um bestimmte Probleme zu bewältigen. Allerdings werden die behaupteten sachlichen Problemlösungen nachprüfbar *nicht* erbracht, statt dessen werden andere unverzichtbare sozioemotionale Wirkungen erzielt.

Bei der kurzen Vorstellung von Max Webers Handlungstypologie haben wir schon angemerkt, daß in wirtschaftlichen Unternehmen mehrere Handlungstypen nebeneinander existieren. Anders wären die komplexen Systemerfordernisse (Überleben, Ziele erreichen, inneren Zusammenhalt sichern, Strukturen entwickeln und weitergeben) gar nicht zu erfüllen.

Nun existiert aber noch ein weiterer Handlungstyp, der affektuelle, traditionale, zweck- und wertrationale Elemente in sich vereinigt: Spiele! Es gibt – dem Organisationspraktiker wohlbekannt – Karriere-, Planstellen-, Budget-, Kontroll-, Gehaltserhöhungs-, Konferenz-, Flirtspiele …

Solche Spiele sind charakterisiert durch ihre mehrfache Dialektik und die Symbolisierungen, die sie leisten (83'):

a) Zur Dialektik:
Spiele sind sowohl *affektuell* wie auch *rational.* Sie geben einerseits Raum für Blödeleien, Spinnereien, „nutzlose" Ausschmükkungen, Idiosynkrasien, auf der anderen Seite aber verlangen sie kluges Taktieren und zielbewußten Mitteleinsatz.

Spiele sind *traditional,* ja geradezu rituell geregelt, aber sie leben von der Überraschung, der kreativen und spontanen Ausnutzung des Spiel-Raums. So sind Spiele *zweckrationale* Veranstaltungen (es gibt ein Spielfeld, Spielregeln, Spielziele, Spielmaterial, festgelegte Rollen, einen bestimmten Einsatz), aber Spiele leben von der unerwarteten Chance, vom unökonomischen Schnörkel, von der Spielleidenschaft oder -freude, von der Beachtung ungeschriebener Gesetze.

Spiele gründen sich auf *wertrationale* Basisentscheidungen (Fairplay, Gewinnenwollen, Außerkraftsetzen des Alltags), aber ohne Kompromisse kommen sie nicht aus (so ist bei Gewinnspielen zugleich Kooperation und Konkurrenz nötig).

Die Situation wirtschaftlicher Unternehmen macht sie zu idealen Spielfeldern: Künftige Entwicklungen lassen sich nicht exakt berechnen, es kommt auf Kreativität und Innovation an, es sind viele Mit-Spieler mit unterschiedlichen Interessen beteiligt, Arbeit soll Spaß machen und nicht nur Streß und Last sein, die vorhandenen Regeln sind nie völlig erschöpfend, aktuell und eindeutig, Taktiken und Strategien sind zur Täuschung und Übervorteilung nötig.

b) Das führt zum zweiten Definitionsaspekt von Spielen, zur Symbolisierung:
In den Spielen einer Gesellschaft (und eines Unternehmens) spiegeln sich Thematik und Struktur zentraler Probleme des Systems wider, sie werden stellvertretend und verfremdet ausagiert. Spiele bieten „andere" Lösungen dafür an als die offiziell vorgesehenen. So spielen Arbeiter Geschicklichkeitsspiele, um (sich?) zu demonstrieren, daß sie gegen eine porenlose Reglementierung bestehen. Es gibt erotische Flirtspiele, um der vorgebli-

chen Nüchternheit und Sachlichkeit der offiziellen Beziehungen Lust abzugewinnen. Bei den Kontrollspielen herrscht – trotz einer Fassade der Unerbittlichkeit – ein stillschweigendes, wenngleich nicht konfliktfreies Einverständnis, daß die Kontrollierten bestimmte Normen ungeahndet verletzen dürfen, wenn sie auf anderen Gebieten (Sorgfalt, Überstunden) Entgegenkommen zeigen.

Das Karrierespiel ist ein Lieblingsthema der Management-Folklore-Literatur, in der die Lebenserfahrungen von Topmanagern und Unternehmensberatern, mündliche Überlieferungen und Kalenderweisheiten, Mythen und gutgemeinte Ratschläge unsortiert weitergegeben werden. Weitgehend einig sind sich die Praktiker mit den Wissenschaftlern (die ihre Erkenntnisse aus systematischen Befragungen von Beförderten und Übergangenen ziehen), daß es nicht nur – manche sagen: überhaupt nicht – auf „Leistung" (was immer das im konkreten Fall auch sei) ankommt. Wichtig bei diesem Spiel ist vielmehr, daß man seine Taten und vor allem sich selbst gut „verkaufen" muß („Eindrucksmanagement" ist der Fachausdruck dafür), man muß verfügbar sein (zum Beispiel bereit zu Umzügen, Stellenwechseln, oder auch schlicht: in der gegenwärtigen Verwendung nicht unentbehrlich), man muß Koalitionen kennen und selbst pflegen, Informanten besitzen und durch Gegenleistungen „warmhalten", man muß Konkurrenten entmutigen, bluffen oder auf falsche Fährten setzen und vor allem: ohne eine stabile Sponsor-Protegé-Beziehung geht nichts! Nicht zuletzt, wie bei jedem Spiel, muß man auch Glück haben: man muß im richtigen Moment – wie es bei Praktikern heißt – über den Flur gehen.

In seiner auf Tiefeninterviews gegründeten Managertypologie hat Michael Maccoby den „Gamesman" (Spielmacher) als den in den USA vorherrschenden Typ ausgemacht: In sportlicher Haltung, gewiefter Cleverneß und Härte gegen sich und andere verfolgt er nur ein Ziel: Gewinnen, Erster werden. Die Firma, das Produkt oder irgendwelche Grundwerte sind sekundär. Er ist der Profi, der auf dem Transfermarkt für eine bestimmte Summe zu haben ist und in jedem Team mitspielen kann. Es geht ihm aber nicht ums Team, sondern um den *eigenen* Erfolg!

Der Begriff „Spiele“ mag nahelegen, es handele sich um genußvoll-entspannten Zeitvertreib, so wie wir ihn als Gaudi, Jux, Scherz und so weiter im Kapitel „Humor und Witze“ beschrieben haben. Wir verwenden hier den Begriff „Spiele“ aber im Sinn der sogenannten *Transaktionsanalyse* als stets wiederholte soziale Austauschbeziehungen, die den Beteiligten zwar Nutzeffekte bringen, deren Regeln ihnen aber meist verborgen sind.

Dieses Begriffsverständnis wurde von Berne in seinem Bestseller „Spiele der Erwachsenen“ eingeführt (84). Berne popularisiert das Instanzenmodell der Psychoanalyse und überträgt es auf Sozialbeziehungen: Jeder Mensch besteht demzufolge aus drei Ich-Zuständen: dem Eltern-, Erwachsenen- und Kindheits-Ich (die grob in etwa Freuds Unterteilung in Über-Ich, Ich und Es entsprechen). Wenn nun zwei Menschen in Beziehung treten, tauschen sie Worte, Taten oder Dinge aus, sie vollziehen Transaktionen (wie man im Geschäftsleben die Übertragung von Besitztiteln nennt). Alles, was sich zwischen Menschen ab*spielt,* läßt sich als Transaktion auffassen. Berne ging nun davon aus, daß es verschiedene Arten von Transaktionen (TA) gibt: Wenn einer das bekommt, was er erwartet hat, ist das eine *Komplementär-TA* (oder Parallel-TA). Beispiele: Zwei Personen unterhalten sich sachlich über ein Problem: Austausch auf der Erwachsenenebene; oder: Ein Hilfsbedürftiger (Kind) richtet eine Bitte an einen Mächtigeren (Eltern) und bekommt sie erfüllt. Anders verhält es sich mit den sogenannten *Überkreuz-TA:* Diese Bezeichnung wird unmittelbar verständlich, wenn man sich die Beziehungsdiagramme vor Augen führt, die Berne zeichnet (siehe Abbildung auf Seite 182ff.) Zwei Personen (jeweils mit Eltern-, Erwachsenen- und Kindheits-Ichzustand) stehen sich gegenüber. Verlaufen die Beziehungen parallel, handelt es sich um Komplementär-TA, kreuzen sich die Beziehungslinien, spricht Berne von „Überkreuz-TA“, die Erwartungen werden enttäuscht, die Synchronisation ist gestört (in unserem Beispiel: Die Bitte um Versorgt- und Getröstetwerden wird nicht erfüllt, statt dessen reagiert der Adressat auf der „Erwachsenenebene“: Er regt zu eigenständiger Problemlösung an).

Eltern-Ich: befehlend, kritisierend, belehrend, fürsorglich, prinzipiell

Erwachsenen-Ich: sachlich, objektiv, realistisch, situationsangemessen, vermittelnd

Kind-Ich: kreativ, impulsiv, emotional, angepaßt oder rebellisch

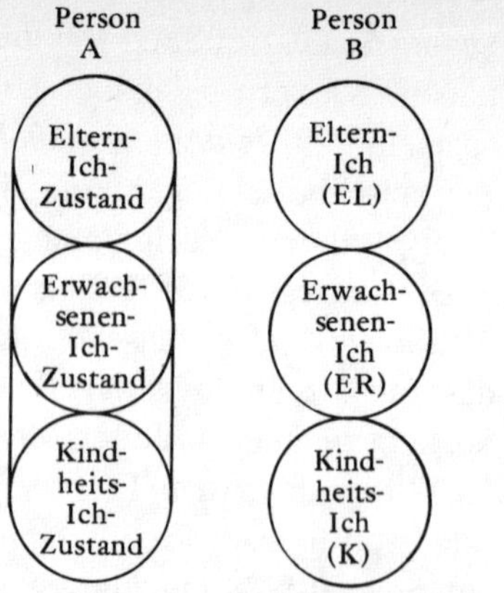

(a) *Struktur-Diagramm* (b) *Vereinfachte Form*

Komplementär- (oder Parallel-)Transaktionen

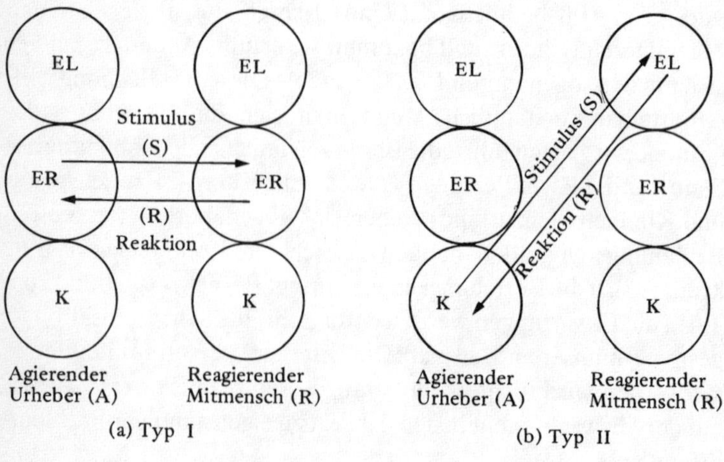

(a) Typ I (b) Typ II

Überkreuz-Transaktion

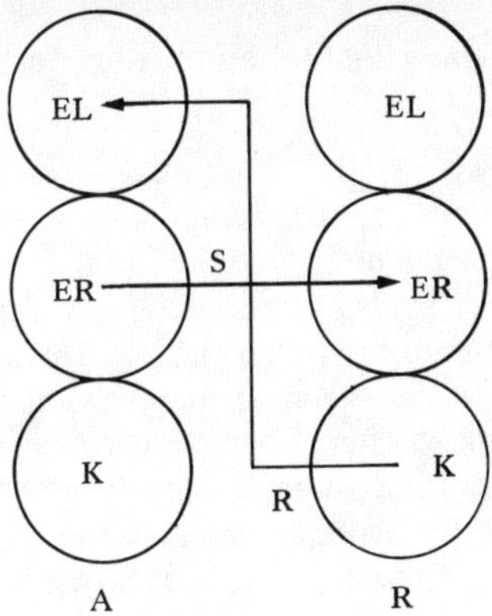

Verdeckte Transaktionen

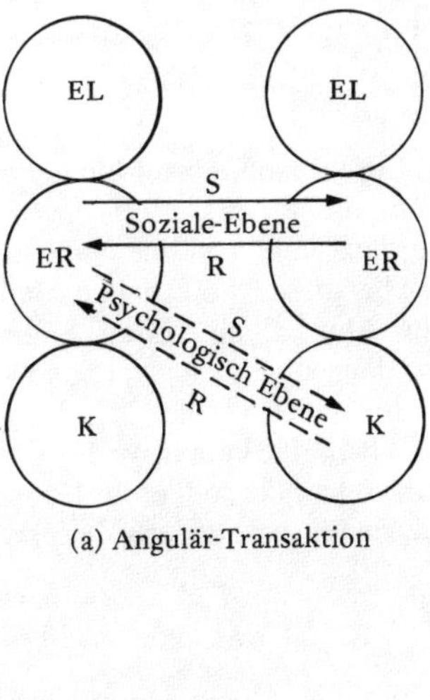

(a) Angulär-Transaktion

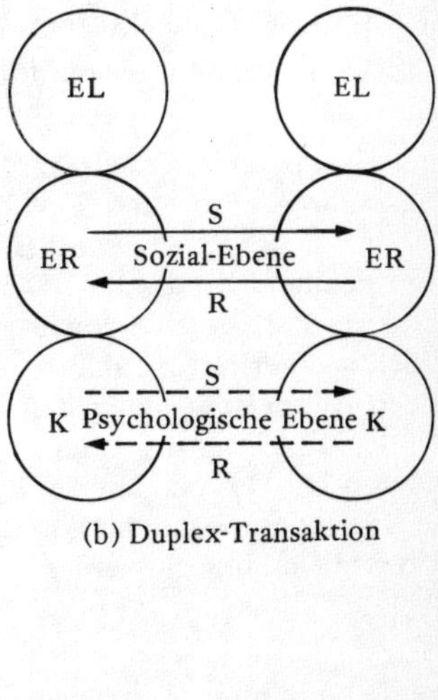

(b) Duplex-Transaktion

Eine zusätzliche Komplikation entsteht durch die sogenannten *verdeckten TA,* bei denen mehr als zwei Ich-Zustände gleichzeitig wirksam werden – und diese Kategorie bildet die Grundlage für die verschiedenen „Spiele".

Berne bringt dazu das Beispiel eines Verkäufers, der zu einer Kundin sagt:

„Dieser Apparat hier ist besser, aber den können sie sich nicht leisten."
Sie: „Genau den werde ich nehmen!"

Auf der „Sozialebene" sagt der Verkäufer scheinbar rein sachlich: „Dieser ist besser" und „Für Sie zu teuer". Rein von den Inhalten her müßte die Kundin beiden Aussagen zustimmen und sagen: „Sie haben recht!" Auf der „psychologischen Ebene" dagegen sagt er: „So etwas Schönes und Gutes bleibt für Sie immer unerreichbar, nicht wahr?" Die Kundin rebelliert gegen den arroganten Verkäufer und erfüllt sich ihre Wünsche nach Status, Anerkennung und Selbstverwöhnung: „Den nehme ich!"

Spiele in Organisationen sind nun eine Reihe von aufeinanderfolgenden Austauschbeziehungen, die auf den ersten Blick *Komplementär-TA* zu sein scheinen, aber in Wirklichkeit *verdeckte TA* sind, in denen die eigentliche Botschaft (das Thema) des Spiels steckt; diese Transaktionen werden fortgesetzt und stets wiederholt, weil sie einen psychologischen Nutzeffekt haben.

Aus seiner psychiatrischen Praxis zitiert Berne eine Vielzahl von Lebens-, Ehe-, Party-, Sex- und Doktorspielen, die er etikettiert durch die Abkürzung des Spielthemas (Beispiel: „*Je*tzt *h*ab' *i*ch *D*ich *e*ndlich, Du *S*chweinehund" ist das JEHIDES-Spiel; bei diesem Spiel geht es darum, daß zwei Partner eine genau geregelte Abmachung treffen, einer sie absichtlich verletzt, so daß der andere dann den „Schweinehund" mit seiner Aggression überziehen kann. Ein anderes Spiel ist „*Si*e *si*nd *wu*ndervoll, Herr *M*ichelmeier" – SISIWUM: Eine Person wird von einer anderen kritiklos und überschwenglich verehrt; die so Verehrte genießt die Bewunderung und merkt nicht, daß sie für ganz andere Zwecke des Verehrers mißbraucht wird).

Spiele kann man nach Berne aufbrechen oder beenden, wenn man die verdeckten Transaktionen erkennt und nicht mitspielt oder den Nutzeffekt des Spiels hintertreibt.

Es ist denkbar, den transaktionsanalytischen Ansatz zur Typisierung von Unternehmenskulturen zu nutzen, indem man etwa vorherrschende Spieltypen (wie JEHIDES, SISIWUM oder WAIM: „Warum muß das immer mir passieren") identifiziert oder indem man dominante Grundeinstellungen ermittelt. Die TA-Analyse kennt vier solcher Grundeinstellungen:

„Ich bin o. k., du bist o. k."
„Ich bin o. k., du bist nicht o. k."
„Ich bin nicht o. k., du bist o. k."
„Ich bin nicht o. k., du bist nicht o. k."

Daraus würden sich dann typische „Verfolger-Spiele" („Du bist nicht o. k. – JEHIDES) bzw. „Opfer-Spiele" („Ich bin nicht o. k." – WAIM) bzw. „Retter-Spiele" („Du bist nicht o. k." – „Ich will dir doch nur helfen") ableiten.

Wenn Unternehmen immer und nur Horte der sachrationalen Aufgabenerfüllung wären, dann dürfte es folgende mikropolitische Phänomene – die nur als kleine Auswahl zu verstehen sind – nicht geben: Schmeicheln, Fallen stellen, Show abziehen, Gerüchte verbreiten, bluffen, intrigieren, Seilschaften bilden, radfahren, anschwärzen, sich aus der Verantwortung stehlen, ausbooten, schneiden, kaltstellen.

Mitarbeiter sind außerordentlich kreativ im Erfinden von Spielen. Das geht von ganz harmlosen Schwejkismen bis hin zu sorgfältig eingefädelten Schachzügen, etwa bei der Besetzung von Vorstandspositionen oder auch kriminellen Akten (Beispiele dafür sind die „Spiele", die der Baumaschinen-Tycoon Esch und der Bankier v. Galen miteinander und mit Gläubigerbanken getrieben haben oder der berühmte Tylenol-Fall in den USA, bei dem das vielverkaufte Schmerzmittel Tylenol offensichtlich von einem Mitarbeiter im Werk vergiftet wurde, so daß Todesopfer zu beklagen waren und das Mittel zeitweilig aus dem Verkehr gezogen werden mußte). In einer Berliner Behörde hat uns ein Abteilungsleiter von dem dort entdeckten Spiel „Institution der Zweitjacke" berichtet: Mitarbeiter ließen bei beleuchtetem Zimmer und unaufgeräumtem Schreibtisch eine Jacke über dem Stuhl hängen – und gingen nach Hause. Der Vorgesetzte, der selber später kam und deshalb länger dablieb, erwartete, daß ihm seine Mitarbeiter auch um 18 Uhr noch zur Verfügung stünden – und wurde mit dem geschilderten Gegenzug konfrontiert.

In seinem bissig-ironischen Text „Regeln gegen Mitmenschen" beschreibt Chapmann eine Reihe von Manövern und „Strategemen", die im interpersonellen Bereich eingesetzt werden. „Der-Beste-soll-gewinnen" ist „das Strategem par excellence für Geschäfts-, Berufs- und Verwaltungshierarchien" (85).

Veranschaulicht wird dieses Strategem an den möglichen Schachzügen des Strategen A, der einen von seinen zwei unmittelbar unterstellten Mitarbeitern (B oder C) zu seinem Stellvertreter befördern soll. B ist ein hervorragender Mann, der mit seinen 36 Jahren dem A (der schon 53 ist) gefährlich werden kann; C dagegen ist gutes Mittelmaß.

In dieser Situation kann A unter dem lauthals verkündeten Motto „Der Beste soll gewinnen" folgendes tun:

1. *Verhindere sorgfältig jeden Kontakt zwischen B und allen Vorgesetzten, die über euch beiden stehen.* Sorge dafür, daß sein Schreibtisch am äußersten Ende des Büros steht. Delegiere ihn nicht in irgendwelche Ausschüsse, die unmittelbar mit deinen Vorgesetzten verhandeln, und laß dich nie von ihm vertreten, wenn du selbst an einer Konferenz nicht teilnehmen kannst. Schicke an seiner Stelle einen Mann vom Typ C. Sorge dafür, daß sein Name nicht auf den von ihm verfaßten Berichten erscheint. Füge seinen Verkaufs- beziehungsweise Leistungsbericht mit den Berichten anderer Männer zusammen, leite diese als Gesamtbericht der von dir geleiteten Abteilung oder Gruppe weiter, und unterzeichne mit deinem eigenen Namen. Auf diese Weise werden die Leistungen von B dir selbst gutgeschrieben ...

2. *Unterminiere sorgfältig die Position von B,* indem du gelegentliches Lob mit starker Kritik vermengst. Diese Aufgabe läßt sich etwa folgendermaßen bewältigen: a) „B ist ein tüchtiger Mann, solange er sein Alkoholproblem unter Kontrolle halten kann. Ich habe bereits mit ihm darüber gesprochen. Mir tut seine Frau Betty leid. Sie ist wirklich ein feines und liebenswertes Mädchen." b) „B könnte wirklich einer unserer besten Leute sein, wenn es nicht dauernd Schwierigkeiten mit Frauen gäbe. Er kann einfach nicht die Hände von den Mädchen im Büro und den Empfangsdamen unserer Kunden lassen. Ich habe ihm bereits ins Gewissen geredet, und ich hoffe, er gewöhnt sich das bald ab. Wissen Sie, Lucille ist seine dritte Frau." c) „B könnte zu unseren besten Kräften

gehören, wenn er nur sein Temperament besser zügeln würde", oder d) „wenn er nicht so ungewandt im Umgang mit Menschen wäre" ...

3. *Entferne B,* indem du seine Position in der Führungshierarchie streichst oder den Etat der Abteilung, in der er beschäftigt ist, kürzt. Bs Position läßt sich aus den folgenden Gründen eliminieren: aus „Wirtschaftlichkeit", infolge „sorgfältiger Kostenabwägung", infolge von „Veränderungen aufgrund einer Verlagerung der Schwerpunktbildung", „infolge einer Marktumschichtung" oder „infolge einer Neuaufteilung der Arbeitsbereiche". B erhält ein in höchsten Lobestönen gehaltenes Empfehlungsschreiben, ein breites Lächeln, ein großes Bedauern, sein Gehalt für zwei Monate und ist entlassen ...

4. *Plage und beunruhige B unaufhörlich.* Kann er zum Beispiel durchaus nicht mit Miß Pennypacker zusammenarbeiten – einer langjährigen Firmenangestellten, die aufgrund schierer Plackerei in eine Position von begrenzter Autoritätsbefugnis aufgestiegen ist –, dann bestehe darauf, daß er mit Miß Pennypacker zusammenarbeitet.

A kann B noch auf manch andere Weise drangsalieren. Er kann seine Fehler oder Mißerfolge vor dem gesamten übrigen Personal kritisieren und seine Erfolge einfach ignorieren. Er kann B die von ihm verfaßten Berichte drei- oder viermal zurückgeben, damit er sie überarbeitet und „mit der Verkaufspolitik der Firma in Einklang bringt" ...

A kann dafür sorgen, daß Bs Schreibtisch in der lautesten, zugigsten und unansehnlichsten Ecke des Raumes steht. Er kann ihm die unfähigsten Sekretärinnen geben, er kann ihm die benötigten Warenvorräte mit erheblicher Verzögerung liefern und von ihm Resultate verlangen, ohne ihm das dazu nötige Material zur Verfügung zu stellen ...

5. *Verleite B zu einem Mißgriff und entlasse ihn dann.* Ist B von cholerischem Temperament, dann sollte A rasch seine wunden Punkte ausfindig machen. Er kann ihn nun leicht soweit reizen, daß er einen Wutanfall bekommt und A attackiert oder daß er voller Zorn das Büro verläßt, und zwar möglichst in der arbeitsintensiven Zeit gegen Ende des Monats, wenn er dringend gebraucht wird. Ein oder zwei solche Ausbrüche erleichtern A die Möglichkeit, B zu feuern ...

6. *Gib B einen Arbeitsbereich, der ihn nicht besonders produktiv erscheinen läßt.* A kann ihm diejenigen Aufgaben zuweisen, an denen sich schon alle anderen vergeblich die Zähne ausgebissen haben, oder er kann ihn zu denjenigen Kunden schicken, bei denen bisher noch niemand etwas losgeworden ist. A kann ihm ein Projekt übertragen, dessen Ausführung zwei Jahre in Anspruch nehmen würde, und er kann gleichzeitig verlangen, es müsse „rechtzeitig" in sechs Monaten fertiggestellt werden ...

7. *Spiele mehrere Männer vom Typ B gegeneinander aus.* Such dir zwei ehrgeizige, eifrige Mitarbeiter heraus und gib ihnen Aufgaben mit sich wechselseitig überschneidenden Verantwortungsbereichen und rivalisierenden Rollen. Dann laß jeden von ihnen mehr oder minder deutlich spüren, daß du ihm gegenüber dem anderen den Vorzug gibst. Wenn sie nicht sehr gerissen sind, gehen sie beide in die Falle und springen sich gegenseitig an die Gurgel. Jetzt hast du leichtes Spiel und kannst beide gleichzeitig loswerden.

8. *Nutze die Schwächen von B sorgfältig, rücksichtslos und systematisch aus.* Hat er eine Schwäche für attraktive Frauen, dann gib ihm möglichst eine sexstrotzende Bürosirene als Sekretärin, und kündige ihm dann aufgrund des sich mit Sicherheit entwickelnden „Skandals". Ist seine Schwäche der Alkohol, dann schick ihn möglichst häufig zu Tagungen, bei denen mit großer Wahrscheinlichkeit viel getrunken wird.

Unternehmenskultur zum Anfassen: Mogelpackungen oder Aushängeschilder?

Kulturen existieren nicht nur in den Worten und Handlungen der Menschen, sie manifestieren sich auch in konkreten Leistungen, die Zeugnis ablegen von Wirklichkeits- und Jenseitsauffassungen, sowie Sitten, Bräuchen und Spielen. Kultur ist Entäußerung, Materialisierung, Objektivierung menschlichen Geistes: Menschen schaffen sich ihre Welt und geben im Prinzip allen Mitgliedern die Möglichkeit, sich die Leistungen anderer anzueignen und auf ihnen aufzubauen, so daß sie wegen dieser „sozialen Vererbung" nicht auf die genetisch fixierten Handlungsprogramme der Art festgelegt sind: indem Menschen ihre Welt erschaffen, formen sie alle Nach-Kommenden, die in dieser Welt leben (müssen).

So auch Unternehmen. Die konkreten organisatorischen und physischen Festlegungen werden Bedingungen des Handelns. Wie Archäologen Werkzeuge und Siedlungen benutzen, um den Stand einer vergangenen Kultur zu erschließen, so kann eine Unternehmenskultur auf der Basis von Technologie, Architektur, Organisation und Dokumenten identifiziert werden. Wir haben – aufbauend auf den Ergebnissen einer empirischen Untersuchung (86) – eine Liste von Objektivierungen zusammengestellt:

Äußeres architektonisches Erscheinungsbild

Grenzanlagen (Mauern, Zäune, elektronische Überwachung, Schranken, Tore), Vorplatz, Auffahrt, Grünflächen, Parkplätze, Parkhaus oder Einzelgaragen, Tiefgaragen, Farbgestaltung, Höhe (Stockwerkszahl), Lage (Renommee), Baujahr, kunsthistorische Bedeutung, „Stammhaus", Vereinigung oder Trennung von Verwaltung, Werk, Lager, „Kunst am Bau" ...

Innere architektonische Gestaltung

Foyer, Tische, Schalter, Glashäuser für Pförtner, Empfangsdamen, Großraumbüros, Einzelzimmer, Vorzimmer, Konferenz-, Schulungs-, Erholungs- oder Pausenräume, Art und Größe und Ausstattung der Toiletten, Waschräume, Teeküchen, Schminkräume, Kantinen (mit und ohne Bedienung), Kasinos (z. B. getrennt für Vorstände, Gäste), Raum für Feiern und größere Veranstaltungen ...

Freizeiteinrichtungen

Sportanlagen (Fußball-, Tennisplatz, Sporthallen), Werksbibliothek, Werksmuseum, Firmenorchester ..., Ferienhäuser, Erholungs- oder Kurheime, Berghütten.

Wohnungen

Werkswohnungen bzw. -siedlungen, Dienstvilla, Ledigenheim, Jugendlichenwohnheime, Gästehäuser ...

Art der Anwesenheitskontrolle

Kontrollpersonal, technische Einrichtungen (Stechuhren, EDV-Systeme), Selbstaufschreibung.

Ausstattung der Arbeitsplätze

Größe des eigenen „Territoriums", ergonomische Gestaltung (Hitze, Lärm, Beleuchtung, Staub, Schmutz, Vibrationen, Gerüche), Fensterzahl, Türschilder (Titel, Name, Funktion), Ausstattung mit (Schreib-) Tischen (Größe, Wert), Stühlen, Besucherecken, Schränken, Bildern, Plastiken, Teppichen, Vorhängen, Wandschmuck, Pflanzen (Schnittblumen, Blumenstöcke, Hydrokultur).

Konkretisierung der Arbeitsorganisation

Einzel- oder Gruppenarbeitsplätze; Fließband; Großraumbüro; Transporteinrichtungen; Lagereinrichtungen; Art, Markierung, Länge der Arbeitswege; Arbeitshaltung (sitzend, stehend, gehend) ...

Arbeitsmittel

Telefon(e), Durchsageeinrichtungen, „Piepser", Personalcomputer, elektrische Schreibmaschinen, Schreibgarnituren, Maschinen, Anlagen, Roboter ...

Mittel zur Identifizierung
- der Firma: Logo, Signet, Embleme, Fahnen (auf Gebäuden, Produkten, Fahrzeugen ...);
- der Mitarbeiter: Kleidung (Uniform), Ausweise, Visitenkarten, Briefköpfe, Fahrzeugbeschriftung.

Werbemittel mit Firmenaufdruck
T-Shirts, Mützen, Anstecknadeln, Fähnchen, Aufkleber, Kalender, Kugelschreiber, Krawatten, Feuerzeuge ...

Schriften
Jahresbericht, Firmengeschichte, Jubiläumsschriften, Werkszeitschriften, Führungsgrundsätze, Organigramm, Geschäftsverteilungsplan, Formulare, Handbücher, Firmentelefonbuch.

Materielle Zuwendungen zu einmaligen Anlässen
Freßkörbe, Blumen, Alkoholika; (goldene) Uhren, Bücher, Alben, Werkzeuge, Schallplatten; Geld, (Gold)Münzen, Sparbücher; Urkunden, Medaillen, Ehrennadeln, Widmungsfotos, Pokale, Kränze, Reisen, Darlehen, Gutscheine.

Firmenwagen bzw. -flugzeug
Beim Firmenwagen: Größe, Baujahr, Hersteller; Chauffeur.
Beim Flugzeug: eigenes Flugzeug, Flugscheine 1. Klasse;
eigene/gemietete Werksbusse; Taxidienst, Fahrbereitschaft.

Äußere Erscheinung der Mitarbeiter
Uniform, Arbeitskleidung, Straßenkleidung (gepflegt, sportlich, elegant, modern) Sakko- und Krawattenzwang, Haarschnitt und Barttracht, Schmuck bei Männern und Frauen, Parfüm, Namensschilder.

Titelhierarchie bzw. -staffelung.

Sonderveranstaltungen
Konzerte, wissenschaftliche Kongresse, (Kunst-)Ausstellungen, Kulturstiftungen, Sponsorentum (Spitzensportler, Musiker), öffentliche Werbeaktionen.

In dieser keineswegs vollständigen Aufstellung sind *äußere* Erscheinungsformen der Unternehmenskultur zusammengefaßt. Jedes einzelne dieser Artefakte erlaubt Rückschlüsse auf kulturelle Werte, Normen, Tugenden, Mythen. Wer zum Beispiel am Fließband arbeiten muß, unterliegt scheinbar einem neutralen „Sachzwang“: er muß im vorgegebenen Takt mitmachen (oder aufgeben). Die Organisationsmaßnahme „Fließband" ist aber andererseits eine Kultur-Leistung – in ihm kommt eine bestimmte „Philosophie" (oder Kultur) der Arbeit zum Ausdruck: sie ist beliebig zerstückelbar, abwechslungs- und anforderungsarm, es geht allein um Menge und Genauigkeit, nicht um Kreativität und Qualifizierung. Das Menschenbild dahinter (daß nämlich Arbeiter unfähig, kontrollbedürftig, faul, verantwortungsscheu, unersättlich seien) ist eine Kulturleistung, die mit dem Instrument Fließband genau diese Vor-Annahmen herstellt. Analoges gilt für Großraumbüros, Einzel- und Gruppenarbeitsplätze, flexible Arbeitsstrukturen, Mitbestimmungssysteme.

Von seinen Erfahrungen bei Fichtel und Sachs berichtet Wallraff:

„Selbst die Pausen sind keine Erholung. Der Lärm ist kaum gedämpft. Die Arbeiter müssen die Maschinen weiterlaufen lassen, um auf ihren Lohn zu kommen. Kaum einer leistet sich außerhalb der beiden offiziellen Pausen den Gang zur Toilette. Man muß ein Stockwerk tiefer laufen, Springer stehen keine zur Verfügung. Und die beiden Schleifstraßen solange abstellen, damit wäre die Notdurft zu teuer bezahlt – ein bis zwei Mark Lohneinbuße – wer kann sich das leisten. Für die Arbeiter gibt es drei Toiletten, ohne Brille, ohne Toilettenpapier, verdreckt. Die Meister haben 2 Extra-Klos mit Schlüssel. Auf der Tür zum Klo dritter Klasse für Ausländer steht mit Filzstift ‚Kanakenscheißhaus'. Hier ist ein Loch in den Boden eingelassen, stehend geht's noch schneller. Mit ‚Männer' und ‚Frauen' sind die Eingänge zu den Toiletten der Arbeiter beschriftet, die Angestelltentoiletten sind mit ‚Damen' und ‚Herren' klassifiziert." (87)

Auch die Architektur der Arbeit ist Kulturprodukt. Als „Kultstätten" symbolisieren Fabriken und Verwaltungsgebäude das Selbstverständnis der Kulturträger. Ebenso wie gotische Kathedralen des Mittelalters die Religiosität der Menschen und die Macht der Kirche zum Ausdruck brachten, so präsentiert sich im Hochhäuserwettkampf der Banken im Frankfurter Westend die einschüchternde Macht des Geldes als des derzeit herrschenden Gottes. Jede Vorstandsetage legt Zeugnis ab von der Verherrlichung von Macht, Größe, Erfolg, Überlegenheit.

Zwei journalistische Impressionen mögen veranschaulichen, wie sich Unternehmenskultur in äußeren Formen widerspiegelt:

Über Daimler-Benz (88):
Jeden Dienstagmorgen um neun Uhr kommen in der obersten Etage eines Stuttgarter Hochhauses acht Herren zu einer Sitzung zusammen. Die Männer, meist um die Mitte fünfzig, sind unauffällig-schlicht, aber gediegen gekleidet: weißes Hemd, gedeckter Schlips und Anzug, nichts Extravagantes, Konfektionsware gehobenen Genres. So sehen Direktoren größerer Sparkassen aus.

Der Raum, in dem sie sich treffen, wirkt ebenso bieder und solide wie die acht Männer. Wände und Decke sind mit dunklem Edelholz verkleidet, den Boden bedeckt graue Auslegware, Licht spenden in die Decke eingelassene Neonstrahler. Als Schmuck dienen zwei gemäßigt moderne Gemälde und ein altmodisches Wandmosaik. So sehen die Sitzungszimmer größerer Sparkassen aus.

Der Eindruck täuscht. Die unscheinbare Runde gilt als einer der angesehensten und einflußreichsten Managerzirkel der bundesdeutschen Industrie. Der Sitzungssaal im 14. Stock des Hochhauses im Neckartal ist die Kommandozentrale des wohl bekanntesten und erfolgreichsten deutschen Unternehmens: der Daimler-Benz AG in Stuttgart-Untertürkheim.

Über die Deutsche Bank (89):
Feudal auch geht es in den Leitständen des Unternehmens zu. In Frankfurt wurde dieses Jahr das mit 465 Millionen Mark teuerste deutsche Bankenbauwerk eingeweiht. Während die Glaspaläste von Dresdner, Commerzbank und BfG jeweils nur einen einzigen Hochhausturm vorzeigen, baute die Deutsche Bank gleich zwei, mit 38 und 40 Stockwerken – die unter Banken „Soll" und „Haben" genannt werden. Eine Finanzkathedrale, gegen die das Freiburger Münster wie ein Disneyland-Gemäuer wirkt.

So richtig schön wird es erst beim Anblick der Innereien. Sie sind, veredelt mit zeitgenössischer Kunst, von gediegenem Geschmack und folgen dem Kult der Renaissance-Fürsten, wonach Kommerz im reifen Stadium zu Kunst umschlage.

Auch beim Umbau der Düsseldorfer Zentrale, wo Christians waltet, wird der Reichtum nicht allein an der Skyline, sondern auch am inneren Prunk sichtbar. In den ehemaligen Jugendstilpalast der Mannesmann-Stahlhändler an der „Kö" investierten die Bankiers bis zur schlüsselfertigen Übergabe im Mai 1982 rund 230 Millionen Mark.

Büros und Konferenzräume strotzen von Antiquitäten, englischem Gestühl und französischen Beistelltischen, aus aller Welt kamen Lampen und Teppiche, Bilder und Plastiken alter Meister und moderner Künstler. In den Schalterräumen fühlen sich die Kunden in die goldenen zwanziger Jahre versetzt – eine Traumwelt aus Jugendstil und Art deco.

Das eigene Zimmer, auch des Unterstellten, wird auf den verschiedensten Merkmalsdimensionen eingestuft (vertikale und horizontale Entfernung von der Vorstandsetage, Größe, Ausstattung, Fensterzahl, Abschirmbarkeit), die allesamt Indikatoren der Wertschätzung sind, die der Inhaber genießt.

Daneben gibt es eine Unzahl weiterer Insignien von Macht und Status (eigener Parkplatz, Titel, Vorrechte, Kleidung, Reihenfolge der Nennung bei Protokollen, Reden, Empfängen). Sogar unauffällige Kleinigkeiten können für den Eingeweihten wichtige Informationen liefern (etwa die Anzahl der Kugelschreiber, die ein Meister in der Brusttasche stecken hat oder die Tinten- oder Kugelschreiberfarbe, mit der – tabu für andere – ein Vorgesetzter unterschreibt).

Die große Bedeutung von Statussymbolen erkennt man, wenn man davon abgeht, wirtschaftliche Unternehmen nur als Veranstaltungen zur rationalen Leistungserstellung zu sehen. Unternehmen stellen neben Diensten und Gütern auch noch Herrschaft, Sinn, Kontakt her. Diese Ziele können sich verabsolutieren, so daß leistungsirrelevante Statussymbole plötzlich zur Demonstration von Macht, Überlegenheit, Beziehungen begehrt und genutzt werden – und oft genug mit dem Leistungsziel kollidieren (das unter Umständen offene und vertrauensvolle Kommunikation, Anerkennung von Fachautorität, spontane Erledigung „niedriger" Arbeiten und so weiter voraussetzt). Wegen der universellen Existenz und dem breiten Wirkungsspektrum ist es praktisch unmöglich, Statussymbole abzubauen. Man kann die Hypothese formulieren, daß die Summe der Statussymbole immer konstant bleibt: Werden sie in einem bestimmten Bereich offiziell abgeschafft, so sprießen in gleichem Umfang an anderen Stellen und auf andere Weise – für Insider aber unübersehbar – neue Differenzierungen, die aber bloß die Funktionen der alten übernehmen, denn das Trägheitsgesetz (oder die Weisheit der Tradition) gilt auch hier. Es ist eine nicht seltene Aktivitätsdemonstration neuer Vorstände, neue Ordnungen einzurichten – was sich bei näherem Zusehen allerdings oft „nur" als eine Umverteilung von Statussymbolen entlarvt: ein relativ problemloser Pfad, sich auszuzeichnen, weil ja „in Wirklichkeit" nichts geändert wird, sondern nur neue Namen ausgegeben werden.

Praktisch alles, was wir an äußeren Erscheinungsformen der Unternehmenskultur aufgeführt haben, eignet sich als Statussymbol. Wichtig ist allein, daß Besitz oder Zuschreibung *kontrollierbar* sind, das heißt künstlich verknappt werden können *und* daß in einem bestimmten Kollektiv eine einheitliche Bewertung durchgesetzt werden kann (die roten Streifen an einer Generalshose würden zum Beispiel von bestimmten Gruppen nicht als begehrenswert, sondern als lächerlich empfunden werden).

Statussymbole erfüllen folgende wichtige Funktionen:

1. Sie zeichnen aus, sie heben einen Menschen aus der Masse heraus und befriedigen „Ich-Motive" der Selbstdarstellung, Anerkennung, Bewunderung.

„Als ich mich mit der Geschichte der Uhren zu beschäftigen begann, fragte ich mich, warum die Uhren im späten Mittelalter nicht genauer liefen, da doch die technischen Voraussetzungen recht weit gediehen waren. Da entdeckte ich auf Bildern Adelige und reiche Bürgersleute, die eine Uhr an einem Band außen an ihrem Rock trugen. Einige hatten sich sogar mit zwei Exemplaren geschmückt, laut einem Chronisten war das zweite aber nicht echt, sondern eine Attrappe. Da wurde mir klar, warum die Uhr nicht präziser gehen mußte: sie war ja nur am Rande ein Zeitmesser. Schwergewichtig war sie ein Zeichen der Wohlhabenheit und Würde, aber auch der Eitelkeit des Trägers. Ein Statussymbol! Was ist heute eine goldene Rolex mit brillantenbesetzten Ziffern am Handgelenk eines Managers?" (90).

2. Statussymbole grenzen ab: Zumindest jeder Insider weiß, mit wem er es zu tun hat. Das legt das richtige Verhalten fest und erspart unnötige Rangkämpfe.

In seinen Memoiren berichtet Kissinger über einen Konflikt zwischen ihm und Alexander Haig, als sie Präsident Nixon zu einem Gipfeltreffen in Moskau begleiteten. Es ging darum, wer den Raum beziehen sollte, der am nächsten zu Richard Nixons Zimmern im Kreml lag. Kissinger verlor und damit war nach außen hin deutlich, daß er rangmäßig unter Haig stand.

3. Statussymbole motivieren: Wenn ihre Vergabe an bestimmte Voraussetzungen geknüpft ist (Umsatz, Leistung, Loyalität),

dann werden diese Bedingungen erfüllt, um in den Genuß der begehrten Belohnung zu kommen. Vor allem aber werden die Erfolgreichsten den anderen als leuchtendes Vorbild vor Augen geführt.

Versicherungsgesellschaften versuchen ihre zum Teil gut verdienenden Außendienstmitarbeiter durch eine Vielzahl von Techniken weiter zu motivieren:

„Über diese Schwelle der finanziellen Selbstzufriedenheit muß man sie durch immaterielle Anreize hinweglocken, wie den bei Versicherungsgesellschaften immer noch beliebten ‚Millionärsklub'. Die Mitgliedschaft wird jenen Vertretern verliehen, die im Lebensversicherungs- und Leibrentengeschäft einen Jahresumsatz von mindestens einer Million Dollar erzielen. Ihre Namen kommen in goldenen Lettern auf eine Tafel im Chefbüro. Ihre Leistung wird auf goldenen Füllhaltern eingraviert, die ihnen überreicht werden. Ihr Photo wird in der Firmenzeitschrift veröffentlicht. Die Versicherungsgesellschaft Massachusetts Mutual Life ist sogar so weit gegangen, ihre Namen in einer Anzeige in Life zu veröffentlichen. Bei der nächsten Tagung des Verkaufspersonals werden sie gebeten, aufzustehen und den allgemeinen Applaus entgegenzunehmen. Man lädt sie ein, Reden vor Gruppen künftiger Verkaufsvertreter zu halten" (91).

Die Firma Wino Wilhelm Nolte in Bad Oeynhausen stuft ihre Verkäufer sogar in ein Rangsystem von 14 Bewertungen ein. Für Verkäufer, die bestimmte Umsatzleistungen beim Absatz von Wino-Aussteuerartikeln erreichen, hält der Chef Ehrennadeln in Blau, Bronze, Silber und Gold bereit. Die Goldnadel wird bei noch höheren Leistungen mit bis zu fünf Brillanten besetzt. Die Asse unter den Vertretern erhalten schließlich zur Nadel eine Spange mit Platz für weitere fünf Brillanten. Die Träger dieser fast 1000 Mark teuren Auszeichnung erhalten zudem eine Trophäe mit Marmorsockel, in den die Leistungen eingemeißelt sind.

Ähnlich motiviert werden die Verkäufer von Kobold-Staubsaugern der Vorwerk + Co Elektrowerke KG in Wuppertal. Die niedrigste Auszeichnung, die „grüne Koboldnadel", hat sich ein Reisender verdient, wenn er 100 Punkte – das entspricht dem Absatz von 100 Staubsaugern – erreicht. Bei 1000 Punkten gibt es einen Brillanten zur goldenen Koboldnadel, nach 5000 Punkten zu den fünf Brillanten einen Smaragd. Und wer 25 Jahre treppauf, treppab mit dem Kobold unter dem Arm für Vorwerk unterwegs war, erhält zur goldenen Nadel auch noch einen Lorbeerkranz (92).

Das geht etwa bei der US-Elektrofirma Kirby so weit, einen „König des Monats" zu küren. Inthronisiert wird der Meister nach einem beeindruckenden Zeremoniell.

Zunächst genießt die gesamte Außendienstmannschaft eine Laudatio auf den Starverkäufer. Dann werden mehrere Kirby-Lieder abgesungen und gemeinschaftlich gebetet. Schließlich dürfen dann die Kollegen den Ring des Königs küssen. Bei dem Spektakel hat der schlechteste Verkäufer eine giftgrüne Krawatte zu tragen.

Kirby gelang es, die Ovation noch zu steigern: Könige mit außergewöhnlichen Leistungen werden Mitglied der „Hall of Fame", einer Art Walhalla, wo ihre Konterfeis und Erfolge auf Ehrentafeln hinter schweren Vorhängen wie Reliquien aufbewahrt werden.

Nicht ganz so eindrucksvoll, aber raffinierter, stiften die Manager der amerikanischen Haushaltswarenfirma West Bend Company ihre Verkäufer zu Höchstleistungen an. Sie schenken den Ehefrauen Armreifen, die in der Art sogenannter Bettelarmbänder mit Anhängern aus Gold und Edelsteinen wertvoller gemacht werden können. Die Klunker müssen die Männer durch Spitzenverkäufe verdienen. So wird jedes Meeting zum Spießrutenlauf zwischen Firma und Frau – gehetzt von der Aufforderung goldgieriger Gemahlinnen: „Work for it, honey" (93).

4. Statussymbole verdeutlichen und strukturieren: In vielen Fällen sind Leistungen oder Beiträge nicht eindeutig sichtbar oder zurechenbar; Statussymbole markieren Entscheidungen und gültige Festlegungen. Wer drei Sterne auf der Schulterklappe hat, ist wichtiger als der mit zwei Sternen. Wer ein 30 Quadratmeter großes Zimmer hat, hat mehr zu sagen und mehr geleistet als einer mit 15 Quadratmetern.

5. Statussymbole sind Selbstkommunikation: Sie tragen zur Selbstvergewisserung bei und stiften Identität. Als normaler Bürger ist ein Vorstand (ein Oberbeamter, ein Meister) oft nicht von anderen Menschen zu unterscheiden, aber in „seiner" Firma ist er „wer", und er bekommt dies auch dauerhaft und durch die objektiven Indikatoren der Position bestätigt.

Was ist eine Ansteckнadel für 25jähriges Firmenjubiläum? Was die Nennung am Schwarzen Brett oder in der Firmenzeitschrift als „Bester Verkäufer des Monats"? Was das in einer dicken Möbelordnung garantierte Recht, bei Beförderung ein größeres Zimmer, einen besseren Schreibtisch, einen teureren Stuhl, andere Vorhänge zu beanspruchen? Was heißt es, im Großraumbüro oder in der Werkhalle direkt neben der Eingangstür oder aber im hinteren abgeschirmten Teil arbeiten zu müssen oder zu dürfen?

Der „Blaumann“ oder der Anzug mit Krawatte (beziehungsweise das Schneiderkostüm) sind Uniformen, die den sozialen Rang signalisieren. Sie informieren über Arbeitsinhalte, Bezahlungshöhe und -form, Sprache, Lebensziele. Das Territorium des Unternehmens ist markiert, die Tempelbezirke der Hohenpriester sind von den Markthallen und Werkstätten klar geschieden. Jede Person hat ihren klar definierten Ort, der festlegt, wie sie arbeiten muß oder darf, ob und wie ihre Arbeit überwacht, gemessen und bewertet wird, wieviel Freiheitsgrade sie hat, welche Fähigkeiten sie entwickeln, welche sie verkümmern lassen soll.

Die allgemeine These lautet: Jede Konkretisierung des Unternehmens (sei es ein Formular, das Logo, eine technische Anlage, die Büroausstattung, das Produkt, die Kalkulationsmethode), buchstäblich alles, was sichtbar und greifbar ist, verrät (ebenso wie die Riten) neben der instrumentellen Rationalität eine Art organisatorisches Unbewußtes, einen expressiven Gehalt, der zuweilen wichtiger ist als der sachrationale. Und die Firmen unternehmen zum Teil sehr kostspielige Anstrengungen, ein einheitliches (Selbst-)Bild der Organisation (Corporate Identity) zu schaffen und zu präsentieren.

Firmenlogos (wie zum Beispiel der Mercedes-Stern, die Quelle-Hand, das Bayer-Kreuz, der viergeteilte weiß-blaue BMW-Kreis) eignen sich als Identifikationssymbole und werden nicht selten wie *Fetische* verehrt: „Der Stern auf der Kühlerhaube ist für viele eine Art Monstranz“, „das Markenzeichen der Firma, der dreizackige Stern, ist längst so etwas wie ein nationales Ehrenzeichen geworden, zumindest ist er ein Symbol für deutsche Tüchtigkeit“ (94). Bestimmte große Gestalten („Helden“) der Firmengeschichte werden zu *Idolen* verklärt und bestimmte Produkte (bekanntestes Beispiel: der VW-Käfer) als *Totems* der Firmenidentität definiert.

„Der spätere Admiral Zumwalt setzte als Kommandeur des Zerstörers ISBELL viel daran, ein ‚besseres‘ Funkrufzeichen anstelle der bisherigen Kennung ‚Sapworth‘ zu erhalten. Nach langem Tauziehen wurde eine Änderung bewilligt: Das Rufzeichen ‚Hellcat‘ wurde ungeheuer beliebt. Offiziere und Mannschaften der ‚Arnold J. Isbell‘ trugen stolz auf Ärmeln und Mützen Aufnäher – eine schwarze Katze mit gegabeltem Schwanz, die aus dem Höllenfeuer entstieg und mit den Pfoten ein U-

Boot zerbrach. Die Auswirkungen auf die Moral waren ganz beachtlich“ (95).

Eine Hotelquittung ist ein Spesenbeleg, sonst nichts. Sonst nichts? Wer darf warum, wo und wie teuer übernachten und wer – wenn überhaupt – muß genehmigen? Nicht nur dieser, sondern alles ist Beleg für die Unternehmenskultur – und bedarf der Deutung.

5. Kapitel

Unternehmenskultur als Menschenwerk – Eine psychodynamische Analyse

Unternehmen sind nicht nur rational konstruierte Maschinen, in denen die instrumentelle Vernunft herrscht, sondern auch „organisierte Anarchien“, „Mülleimer“ oder „politische Arenen“, die „kontraintuitive“, „perverse“, „unintendierte“ Konsequenzen produzieren. Will man nicht nur das plangetreue Funktionieren, sondern auch die Störungen, Reibungen, Irrationalitäten und Innovationen erfassen, braucht man Untersuchungsansätze, die nicht von Haus aus dem Modell instrumenteller Logik verpflichtet sind. Die folgenden Überlegungen sollen zeigen, daß das, was als irrationales Systemhandeln auffällt, aus psychodynamischer Perspektive gedeutet werden kann.

Unsere Darstellung haben wir so gegliedert, daß wir von individuellen beziehungsweise intrapersonalen Überlegungen ausgehend sukzessive immer umfassendere soziale Strukturen behandeln:

Zunächst diskutieren wir individuelle Besonderheiten von Führungskräften. Ihre Persönlichkeit und ihr Einfluß auf ihre Umwelt werden auf dem Hintergrund ihrer Biografie, insbesondere der frühkindlichen Prägungen, interpretiert.

Danach werden wir als erste soziale Aggregatstufe das Zweierbündnis erörtern.

Auf dem nächsthöheren Komplexitätsniveau gehen wir auf Triaden, Koalitionen und Allianzen ein und behandeln gruppeninterne Rollenverteilungen.

Auf einer noch stärker integrierten Betrachtungsebene erörtern wir Grundannahmen, Phantasien und Mythen, die die „Gruppe-als-Ganzes“ (beziehungsweise das „Unternehmen-als-Ganzes“) zum Gegenstand haben.

Im letzten Abschnitt stellen wir das Konzept der „institutionalisierten Abwehr" vor, demzufolge die unpersönlichen Strukturen und Einrichtungen eines Unternehmens der Angstbewältigung der Mitglieder dienen.

Die Führungskraft als Schöpfer und Ausdruck der Unternehmenskultur

Erklärungsversuche dieser Richtung nehmen zumeist Freuds 1921 erschienene kurze Schrift „Massenpsychologie und Ich-Analyse" zum Ausgangspunkt. Freud geht es in dieser Arbeit um die Frage, warum Massen sich einem Führer bedingungslos unterordnen. Im Rückgriff auf eine mythologische Konstruktion gibt Freud eine Antwort: In der Urhorde besaß der Urvater alle Frauen, die er seinen Söhnen vorenthielt; schließlich revoltierten sie gegen ihn und ermordeten ihn auf kannibalische Weise. Durch diesen Akt setzten sie sich an die Stelle des Vaters, der nun gleichzeitig „in" ihnen war, womit die Brüder auch untereinander gleiche wurden (ähnlich wie sich Christen Leib und Blut Christi einverleiben, damit an Gott teilhaben und untereinander zu Brüdern und Schwestern werden).

Die mythologische Erklärung symbolisiert Freud zufolge einen Prozeß, den jeder Mensch im Verlaufe seiner Entwicklung durchmacht: Er kann seinen primären Narzißmus, seine grenzenlose Selbstliebe nur „anderen zuliebe" überwinden, indem er sich entweder mit anderen Personen *identifiziert,* das heißt ein „Objekt" (eine andere Person) in sich aufnimmt, *introjiziert,* oder indem er sein Ich-Ideal oder Teile davon durch andere (äußere Objekte) *ersetzt.* Im ersten Fall wird er wie der Führer, den er einverleibt, er *ist* der Führer; im zweiten Fall ist der Führer er, denn als äußeres „Objekt" tritt er an die Stelle des Ich.

Jaques (1) hat diesen Prozeß „Identifikation durch Projektion" genannt, weil der Geführte auf den Führer *Teile* seines Selbst projiziert, um sich dann in ihm wiederzufinden. Damit greift er zurück auf Auffassungen von Melanie Klein, die zwischen introjektiver und projektiver Identifikation unterschieden hat. In einem frühen Entwicklungsstadium *spaltet* das Kind seine ganzheitlichen Erfahrungen auf in „gute“ und „schlechte“ Objekte, die die „guten“ und „schlechten“ Aspekte des Selbst reflektieren. Auf die guten Objekte richten sich Strebungen der Zärtlichkeit, Liebe, Zuwendung; auf die schlechten Haß, Aggressivität, Zerstörungslust.

Im Rahmen sozialer Organisationen sind Führer in besonderer Weise geeignet, die Projektionen des „guten Objekts“ auf sich zu ziehen, ja zu absorbieren und die des „schlechten Objekts“ abzulenken auf Sündenböcke, Feinde, „die Aufgabe“. Ein Beispiel dafür ist der Erste Offizier auf Schiffen, der quasi kollektives Haßobjekt der Mannschaft wird (weil er für die Einhaltung der Disziplin, die Aufgabenverteilung, Maßregelung etc. zuständig ist) und damit dem Kapitän als dem „guten Objekt“ den Rücken freihält und ihn zu einer geliebten Vater- und Identifikationsfigur werden läßt (2).

Mit Hilfe der Konstruktionen von Introjektion und projektiver Identifikation wird die zunächst „unerklärliche“ Tatsache verständlich gemacht, daß Menschen sich einem anderen unterordnen, seinen Anordnungen gehorchen, ihre Individualität, zum Teil sogar ihr Leben opfern: Der Mechanismus der Verschränkung von Introjektion und Projektion läßt den Führer zum Teil des Selbst werden, er ist kein *anderer* oder äußerer, sondern das Gute, Mächtige, Richtige, Große, an dem man partizipiert, weil man es „einverleibt“ hat.

Auf diese Weise wird auch nachvollziehbar, daß einzelne „Führer“ Organisationskulturen „prägen“ können, indem sie sie zum Ausdruck bringen: auf sie werden Wünsche nach Allmacht, Unfehlbarkeit, Allwissenheit, Unsterblichkeit projiziert, in ihnen lebt und liebt der einzelne, was ihm persönlich verwehrt blieb. Die hohe emotionale Investition erfordert, daß alles Negative (die Schwäche, Kleinlichkeit, Allzumenschlichkeit des Führers) ferngehalten und ausgeblendet wird; wenn sein Versagen aber offenkundig und nicht mehr länger zu „übersehen“ ist, kehrt sich die ganze Wut der Enttäuschung gegen ihn: nicht weil er als Mensch versagt hat, sondern weil er nicht der Gott, das Ideal war, das man selbst zu sein phantasierte. Aus diesem Grund sind Führer gezwungen, durch die Produktion von Feinden und Krisen Situationen zu schaffen, in denen sie ihre Überlegenheit demonstrieren können oder in theatralischer Inszenierung der Gefolgschaft die Projektion ihrer Größensehnsucht zu ermöglichen. In ihrer auf faschistische Führer gemünzten Analyse haben Horkheimer und Adorno die Zeit von Schauspieler-Präsidenten oder Präsidenten-Schauspielern vorweggenommen:

„Die Meinung, daß die Nivellierung und Standardisierung der Menschen auf der anderen Seite eine Steigerung der Individualität in den sogenannten Führerpersönlichkeiten, ihrer Macht entsprechend, gegenüberstehe, ist irrig und selber ein Stück der Ideologie. Die faschistischen Herren von heute sind nicht sowohl Übermenschen als Funktionen ihres eigenen Reklameapparats, Schnittpunkte der identischen Reaktionsweisen Ungezählter. Wenn in der Psychologie der heutigen Massen der Führer nicht sowohl den Vater mehr darstellt als die kollektive und ins Unmäßige gesteigerte Projektion des ohnmächtigen Ichs eines jeden Einzelnen, dann entsprechen dem die Führergestalten in der Tat. Sie sehen nicht umsonst wie Friseure, Provinzschauspieler und Revolverjournalisten aus. Ein Teil ihrer moralischen Wirkung besteht gerade darin, daß sie als an sich betrachtet Ohnmächtige, die jedem anderen gleichen, stellvertretend für jene die ganze Fülle der Macht verkörpern, ohne darum selber etwas anderes zu sein als die Leerstellen, auf die gerade die Macht gefallen ist. Sie sind nicht sowohl vom Zerfall der Individualität ausgenommen, als daß die zerfallene in ihnen triumphiert und gewissermaßen für ihren Zerfall belohnt wird. Die Führer sind ganz das geworden, was sie während der ganzen bürgerlichen Ära stets ein wenig schon waren, Führer-Darsteller“ (3).

Wir werden nun im folgenden markante Persönlichkeitsstrukturen von Führungskräften beschreiben, die eine Widerspiegelung in den Unternehmenskulturen finden, die solche Führungskräfte erzeugen. Dabei werden wir uns einer psychoanalytischen Begrifflichkeit bedienen, die für den Laien zunächst befremdlich ist, weil sie Assoziationen zu krankhaften Extremen weckt (wenn wir von Schizoiden, Analen, Hysterikern und so weiter sprechen). Es geht uns jedoch um die Hervorhebung und plastische Zeichnung von *Typen.* Vorgesetzte in der Praxis sind selten reine und starke Ausprägungen *eines* Typus, sondern meist Mischtypen. Denn ein erwachsener Mensch durchläuft alle jene prägenden Entwicklungsphasen, auf die wir eingehen werden. Daß das weitere Lebensschicksal nahezu ausschließlich durch die Thematik einer einzigen Phase geprägt ist, kann als Sonderfall angesehen werden.

Jede Phase hinterläßt ihre Spuren, so daß in den meisten Fällen lediglich von der *Dominanz* (aber nicht der Alleinbestimmung) einer Entwicklungsstufe geredet werden kann. Die Grundprobleme, die in den einzelnen Phasen bewältigt werden müssen, sind zudem gesellschaftstypisch überformt. Zwar müssen bestimmte Lebensthemen in allen Gesellschaften bearbeitet werden (zum Beispiel Vertrauen, Autonomie), aber die übliche oder „normale" Umgangsweise kann sich erheblich unterscheiden (Sioux-Indianer haben andere Erziehungspraktiken als Japaner oder Westeuropäer). Für unseren Zusammenhang ist die Ausgangsthese grundlegend: Erfolg oder Scheitern (und spezifische Erfahrungen) bei der Bewältigung dieser Lebensthemen wirken charakterprägend: die damals gelernten Muster werden in späteren Lebensstationen immer wieder aktiviert und je dramatischer und traumatischer die Erfahrungen in einem bestimmten Entwicklungsabschnitt waren, desto stärker wird die *gesamte* spätere Lebensführung von *dieser* Thematik bestimmt.

In der sogenannten „oralen" Phase geht es zum Beispiel um den Lustgewinn bei und durch Nahrungsaufnahme. Allgemeiner gesagt um Grundthemen wie: Sicher Versorgtwerden, genießen können, Abhängigkeit erleben, fordern („zubeißen") lernen. Wer in dieser Phase gravierende Versagungserfahrungen machen mußte und – um zu überleben – bestimmte Reaktionsweisen gelernt hat, der wird in der Art einer Lebensleitlinie durch diese Prägungen geformt: Er bekommt nie genug, ist immer benachteiligt, darf nicht aggressiv fordern, sondern muß brav und lieb sein, wird immer verlassen ...

Um es noch einmal zu unterstreichen: Es geht nicht um Psychogramme pathologischer Fälle, wenn wir im folgenden auf dem Hintergrund der psychoanalytischen Neurosenlehre fünf Persönlichkeitsstrukturen beschreiben werden. Wir möchten durch eine solche Grobrasterung Grundtendenzen klar herausarbeiten, die im „Normal"-Fall abgeschwächt und vermischt vorhanden sind. Im Rahmen unserer Themenstellung geht es uns letztlich ja nicht um Charakterschilderungen einzelner Vorgesetzter, sondern um die Wechselbeziehungen zur Unternehmenskultur.

Zu diesem Zweck werden wir die folgende Darstellung nach einem einheitlichen Gliederungsschema gestalten:

a) Zuerst skizzieren wir die jeweils zugrundeliegende Neurosenstruktur,
b) dann beschreiben wir in typologisierender Vereinfachung Haltungen und Handlungen betrieblicher Vorgesetzter, die als Repräsentanten einer solchen Neurosenstruktur gelten können, und schließlich
c) werden wir charakteristische Merkmale der Unternehmenskultur zusammenstellen, die Vorgesetzte mit einer bestimmten Persönlichkeitsstruktur suchen, gestalten oder zum Ausdruck bringen. Wenn eine Person kraft sozialer Stellung (wie eine Führungskraft) nicht nur auf ihre Umwelt reagieren muß, sondern sie auch maßgeblich gestalten kann, dann ist anzunehmen, daß diese soziale Umwelt Merkmale der Charakterstruktur einer Person widerspiegeln wird. Unter diesem Aspekt kann man tendenziell auch von einer narzißtischen, schizoiden, depressiven, zwanghaften oder hysterischen Unternehmenskultur sprechen (4).

Neurosenstrukturen

1. a) *Narzißtische Neurose.* Sie wird auf Störungen in der Frühphase der Entwicklung von Objektbeziehungen zurückgeführt: wenn die symbiotische Mutter-Kind-Einheit nicht gewiß ist, wird es zum lebenslangen unstillbaren Anliegen, die eigene Größe und Allmacht bestätigt zu bekommen.

   Narzißten sind nach Kernberg Personen, „deren interpersonale Beziehungen durch exzessiven Selbstbezug und Selbstzentriertheit charakterisiert sind; deren Grandiosität und Überbewertung ihrer selbst mit Minderwertigkeitsgefühlen zusammengeht; die überabhängig sind von externer Bewunderung, emotional seicht, äußerst neidisch und ebenso abwertend wie ausbeuterisch in ihren Beziehungen mit anderen“ (5).

   Narzißten leben „in einer Welt voller Spiegel, die keine Fenster hat“ (6).

b) *Narzißtische Führungskräfte* können ihr unstillbares Größenselbst (vorübergehend) befriedigen, indem sie sich in der kritiklosen Bewunderung der Jasager sonnen, die sie um sich geschart haben. Ihre Grandiosität manifestiert sich in der unersättlichen Suche nach neuen Großtaten, durch die sie ihre Einmaligkeit und Überlegenheit unter Beweis stellen können (den größten Tanker, das größte Flugzeug, den höchsten Wolkenkratzer bauen, den größten Konzern schmieden, als erster oder einziger ein bestimmtes Produkt anbieten). Immer wieder finden sie Geldgeber oder Vorgesetzte, die sie für ihre faszinierenden Projekte begeistern können. Die Gier nach Bewunderung treibt sie in gewagte Abenteuer, die sie selten überstehen. Rückschläge entmutigen sie aber nur für kurze Zeit und werden nie dem eigenen Versagen zugeschrieben; bald werden neue kühne Projekte geschmiedet und immer wieder finden sie Claqueure, die ihren Größen-Wahn anstacheln.

c) *Auswirkungen auf die Unternehmenskultur:* Narzißtische Führungskräfte verbreiten um sich eine Aura von Pomp; sie pflegen den Personenkult, lassen sich als Helden feiern und nutzen jede Gelegenheit zur Macht- und Statusdemonstration.

2. a) *Schizoide Neurose.* Sie wird auf Störungen in der „intentionalen" Phase bezogen, in der die gesicherte Erfahrung von körperlicher Nähe und Wärme sowie emotionaler Intimität „Urvertrauen" und Beziehungsfähigkeit entstehen läßt. Die Versagung solcher Erfahrungen führt – damit erneuten vernichtenden Enttäuschungserfahrungen begegnet werden kann – dazu, daß alle intimen Sozialbeziehungen vorbeugend abgelehnt werden und die nüchtern-distanzierte Konzentration auf das Sachliche, Objektive im Vordergrund steht. Dabei werden nicht selten die verdrängten Wünsche nach Nähe auf die Umwelt projiziert, so daß sich der einzelne von seiner Umwelt bedrängt oder bedroht sieht (paranoides Mißtrauen).

b) *Schizoide Führungskräfte* wehren Nähe und Intimität ab, sie versuchen, alle Probleme „rein sachlich" (kühl, verstandesmäßig, objektiv, womöglich quantitativ) anzugehen. Menschliche Schicksale opfern sie dem Wohl der übergeordneten „Sache“. Sie verbreiten die Aura geschäftsmäßiger technokratischer Nüchternheit und wirken häufig im lockeren sozialen Kontakt unbeholfen und linkisch. Ihre Persönlichkeit verschanzen sie hinter ihrer Rolle, den Fakten, dem Sachzwang. Die eigene latente Aggression kehrt sich um in *paranoides* Mißtrauen, das sich in ausgeklügelten Überwachungssystemen oder in willkürlichen Anordnungen manifestieren kann, denen sich die Unterstellten fragenlos zu unterwerfen haben.

„Bei der Arbeit ist keine Beziehung persönlich so nah, daß die Linien der Autorität verwischt würden. Tatsächlich wird nichts durch Intimität oder Gefühl verwischt oder kompliziert. Geschäfte an Land zu ziehen und Gewinne machen, regelt alles. Wenn ich in dieser Firma mit jemandem spreche, bin ich Jack Higgins, der Vizepräsident, nicht Jack Higgins als Person. Ich bin eine Rolle, nicht eine Person. Es ist eine Art Theater. Wenn man seinen Text gut lernt, ist man in Ordnung.

Voriges Jahr hat die Versicherungsindustrie mir zu Ehren ein Essen gegeben. Sie haben alle Reden über mich gehalten. Aber die sind in Wirklichkeit gar nicht über mich. Sie betreffen meine Arbeit. Das ist das einzige, was man bei einem Menschen genau beurteilen und dem man Beifall zollen kann“ (7).

c) Schizoide Führungskräfte gestalten ihre *Umwelt* typischerweise durch Verfahren der Steuerung durch Zahlen, unpersönliche Kontrollen, weitreichende abstrakte Pläne, Vorlieben für Technisierung und Quantifizierung von Arbeitsabläufen (Historische Personalisierung dieser Tendenzen: F. W. Taylor und seine „Wissenschaftliche Betriebsführung“).

3. a) *Depressive Neurose.* Störungen in der oralen Phase vermitteln die Grunderfahrung, als einzelne(r) verloren zu sein und verhungern zu müssen oder die Nahrungsspender nicht verärgern oder enttäuschen zu dürfen. Depressive sind im Übermaß abhängig, anklammernd, aggressionsgehemmt; sie trauen sich nicht zu, aus eigener Kraft zu existieren und suchen Versorgung und Obhut.

b) *Depressive Vorgesetzte* widersprechen einem Managerideal, das aggressive Durchsetzung, ungebrochenes Selbstbewußtsein und Unabhängigkeit fordert. Sie fühlen sich wohl, wenn sie eine Atmosphäre väterlicher Fürsorglichkeit entfalten können und legen Wert auf ungetrübte Beziehungen. Statt autoritärer Alleinherrschaft bevorzugen sie „kooperative Führung" und „Teamwork", wo sie ihre Sehnsüchte nach Wärme, Nähe, Harmonie und Akzeptanz befriedigen und ihre Unfähigkeit verbergen können, hart durchzugreifen, allein zu entscheiden und kompromißlos zu fordern.

„Zur positiven Seite gehört der Glaube des Firmenmenschen an etwas, das außerhalb seiner Person liegt (das Unternehmen). Das kann ihm ein Gefühl der Zugehörigkeit, Bescheidenheit, Verantwortung und Loyalität geben. Zur negativen Seite gehört sein Gefühl des geringen Selbstwerts, die ständige Furcht, den Arbeitsplatz zu verlieren. Er sorgt sich immerzu: Wie mache ich mich? Falle ich zurück? Verstehe ich, was da los ist? Kann ich den Spielmachern glauben, die sich ihrer so sicher sind? Werde ich von glänzenderen Konkurrenten überholt?" (8).

c) *In der Umwelt* depressiver Vorgesetzter (im neuesten US-Slang: touchy-feely managers) findet man häufiger Strukturen kooperativer Entscheidungsfindung (Konferenzen, Teamstrukturen) und Versuche der Klimapflege (Umfragen, Feiern, ausgebaute Sozialleistungssysteme, „Politik der offenen Tür").

4. a) *Zwanghafte Neurose.* Überstrenge (oder fehlende) Forderungen in der analen Phase der Reinlichkeitserziehung können zu einer Überbetonung von Ordnung, Sauberkeit, Verläßlichkeit, Leistung führen: Alles Ungeregelte, Spontane, Impulsive, Schmutzige macht Angst und muß deshalb beseitigt oder beherrscht werden.

b) *Zwanghafte Führungskräfte* scheinen in besonderer Weise den Anforderungen bürokratischer Großorganisationen zu entsprechen: Planbarkeit, Systematik, Ordnung, Berechenbarkeit, Kontrolle, Disziplin sind die Forderungen, die sie an sich und andere stellen und nicht selten bis hin zu detaillierten Vorschriften und pedantischer Reglementierung ausbauen. Sie verwirklichen das Ideal protestantischer Ethik: innerweltliche Askese als Triebfeder des Kapitalismus, Befriedigungsaufschub, Selbstbeherrschung, unermüdlicher Leistungseinsatz als Beweis eigener Tüchtigkeit und Auserwähltheit. In der Extremform kann es zu kleinlicher Kontrollsucht, Zeitfetischismus, Paragraphenreiterei und minutiöser Verplanung von Arbeits- und Freizeit kommen.

„Einen Mythos ganz anderer Art beschwört der Inhaber der Mindener Melitta-Werke, Horst Bentz.

In der Organisationsfibel ‚Block und Blei' schreibt er, ein Frederick Taylor des Büros, den 6500 Arbeitnehmern nahezu jeden Handgriff vor. So bestimmt er etwa, wie der Tischkalender zu behandeln ist: ‚Jeden Morgen bei Beginn der Arbeit wird in der Spalte Datum der vergangene Tag kräftig diagonal von unten links nach oben rechts durchgestrichen, so daß wir immer wissen, welches Datum wir heute haben'" (9).

So mancher angestellter Manager fühlt sich (im Unterschied zu Landwirten oder Handwerkern, die ein konkretes Produkt vorweisen können) lebenslang wie ein Schuljunge, der von anderen Höhergestellten benotet wird.

„Die Rorschach-Antworten leitender Angestellter legten nahe, daß eines ihrer bedrückendsten Gefühle die Demütigung ist, für andere (von Eltern und Lehrern in der Kindheit bis zu den bewunderten Vorgesetzten bei der Arbeit) etwas erledigen zu müssen, ihnen ausgeliefert zu sein und von ihnen beurteilt zu werden" (10).

c) Die *Unternehmenskultur*, die zwanghafte Vorgesetzte schaffen oder suchen, ist gekennzeichnet durch ausgefeilte Kontrollsysteme (für Arbeitszeit, Leistung, Qualität, Verhalten), detaillierte Regelungen (in Handbüchern, Programmen, Vorschriften), Standardisierung und Stimulierung von Leistungen.

5. a) *Hysterische Neurose.* Themen der phallischen Phase sind exhibitionistischer Stolz auf die eigene Erscheinung und Aus-

stattung; die Selbstdarstellung als unversehrt, lebendig, aktiv und begehrenswert ist wichtig. Die dramatisierende Selbstpräsentation läßt Hysteriker Abwechslung und Maskierung genießen; sie scheuen Festlegung, Bindung und Verantwortung.

b) *Hysterische Vorgesetzte* sind in vieler Hinsicht Gegentypen zu den zwanghaften: Sie sind ständig auf der Suche nach Neuerungen, haben immer wieder frische Ideen, die sie genauso schnell fallen lassen wie sie sich dafür begeistern, fühlen sich durch „Ordnungen" gefesselt und gelähmt, lieben Bewegung, Hektik, Termindruck, Abwechslung. Sie präsentieren ihre Erfolge effektvoll in der Öffentlichkeit, wollen Anerkennung und Publicity. Präzise repetitive Arbeit ist ihnen ein Greuel; sie brauchen den Effekt, die Show, die eindrucksvolle Inszenierung; sie verstehen es zu inspirieren, sind aber auch unberechenbar launisch.
In der Anerkennung durch andere bewältigt der Hysteriker seine phallischen Ängste, unzulänglich und ungeachtet zu sein. Deshalb kommt es ihm auch darauf an, seine Erfolgssymbole demonstrativ zur Schau zu stellen (Luxuswagen, Titel, Teppiche, Segeljacht, Jet, Zimmergröße, Mitarbeiterzahl, Stockwerkshöhe, Rangstufe ...). Er triumphiert im phallischen Konkurrenzkampf, wenn ein anderer „den kürzeren zieht", er richtet sich auf an Potenzsymbolen, die seine Macht und seinen Status verkünden:

„Für viele Männer ist die Arbeit ihr Penis, und sie haben es dringend nötig zu zeigen, daß der ihre immer größer ist. Ein Makler meinte einmal kurz und bündig: ‚Wissen Sie, was die Börse ist? Ich will es Ihnen sagen. Sie ist ein Pimmel-Wettstreit, jawohl!'" (11).

c) *In der Umwelt* hysterischer Vorgesetzter herrscht Improvisation vor; sie hassen Systeme und verlassen sich auf Intuition. Gelegenheiten zur Selbstdarstellung werden gesucht oder hergestellt (public relations, Feste, Präsentationen), Form und „Stil" sind oft wichtiger als Inhalte.

Dyadische Konstellationen

Schizoide (oder zwanghafte, narzißtische ...) Manager sind nicht allein. Sie leben und arbeiten mit Mitarbeitern und in Strukturen, die ihre Eigenart begünstigen oder gar fordern. Im Grunde darf man deshalb nicht Personen untersuchen, sondern Dyaden oder Systeme, die Einzelpersonen prägen. Aus sozialer Perspektive sind Personen lediglich halbe Zweierbündnisse (was zum Beispiel in jenen Mythen veranschaulicht wird, die die beiden Geschlechter als auseinandergeschnittene Ganz-Menschen interpretieren).

In jeder Person ist ihr Widerpart vorweggenommen: Fürsorgliche Menschen brauchen, suchen oder erzeugen Abhängige – und dasselbe gilt im Verhältnis von Dominanten zu Unterwürfigen, Narzißten zu Bewunderern, Aggressiven zu Opfern, Ordnungsfanatikern zu Chaoten.

Solch polare Spannungen können als eine Art sozialer Kitt angesehen werden, der dafür sorgt, daß ansonsten vereinzelte Menschen aneinander gebunden werden. Am eindrucksvollsten hat dies Hegel in seiner berühmten Dialektik von Herr und Knecht dargestellt.

Das bedeutet aber auch, daß Personen durch ihre Gegen-Spieler festgelegt werden. Wie jeder Muskel seinen Antagonisten hat, so würde der Strecker „Helfer" ohne den Beuger „Hilfloser" verkümmern und nutzlos sein. Wenn man von „großen Menschen" spricht, muß man auch nach jenen kleinen Menschen suchen, die sie groß machen.

Mit dem für die Ehetherapie entwickelten Konzept der *Kollusion* charakterisiert Willi die Dynamik von dauerhaften Zweierbeziehungen. Er geht davon aus, daß eine Partnerwahl unbewußt gelenkt ist durch die „Gleichartigkeit von Grundkonflikten", so daß der eine Partner im Rahmen *desselben* Grundkonflikts die Komplementärposition des anderen einnimmt (bei einer oralen Thematik zum Beispiel übernimmt der eine die Rolle der fürsorglichen „Mutter", der andere die des hilfsbedürftigen „Kindes").

Eine *Kollusion* ist ein „uneingestandenes, voreinander verheimlichtes Zusammenspiel zweier oder mehrerer Partner aufgrund eines gleichartigen, unbewältigten Grundkonflikts".

Der eine Partner nimmt dabei regelmäßig eine „progressive" (die eigene Schwäche mit Erwachsenheitsfassade überspielende), der andere eine „regressive" (auf kindliche Verhaltensweisen zurückfallende) Position ein, die beide als neurotische Abwehrhaltungen verstanden werden müssen.

Kollusionspartner sind Antipoden, Gegenfüßler, die aufeinander stehen: einer auf *dem* anderen (auf ihm, anstatt auf dem „festen Boden der Wirklichkeit") und einer auf *den* anderen (weil er von ihm die Bestätigungen erhält, die er braucht).

„Im längeren Zusammenleben scheitert dieser kollusive Selbstheilungsversuch wegen der Wiederkehr des Verdrängten bei beiden Partnern. Die auf den Partner verlegten (delegierten oder externalisierten) Anteile kommen im eigenen Selbst wieder hoch" (12).

Vor allem durch diese These wird deutlich, daß *keine* dauerhafte Stabilisierung der Zweierbeziehung gelingt, wenn und solange nicht die uneingestandenen *individuellen* Probleme erkannt und bearbeitet werden. Der *Partner* ist ja quasi lebender Ersatz für den abgespaltenen „Schatten" der eigenen Person, in und an ihm werden die verdrängten und verleugneten Strebungen realisiert.

Als Beispiel für eine narzißtische Kollusion – aus der Perspektive des „Komplementärnarzißten" – erwähnt Willi manche Chefsekretärinnen:

„Sie sind ganz identifiziert mit ihrem Chef, den sie verehren und dessen Ruhm und Glanz sie überhöhen. Sie stellen sich ganz in seinen Dienst, fühlen sich in ihn ein und kommen jedem seiner Wünsche zuvor. Sie bilden gleichsam die Infrastruktur ihres Chefs, erledigen seine Telefonate, vereinbaren seine Termine, ordnen seine Akten, bereiten ihm Kaffee, und wenn sie einige Jahre in dieser Stellung gestanden haben, sind sie diejenigen, die alles wissen und alles kontrollieren, während ihr Chef sich ohne sie gar nicht mehr zurechtfindet. Der Chef ist zwar weiterhin der Große, aber ohne seine Sekretärin ist er nicht mehr funktionsfähig. Sie bildet nicht nur seine rechte Hand, sondern den Boden, auf dem er steht und wächst. Sie wird für ihn – gerade wegen ihrer scheinbaren Anspruchslosigkeit und Dienstbarkeit – absolut unentbehrlich. Er ist schließlich mehr auf sie angewiesen als sie auf ihn. Sie füllt ihn aus und lenkt sein Tun und Denken. Er ist zu einem Teil von ihr geworden und sie zu einem Teil von ihm" (13).

Aus den beiden Personen *Chef und Sekretärin* wird die Dyade *Chef-Sekretärin* und schließlich verinnerlicht die *Chefsekretärin* ihren Vorgesetzten.

Im unmittelbaren Umfeld von Vorgesetzten finden sich deren seitenverkehrende Spiegelbilder oder Schatten (im Jungschen Sinn gemeint als die nichtgelebten Anteile der eigenen Person). Das heimliche Zusammenspiel solcher Dyaden kann die Unternehmenskultur prägen.

Diese Phänomene werden meist als „Führungs-Dual" beschrieben und auf die Polarität „formeller – informeller Führer" (Tüchtiger – Beliebter, Aufgaben- versus Mitarbeiterorientierung) eingeengt.

Es geht um die Beobachtung, daß häufig in Ergänzung des (oder in Konkurrenz zum) sachorientierten Vorgesetzten ein anderer Mitarbeiter als „informeller Führer" die vernachlässigten Aufgaben der Beziehungspflege übernimmt. Auch der umgekehrte Fall ist natürlich denkbar: der mildväterliche Vorgesetzte hat einen leistungsbetont-aggressiven „Macher" zur Seite, der ihm die „Drecksarbeit" abnimmt. Während sich der Chef in staatsmännischer Zurückhaltung und Vornehmheit gibt und nur Segnungen verteilt, begeht getreu nach machiavellistischem Rezept der Hilfs-Führer jene Greueltaten, von denen sich die Vaterfigur fernhalten und freisprechen möchte (und sei es nur der „Greuel", den Unterstellten hohe Leistungsziele aufzuzwingen und sie konsequent zu kontrollieren).

Solche Führungs-Duale haben ein das Unternehmen charakterisierendes *Leitmotiv*. Ein Beispiel für eine orale Thematik ist Pullmann, der seinen Arbeitern in paternalistischer Manier eine eigene Stadt baute und als Gegenleistung Unterordnung und Dankbarkeit erwartete, ein anderes die anale Reglementierungs- und Kontrollsucht von Krupp (14); ebenso werden Fälle von schizoider Folie-à-deux beschrieben, jenem Irresein-zu-zweit, in dem sich die Partner in der wahnhaften Überzeugung, von außen bedroht zu werden, immer enger zusammenschließen, um ihre verdrängten Aggressionen auf „die Gegner" (das „Reich des Bösen") abzureagieren (15).

Nicht nur Personen, auch (Sub-)Gruppen können kollusionär verschränkt sein. Der Kollusionsgedanke kann ausgeweitet werden, indem *einer* Zentralperson nicht eine, sondern mehrere gleichsinnig komplementäre gegenübergestellt werden (der Narzißt hat *viele* Anbeter um sich versammelt). Man kann spekulativ sogar noch weiter gehen und „kollusionäre Kulturen" ausmachen: Bestimmte Abteilungen oder Bereiche gliedern sich Satelliten (Bremser, Kontrolleure, Spiegel ...) an, die ihnen komplementär entsprechen: Das Ressort „Forschung und Entwicklung" (als innovativ, hysterisch, aktiv) braucht zu seiner Kontrolle die „Produktion" (zwanghaft, korrekt, nüchtern, rational) oder das „Marketing" (versorgend, auf Forderungen reagierend).

Der Mechanismus, der die spezifische Partnerwahl und -formung in einer Kollusion erklärt, ist von Mentzos als *interpersonale Abwehrkonstellation* beschrieben worden (16). Anders als bei den klassischen *intra*personalen Abwehrmechanismen (wie Verdrängung, Rationalisierung, Regression) sucht und formt die Person *reale* Gegen- oder Mitspieler (und nicht bloß im Über-Ich internalisierte „Objekte" wie Vater, Gesellschaft). Diese sorgen entweder dafür, daß eigene Triebimpulse in Schach gehalten oder bestraft werden oder aber sie leben unterdrückte eigene Triebimpulse aus, so daß man daran teilhaben oder sie am anderen bekämpfen kann.

In sozialen Systemen (Ehen, Familien, Kleingruppen) werden Partner so *ausgewählt* oder so *geformt,* daß sie helfen, negative Gefühle wie Unlust, Scham, Schuld, Depression, Angst abzuwehren. Dabei trägt zur Stabilisierung von Abwehrformen bei, daß sie nicht nur Schutzfunktionen haben, sondern auch kompromißhafte oder regressive Teil-Befriedigungen bestimmter Impulse zulassen. Die Abwehr des einzelnen wird gefestigt, weil konkrete Personen in der unmittelbaren Umwelt das entsprechende Verhalten zulassen, verstärken oder erfordern.

Mentzos unterscheidet bei den interpersonalen Abwehrkonstellationen verschiedene Typen. Sie können auch für Konfigurationen in Organisationen stehen, wenn man davon ausgeht, daß in Arbeitsgruppen ebenfalls Mitglieder gezielt aufgenommen (oder ausgestoßen) und sozialisiert werden, das heißt unter anderem auch: den Bedürfnissen der anderen angepaßt beziehungsweise in deren „Abwehren" integriert werden. Mentzos unterteilt die interpersonalen Abwehrkonstellationen danach, welche Aufgabe sie speziell zu bewältigen haben; zum einen betreffen sie

a) *objektbezogene* libidinöse und/oder aggressive Triebe und zum anderen

b) *narzißtische* Konflikte.

In ähnlicher Weise unterscheidet Richter bei seiner Rollenanalyse von Familien, ob dem Kind entweder die Rolle eines Ersatzes für einen *anderen Partner* oder für einen Aspekt des *eigenen Selbst* zugewiesen wird.

a) Im ersten Fall wird der anderen Person in der Abwehrkonstellation die Rolle eines *Partnersubstitutes* zugeteilt. Erfahrungen aus einer früheren Beziehung werden auf einen Partner *übertragen* (im klassischen psychoanalytischen Sinn, also stellvertretend wiederbelebt). Beispiel: Eine Frau, die von ihrem Vater zärtliche Behütung und Verwöhnung erfuhr und infantilisiert wurde, überträgt diese Erwartung auf ihren Mann, dem sie sich damit als reife erwachsene Partnerin verweigert.

Ein Beispiel aus dem wirtschaftlichen Bereich:

„1971 ging die amerikanische Wirtschaftswissenschaftlerin Anne Jardim in einer Studie – Standardwerk tiefenpsychologischer Unternehmensanalyse – der Frage nach, weshalb Ford 1926 darauf bestand, sein Erfolgsmodell ‚T' trotz nachlassender Nachfrage in unverändert hohen Stückzahlen weiterzuproduzieren.

Die Deutung: Für Ford stellt das Modell ‚T' die Erfüllung seines Ehrgeizes dar, die Anerkennung des Vaters zu gewinnen, der ihn einst als Kind abgelehnt hatte. Die Drosselung der Produktion hätte alte Wunden aufgerissen. Rational produzierte er den Wagen, um einem dringenden Bedürfnis der Farmer abzuhelfen, irrational bedeutete die Produktion die Lösung des Konflikts mit einem ganz besonderen ‚Farmer', seinem Vater. Nachdem Ford unternehmerisch durch seine Fehlentscheidung fast gescheitert war, entwickelte er sich zum mißtrauischen, rachsüchtigen Tyrannen, der nur Jasager um sich duldete. Mitarbeiter, die seine Entscheidung nicht befürworteten, feuerte er; viele gingen von sich aus" (17).

Besonders häufig scheinen sadomasochistische Konstellationen zu sein, bei denen sich beide Partner durch ihre komplementären Erwartungen (nach Erniedrigt-, Gequält- und Beherrschtwerden beziehungsweise nach aggressiver Durchsetzung, Dominanz und Überwältigung) gegenseitig stabilisieren. Diese Konstellation ist auch bei herrschsüchtigen Vorgesetzten zu erwarten, denen „autoritäre Persönlichkeiten“ geeignete Kollusionspartner sind.

b) Bei den meisten interpersonalen Abwehrkonstellationen geht es um *narzißtische* Konflikte, bei denen die Sicherung des Selbstwertgefühls und der Prestigeerhöhung, wie auch die Vermeidung von Gefährdungen von Identität, Ich-Integrität und Ich-Grenzen im Mittelpunkt stehen. Folgende vier Typen lassen sich unterscheiden:

Rolle eines Abbildes: Dem Partner Y wird die Rolle auferlegt, als genaue Kopie das Selbstbild von X zu realisieren („Zwillingsübertragung“); durch den „Zwilling“ verspricht sich der Abwehrende eine Stärkung seiner Integrität oder Identität. Vorgesetzte suchen und schaffen sich Mitarbeiter nach ihrem Bilde; sie vervielfältigen sich in ihren Unterstellten – und stoßen deshalb nie auf Widerstand und Kritik, sondern allerorten auf Bestätigung, Zustimmung und Einklang.

Rolle des idealen Selbst: Y wird gezwungen, ein Ideal zu erfüllen, dessen Realisierung X mißlungen ist. Stellvertretend konsumiert der Partner die narzißtischen Bestätigungen des anderen. Eltern, die selbst erfolglos blieben, projizieren ihre Erwartungen auf ihre Kinder, die sie zu Musterschülern machen; Unterstellte idealisieren („vergöttern“) ihren Chef, weil er erreicht und kann, was ihnen versagt ist; sie entlasten sich dabei zugleich von eigenen Anstrengungen, weil sie die Ziele für sich unerreichbar hoch ansetzen.

Rolle des negativen Selbst: Y wird von X genötigt, diesem seine negative Seite „abzunehmen“: in einer Art Haßliebe kann man nicht vom anderen lassen, weil man ihn als „Sündenbock“ oder „schwachen Partner“ braucht, in die man seine Minderwertigkeit, Passivität oder Boshaftigkeit hinausverlagern und seine Überlegenheit lustvoll erfahren kann. Gruppen haben ihr „schwarzes Schaf“ (und Organisationen ihre „schwarze“ Abteilung); es wird benötigt, um die unbewußten Ängste vor der eigenen Unzulänglichkeit zu verleugnen und die eigene Vortrefflichkeit kontrastierend zu genießen.

Rolle des Bundesgenossen: Für seine Auseinandersetzung mit den allgegenwärtigen Feinden braucht X in Y einen verläßlichen Bündnis-Partner, der mit ihm „durch dick und dünn geht", der sich aber auch aus dieser Gemeinschaft nicht herauslösen darf: ein ausschließender, unkündbarer Bund, in dem alle Außenkontakte mit Argwohn und Eifersucht verfolgt werden.

Interpersonale Abwehrkonstellationen sind immer Leistungen konkreter Personen und an ganz spezifische geschichtliche Voraussetzungen und aktuelle Möglichkeiten gebunden. Sie können – wenn die Gruppe, in der sie entwickelt wurden, eine strategische Position innehat – als eine Art *Modell* wirken, das sich dann prägend auch auf andere Gruppen einer Organisation auswirkt. Die „folie à deux" wird dann zu einer „folie à beaucoup" oder gar „folie à tous" (18) oder zur „corporate madness" (19), zur kollektiven Verrücktheit (eine ganz neue Art, von „Organisationskultur" zu reden!). Da jede Art, eine Beziehung zu gestalten, durch Alternativen ersetzt werden kann, muß man sich fragen, ob nicht die Ausschließung von Alternativen immer schon den Keim zur Einseitigkeit (zur Monomanie) in sich trägt. Vielleicht ist gerade die Durchsetzung einer „starken" Kultur ein Zeichen dogmatischer Versteifung, die die Vielfalt und den Wechsel von Beziehungsvarianten abgetötet hat.

Dyadische Kollusionen sind dramatische Inszenierungen, bei denen die Partner nach ihren „Drehbüchern" vorhersehbar handeln und „verdeckte Transaktionen" (doppelbödige Tauschbeziehungen) ausagieren: rein äußerlich hat es den Anschein, als ob Sachprobleme bearbeitet würden (Pünktlichkeit, Ordnung, Fürsorge, Kritik, Kontrolle, Aktivität ...), aber im Grunde sucht jeder Partner den Nutzeffekt der Befriedigung „geheimer" Motive. Dabei ist jeder ein betrogener Betrüger schon allein deshalb, weil er selbst nicht erkennt, „was hier gespielt wird".

Mehrpersonen-Bündnisse

Zweierbündnisse existieren nicht im luftleeren Raum, sondern sind Abspaltungen oder Bausteine umfassenderer Strukturen. Charakteristisches Merkmal jeder größeren sozialen Einheit ist ihre innere Differenzierung (in Positionen, Funktionen, Ränge, Rollen). Damit entsteht das Problem, die stets bedrohte Balance zwischen Verselbständigung und Vereinigung des Getrennten zu bewahren: Je starrer (undurchlässiger) *oder* je verwischter (fließender) die gegenseitigen Abgrenzungen, desto geringer ist die Handlungsfähigkeit des Systems, denn Isolierte wie undifferenziert Verschmolzene können nicht sinnvoll Zusammen-Handeln. Ein Dauerproblem von Unternehmen ist es deshalb, sowohl Ganzheit oder Einheit wie auch die Eigenständigkeit der Vereinzelten (im Doppelsinn des Wortes) zu erhalten.

Es ist für eine Unternehmenskultur wichtig, wie dieses Differenzierungs-Integrations-Dilemma gelöst wird: „Kooperative Führung", „Teamwork", „Delegation", „Intergruppenarbeit" und „Organisationsentwicklung" sind Beispiele für Techniken der Grenzziehung und -überwindung. Es kann zum Beispiel für eine bestimmte Unternehmenskultur typisch sein, daß die hierarchischen oder die Intergruppengrenzen weitgehend undurchlässig sind (was für autoritäre Führung oder abgeschottete „Fürstentümer" sprechen könnte) oder daß in Arbeitsgruppen eine egalitäre Kaffeekränzchenatmosphäre herrscht, die mit Verantwortungsdiffusion, gegenseitigen Unzuständigkeitserklärungen, leistungsbremsender Kumpanei einhergehen kann.

Aus einer psychologischen Perspektive verdienen in komplexen Sozialsystemen jene Positionen besondere Aufmerksamkeit, die zugleich Mitglied von zwei oder mehr Koalitionen sind. Ein Praxisfall ist in der folgenden Abbildung veranschaulicht, bei der ein Unterstellter A (der sich mit seinem Kollegen B gut versteht), zu seinem unmittelbaren Chef C eine negative Beziehung, zu dessen Vorgesetzten D jedoch ein „positives Verhältnis" hat:

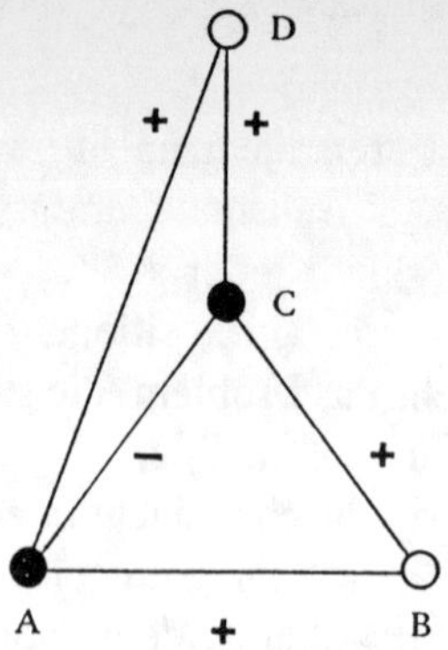

A und C sind jeweils am Knotenpunkt zweier überlappender Dreiecke oder Koalitionen (A ist sowohl Mitglied in ABC wie in ACD). Solche Situationen sind für die jeweiligen Gruppen, aber insbesondere für die „doppelgebundenen" Personen sehr belastend und veränderungsträchtig.

Es gibt in Unternehmen zahlreiche Möglichkeiten für solche strukturellen Doppelbindungssituationen. Am häufigsten diskutiert wurde in diesem Zusammenhang die Position des untersten Vorgesetzten, der im Kreuzungspunkt besonders widersprüchlicher Interessen steht, dieser Situation aber nicht ausweichen und sie nachhaltig auch nicht ändern, ja sogar meist nicht einmal thematisieren kann: Er muß beispielsweise Unterstellte als Dinge (Kostenfaktoren, Plangrößen) *und* Menschen betrachten, er muß für Bewahrung *und* Veränderung der gegebenen Ordnung sorgen, er muß „seine" Leute gleich behandeln *und* auf die jeweiligen Stärken und Schwächen Rücksicht nehmen (20).

Die klassische Organisationstheorie (21) suchte diese Überschneidungen mit Hilfe ihrer „Organisationsprinzipien" zu vermeiden („Einheit der Auftragserteilung", „Einheit der Leitung", „Ordnung", „Hierarchie", „Zentralisierung").

Je komplexer und instabiler jedoch die äußere Umwelt und die interne Aufgabenstellung, desto variabler müssen auch die sozialen Beziehungen in Organisationen sein. Es charakterisiert die Unternehmenskultur, wie sie mit der „eingebauten" unausweichlichen Konflikthaftigkeit in den strategisch wichtigen Positionen umgeht: Sie kann verleugnet werden („Wir sind eine große

Familie"), personalisiert werden (Auswahl streßstabiler Vorgesetzter, Schulung in Streßmanagement), partiell in spezifischen Einrichtungen aufgefangen werden (Betriebsrat, Beschwerdewesen, Laufbahnsysteme), nach außen verlagert werden („aggressive" Marktbearbeitung), durch Sozialtechnologie abgepuffert werden (Personal-, Team-, Organisationsentwicklung).

Im Zusammenhang mit dem Thema der Spaltung und Verschmelzung steht auch noch das Problem der Rollendifferenzierung. Aus organisationstheoretischer Perspektive spiegelt sich in der Rollenverteilung lediglich die Notwendigkeit wider, sich zur Erfüllung bestimmter Aufgaben zu spezialisieren. Aus (inter-)personaler Sicht wird dem entgegengehalten, daß die Zusammenarbeit in Organisationen komplexe Situationen schafft, in denen aggressive und libidinöse Impulse freigesetzt und abgewehrt, Übertragungsbeziehungen aktiviert, Angstpotentiale beherrscht werden. Dabei wird unterstellt, daß es nicht Zufall ist, welche Rolle jemand zu spielen hat, sondern daß Gruppenmitglieder versuchen, abgespaltene Teile ihres Selbst an andere zu delegieren (bestimmte Leute müssen die Rolle des Sündenbocks, des Gruppenclowns, des Helfers und Trösters übernehmen); es scheint eine Art „Rollensog" zu geben, der bestimmte Persönlichkeitstypen in die von der Gruppe bereitgehaltenen Leerstellen zwingt. Jede Rolle in einer Gruppe beleuchtet somit einen aktuellen Spannungszustand der Gruppe und wird (unbewußt) von allen Mitgliedern getragen, weil jede Rolle als eine Art Behältnis fungiert, in dem die vom einzelnen abgespaltenen Triebwünsche und Ängste untergebracht werden können.

Aus dem Blickwinkel von Unternehmenskultur läßt sich deshalb die folgende These formulieren: Auffällige Rollenverkörperungen (wenn es bestimmten Leuten „zufällt", die Wünsche der Gruppe nach Aggression, Abhängigkeit, Emotionalität, Aktivität zu übernehmen) sind ein Indiz dafür, daß es *nicht* gelungen ist, die jeweiligen Themen in jedes Mitglied selbst zu integrieren: Es müssen dafür eigene „Spezialisten" ernannt werden (so etwa die in der Führungsforschung beliebten Rollen des „Aufgabenspezialisten" und des „sozioemotionalen Spezialisten", auf die ja oben schon bei den Führungsdualen hingewiesen wurde).

Organisation als Ganzes

Organisationen bestehen zwar aus Individuen und Zwei- oder Mehrpersonenbündnissen – aber diese sind lediglich notwendige Bedingungen. Entscheidend ist, wie diese Elemente miteinander in Beziehung stehen – also die Strukturen, Spiele und Programme, die das Mit- und Gegeneinanderhandeln steuern. Wenn vieldeutig davon die Rede ist, daß Gruppen und Organisationen mehr als die Summe ihrer Teile sind, dann ist damit auch gemeint, daß es bei Mitgliedern (und Außenstehenden) eine übereinstimmende *Vorstellung* von der „Organisation-als-Ganzes" gibt. Es besteht offensichtlich eine Tendenz, die soziale Einheit, der man sich zugehörig fühlt, als eine konkrete „Gestalt" zu symbolisieren, wobei bestimmte Identitätsaufhänger benutzt werden (Gebäude, Führungspersonen, Produkte, Logos). Diese gleichartigen Auffassungen über die Organisation spiegeln und schaffen eine geglaubte Wirklichkeit, die in konkrete Aktionen münden kann.

Zur Analyse des Organisationsbildes (Image, Corporate Identity) ist ein Ansatz von W. Bion nützlich, den er – als englischer Armeepsychiater – bei der gruppenpsychotherapeutischen Arbeit mit erkrankten Soldaten entwickelt hat. Er machte dabei die „Gruppe-als-Ganzes" zum Patienten und richtete alle psychoanalytischen Deutungen an das Kollektiv, nicht an einzelne Personen. Dabei fand er in seinen Therapiegruppen regelmäßig Phasen oder Konstellationen, die ihn zu der Annahme verleiteten, die Gruppe verhalte sich so, *als ob* sie gemeinsame „Grundannahmen" teilte. Folgende Grundannahmen fand Bion immer wieder:

Grundannahme: „Abhängigkeit"

Die Gruppenmitglieder liefern sich passiv dem „Führer" aus, von dem sie Fürsorge, Unterstützung und Schutz erwarten, so als ob sie unreif, unwissend und unfähig wären. Im blinden Vertrauen auf seine Überlegenheit, seine Allmacht, sein Wissen unterwerfen sie sich ihm (oder einer vergötterten Idee oder einem Objekt, wie zum Beispiel einer „Heiligen Schrift", die die Vergangenheit der Gruppe zelebriert). Eigene Initiativen, Kritik, Zweifel, Rivalität sind undenkbar. Infantilisiert erwarten sie Hilfe, Trost, Bevormundung.

Grundannahme: „Kampf/Flucht"

Gruppen, in denen diese basale Annahme vorherrscht, sind durch starke innere Polarisierung und Spannung charakterisiert. Es herrscht ein hohes Maß an Aggression gegen innere und äußere „Gegner", es kommt zu Rebellionen oder zum Rückzug (zur „Flucht") vor Auseinandersetzungen. Die Gruppenatmosphäre scheint geprägt durch das kollektive Einverständnis, daß man auf der Hut sein und sich wehren müsse, daß einem nur die Wahl bleibe zu kämpfen oder zu flüchten. Vom Führer werden entsprechende Befehle erwartet und akzeptiert: Er muß die Gruppen zu beständiger Aktion antreiben und anführen.

Grundannahme: „Paarung"

In Gruppen dieser Prägung gibt es eine unausgesprochene Phantasie, daß die endgültige Rettung der Gruppe bevorsteht, daß eine Art Messias zu erwarten sei, der aus der Vereinigung von zwei Gruppenmitgliedern entstehen könnte. Dieser Heiland (der nie geboren wird!) würde wundertätig und anstrengungslos alle Bürden und Belastungen von der Gruppe nehmen, die dann harmonisch und glücklich leben könnte.

Bemerkenswert an Bions Auffassung ist, daß er davon ausgeht, daß jede Arbeitsgruppe zur „basalen Annahmengruppe" regredieren kann, wenn die äußeren Stabilisierungen der Arbeitsgruppe wegfallen (konkrete Aufgabe, Auseinandersetzung mit der Umwelt, definierte Ergebnisse, klare interne Sozialstruktur und Rollenverteilung, gemeinsame Geschichte und Zukunft und so weiter). Diese Gruppen funktionieren wie geschlossene Systeme: sie beschäftigen sich nur mit sich selbst.

Die Nüchternheit und Rationalität von Arbeitsgruppen ist demnach Fassade: sie kann nur aufrechterhalten werden, wenn und solange die Gruppe sich nicht mit sich selbst beschäftigt. Das wirft auch ein neues Licht auf die Tendenzen in der Führungstheorie, „Aufgabenorientierung" zu betonen: sie muß exzessive „Mitarbeiterorientierung" in Schach halten.

Daß phantasierte Gruppenzustände nicht auf Therapie- und Selbst-Erfahrungs-Gruppen beschränkt sind, ist im Rahmen familientherapeutischer Überlegungen gezeigt worden, in denen von der Existenz von „Familienmythen" ausgegangen wird.

Familienmythen dienen nach Stierlin „... dem Zweck, die schmerzliche und komplexe Realität dessen, was die Mitglieder *tatsächlich* taten und immer noch tun und voneinander dachten und immer noch denken, zu verheimlichen und zu verleugnen" (22).

Harmonie-Mythen entwerfen ein rosiges Bild der früheren und jetzigen Familienbeziehungen – allen deutlichen Eindrücken zum Trotz, die ein unbefangener Beobachter erhält.

Bei den *Ent-Schuldungs-Mythen* wird übereinstimmend eine bestimmte tote oder lebende, der Familie angehörige oder außenstehende Person als Ursache allen Unglücks und Elends identifiziert (zum Beispiel: Der Alkoholiker-Vater, der die Familie verlassen hat, ist an allem schuld). Ihm wird es „delegiert", die „enteignete" Schlechtigkeit oder Verrücktheit der Familie verschuldet zu haben, so daß sich die Familie selbst von allem Übel freispricht.

Die *Heils- oder Errettungs-Mythen* entwerfen Paradiesutopien, zum Beispiel das plötzliche Erscheinen eines reichen, starken, guten Verwandten oder Freundes: Durch eine glückliche Fügung finden alle Übelstände ein Ende und die Familie lebt auf wundersame Weise in Harmonie und Glück.

„Kurz: Mythen scheinen die gegenseitigen Verwurzelungen und Verwicklungen der Familienmitglieder zu schützen. Anstatt Fenster zu sein, durch die ein Therapeut aufs Familien-Innenleben blicken kann, sind sie eher wie bemalte Wände um Getto-Bauten; während sie ihn sicher draußen halten, lenken sie den Betrachter ab und/oder amüsieren ihn" (23).

Bei der Analyse von Unternehmenskultur fällt die Verbindungslinie zu Grundannahmen und Gruppenmythen auf – vor allem dann, wenn sich Arbeitsgruppen in einer Verfassung befinden, die dem Grundannahmenmodus ähnelt (Krisen, Wandel, Streß, Unklarheit in Aufgaben und Zeitperspektive). Es kann zum Beispiel sein, daß die Kampf-Flucht-Annahme für eine Gruppe gilt, der die Entwicklung einer stabilen und akzeptablen Rollenverteilung (vor allem auch die Regelung der Beziehungen zur Autorität) noch nicht gelungen ist. Oder: Eine Abhängigkeitsgruppe unterwirft sich gläubig und vertrauensvoll einer starken

Person, um durch sie Schutz und Führung zu erfahren (und sich den Mühen eigenständiger Behauptung zu entziehen).

Organisationen und Gruppen präsentieren möglicherweise nach außen den Mythos der Harmonie (Wir sitzen alle in einem Boot; wir sind eine glückliche große Familie) und unterdrücken damit Spannung und Konflikte, die zwar aktuell schmerzlich, langfristig zur Weiterentwicklung aber unvermeidlich sind. Auf interne und externe Sündenböcke wird die Schuld für alle Mißerfolge und Probleme delegiert: so sind dann zum Beispiel ein früheres Vorstandsmitglied, ein nonkonformer Mitarbeiter, die Gewerkschaften oder der Dollarverfall an allen Rückschlägen schuld – was den Vorteil hat, daß man nicht in den eigenen Reihen nach Mängeln suchen und schmerzhafte Veränderungen vornehmen muß. Auch Messiasmythen können Veränderungsbemühungen lähmen: es wird erwartet, daß sich ohne eigene Anstrengung und ohne Auseinander(!)setzung die gegenwärtige unerfreuliche Situation auf wunderbare Weise zum Besten wenden wird (etwa die Anklammerung an die Idee der rettenden Erfindung, des bevorstehenden Konjunkturaufschwungs, des sich ankündigenden großen Markterfolgs).

Gerade große und erfolgreiche Organisationen (Unternehmen, Parteien, Kirchen, Staaten) phantasieren sich als omnipotent, unfehlbar und unsterblich. Der kompensatorische Charakter dieses Größen-Wahns wird daran deutlich, daß auf Kritik und Widerstand unverhältnismäßig reagiert wird, gleichsam als ob die Angst vor der eigenen Endlichkeit und Unvollkommenheit mit allen Mitteln latent gehalten werden müßte. Solche Organisationen isolieren sich von der Realität und nähern sich dem Grundannahmenmodus: sie beweihräuchern sich und beauftragen sich selbst mit der Mission, die marode übrige Welt an ihrem Wesen zwangsweise genesen zu lassen.

Unternehmenskultur als „institutionalisierte Abwehr"

Interpersonale Abwehrkonstellationen sind an *bestimmte* Personen und ihre Schicksale gebunden. Es bietet sich an, die Suche noch weiter auszudehnen und sich zu fragen, ob es nicht auch noch übergreifende, kollektive Abwehrstrukturen gibt, die quasi als universelles soziales Erbe eines ganzen Kulturkreises anzusehen sind. Abwehr hätte sich dann nicht in bedingten Konfigurationen von unmittelbar aufeinander bezogenen Personen verwirklicht, sondern in den Strukturen und Institutionen, die ihre (Inter-) Aktionen lenken.

Die Hypothese, daß Institutionen und Strukturen als Abwehr zu sehen sind, erfordert, daß man sich klar wird darüber, *was* durch sie abgewehrt wird und *welche* Institutionen und Strukturen für bestimmte Kulturkreise typisch sind.

Um mit dem zweiten Problem zu beginnen: Das methodische Vorgehen, um auf diese Frage eine Antwort zu finden, ist, intra- oder interkulturelle Vergleiche durchzuführen. Konkret heißt das: Welche Institutionen und Strukturen finden sich

a) in allen Organisationen *eines* Kulturkreises, nicht aber in denen anderer;
b) in einigen Organisationen eines Kulturkreises, nicht aber in allen;
c) in einigen Subgruppen einer Organisation, nicht aber in allen?

Einige Beispiele:
Zu a) Im Unterschied zu unserer entwickelten Gesellschaft gibt es in „primitiven" Kulturen keine Verrechtlichung der sozialen Beziehungen, keine Ausdifferenzierung verschiedener Kulturbereiche als eigene Systeme (Wirtschaft, Kunst, Religion, Wissenschaft und so weiter), keine Trennung von Arbeit und Privatleben.

Zu b) Am krassen Beispiel der sogenannten „Alternativen Betriebe" kann man aufzeigen, daß es Versuche gibt, Unternehmen ohne „Chef" und Hierarchie, mit gleichem Lohn für alle, mit Entlassungstabu, mit Kollektivbesitz der Firma, ohne Trennung von Arbeit und Privatleben, mit Vorrang der Beziehung vor der Arbeit zu betreiben. Was hier sozusagen als kompaktes Paket verwirklicht wird, kann auch aufgeschnürt gesehen werden: immer wieder versuchen Firmen neue Verfahren der Vermögensbeteiligung, des Herrschaftsabbaus, der Arbeitsbereicherung und vieles mehr und stellen damit traditionelle Einrichtungen in Frage.

Zu c) Gelten zum Beispiel für die unteren hierarchischen Ebenen eines Unternehmens andere Regeln und Strukturen als für die Führungsspitze? Finden sich in verschiedenen funktionalen Bereichen (wie Produktion, Forschung, Vertrieb) jeweils andere Strukturen und Institutionen, weil eben in diesen verschiedenen Feldern auch unterschiedliche Aufgaben zu lösen sind?

Man kann – und dies ist die vorherrschende Art – die skizzierten Unterschiede erklären durch „funktionale Erfordernisse", „Sachgesetzlichkeiten", zum Beispiel, daß Größenwachstum und Wissensakkumulation Spezialisierung nach sich ziehen und diese wiederum Koordinationsprobleme, die durch (spezialisierte) Lenkungsinstanzen gelöst werden; daß die marktwirtschaftliche Konkurrenz nur solche Unternehmen überleben läßt, die marktorientiert und kostengünstig produzieren; daß in einer Forschungsabteilung innovative Aufgaben bewältigt werden müssen, in einer Produktionsabteilung dagegen repetitive, so daß jeweils ganz andere Steuerungsgesetze optimal sind.

Die Berechtigung einer solchen Argumentation soll hier nicht angezweifelt werden; es soll lediglich dafür plädiert werden, *zusätzliche* oder *alternative* Erklärungsmuster zuzulassen, auch wenn sie in hohem Maße spekulativ sind. Der Sinn solcher Spekulationen liegt darin, überkommene Denkgewohnheiten aufzubrechen und die *vorherrschende* Gestaltungsform nicht zur *allein möglichen* zu deklarieren – weil es ja in und zwischen Kulturen tatsächlich verschiedene Lösungsmuster für die gleichen Probleme gibt. *Eine* solche alternative Erklärung interpretiert soziale Strukturen und Institutionen als kollektive stabilisierte Abwehr von Angst.

Damit ist auf die oben genannte erste Frage zurückzukommen: Welche Ängste werden abgewehrt?

Im folgenden soll versucht werden, die unendliche Vielzahl von Angstanlässen und -inhalten auf einige Grundtypen zurückzuführen, die sich an Phaseneinteilungen der Psychoanalyse anlehnen.

Auf die *frühe Phase der Objektentwicklung* werden folgende Ängste zurückgeführt:

- die Angst vor Lebensverlust (Vernichtung, Tod),
- die Angst vor Fusion (Verschmelzung, Objektverlust) und
- die Angst vor Liebes- oder Bindungsverlust (wegen zu starker Trennung, Differenzierung und Individuation).

In der *prägentitalen Phase* lassen sich

- die (orale) Angst vor dem Verlust von Hilfe, Schutz, Fürsorge,
- die (anale) Angst vor dem Verlust von Eigen-Bestimmung, Eigentum und Eigenleistung(sfähigkeit); vor Kontrollverlust,
- die (phallische) Angst vor dem Verlust von Unversehrtheit, Potenz und Achtung

unterscheiden.

In der *genitalen Phase* schließlich sind die dominanten Angstthemen

- die Angst vor dem Verlust der Generativität (der *gemeinsamen* Schöpfung, der Integration von Liebe und Aggressivität gegenüber anderen),
- die Angst vor Schuld (der Verletzung von Gesetzen, Werten, Normen aufgrund individuellen und kollektiven Handelns),
- die Angst vor Sinnverlust (Leere, Nichtigkeit, Fragmentierung, Gestaltlosigkeit des eigenen oder gemeinsamen Lebensentwurfs). Szasz nennt dies – in Kontrast zum „Objektverlust" – den „Spielverlust", weil man nicht mehr weiß, „was hier eigentlich gespielt wird" – wie eigene und fremde Handlungen ablaufen und zusammenhängen.

Auf Seite 227f. sind spekulativ organisationskulturelle Elemente zusammengestellt, die den einzelnen dabei unterstützen, seine Ängste abzuwehren oder zu bewältigen.

Unternehmen unterscheiden sich in dem, *was* sie verdrängen und *wie* (mit welchen Methoden) sie verdrängen. Gemeinsam ist ihnen, daß sie eine breite Palette von Angstbewältigungsmechanismen sozusagen „von der Stange" anbieten und dem einzelnen die Auswahl lassen: so kann jeder quasi durch Versuch und Irrtum oder durch bewußte Karriereplanung seine Nische finden. Möglicherweise üben bestimmte Abteilungen einen „Sog" auf Personen aus, denen sie passende Problemlösungsmuster anbieten (die Personalabteilung den Depressiven, die Marketingabteilung den

Hysterisch-aggressiven, das Rechnungswesen den Zwanghaften und so weiter). Andererseits darf aber nicht übersehen werden, daß die „Konfektioniertheit“ der institutionalisierten Abwehr große Probleme schaffen kann für diejenigen, denen die bereitgehaltenen oder gar aufgezwungenen Muster nicht passen: Wenn ein Paranoider zum Chef eines Werbeteams gemacht wird oder ein gewiefter Außendienstmann als strategischer Planer in der Zentrale eingesetzt werden soll, kann diese Veränderung der Strukturbedingungen der Arbeit die zuvor „angepaßte“ Person mit bisher sorgsam vermiedenen Ängsten und Defiziten konfrontieren. Die Anwendung der alten bewährten Bewältigungstechniken führt dann zum Desaster.

Wie individuelle Ängste institutionell abgewehrt werden

Angst vor:	*Abwehr durch:*
... Tod, vernichtender Aggression	Darstellung der Unternehmung als unsterblich; Identifikation mit dem unvergänglichen Werk/Produkt/Leistung, Corporate Identity.
... Verschmelzung, Fusion, Chaos, Objektverlust	Formalisierung (detaillierte schriftliche Regelungen zur Arbeitsausführung, zu Kompetenzen, Rechten, Mitteln ...), Einhaltung des Dienstweges, Kontrollen, Objektivierung, Zerstückelung der Arbeit und der Beziehungen; Rollendifferenzierung, Sachzwänge, Technisierung, Taylorisierung, Rationalisierung; Verrechtlichung; Trennung von „Arbeit“ und „Leben“.
... Liebesverlust, Trennung, Individuation	Gruppenarbeit, kooperative Führung, Beziehungs- und Klimapflege (Feiern, Jubiläen, Ehrungen), Gleichschaltung, Uniformierung.
... Verlassenwerden, Hilflosigkeit, Schutzlosigkeit	Hierarchische Führung, Patriarchalismus/Paternalismus; Sozialleistungen, Infantilisierung durch detaillierte Regeln, Human Relations, Betriebspsychologie, Automatisierung, Schutzrechte.

Angst vor:	*Abwehr durch:*
... Verlust von Eigenständigkeit, Eigentum, Ordnung	Delegation von Aufgabenbereichen; Individualisierung der Arbeit und Entlohnung; Leistungsprinzip; Betonung von Sauberkeit, Pünktlichkeit, Ordnung, Gehorsam; Management by Objectives; rationelle Arbeitstechniken.
... Verlust von Unversehrtheit, Potenz, sozialer Achtung; dem Versagen	Anerkennung; Statussymbole; Bestätigungen (Urkunden, Zeugnisse); Selbstverstärkung durch Training und Beratung; Personenkult, Heldenverehrung; Show, Vertuschung von Fehlern; Identifikation mit den Unternehmen oder ihren Führern; Wellneß- und Fitneßprogramm.
... Verlust schöpferischer gemeinsamer Leistungsfähigkeit, Produktivität	Schulung, Teamwork, Mitbestimmung, Intrapreneurship, Innovation, Organisationsentwicklung.
... Schuld	Appell an gemeinsame Verantwortung und Sachzwänge; Gruppenentscheidungen; Hinzuziehung von Beratern, Stäben, Experten.
... Sinn und Spielverlust	Führungsphilosophien; Public Relations; Mitbestimmung, Humanisierung der Arbeit (quality of working life).

Als ein konkretes Beispiel für institutionalisierte Abwehr soll eine Studie von Isabel Menzies vorgestellt werden. Sie untersuchte die Situation des Pflegepersonals (etwa 700 Personen) in einem Londoner Allgemeinkrankenhaus (24):

„Die bei Schwestern mit Wahrscheinlichkeit streßerzeugenden Situationen sind bekannt, Krankenschwestern sind ständig mit Menschen zusammen, die oft ernste körperliche Krankheiten oder Verletzungen haben. Die Wiederherstellung der Gesundheit ist nicht sicher und wird nicht immer vollständig sein. Die Pflege unheilbar Kranker ist für die Schwester eine der quälendsten Aufgaben. Die Schwestern sind mit der Bedrohung und der Realität von Leiden und Tod konfrontiert, wie nur wenige Laien. Ihre Arbeit bringt die Durchführung von Aufgaben mit sich, die, an gewöhnlichen Maßstäben gemessen, Ekel, Abscheu und Furcht verursachen. Der enge körperliche Kontakt weckt libidinöse und erotische Wünsche, die oft schwer zu kontrollieren sind. Die Arbeitssituation erzeugt bei der Schwester sehr starke und komplexe Gefühle:

Bedauern, Mitleid und Liebe; Schuld und Angst; Haß und Ressentiments gegenüber den Patienten, die ja diese heftigen Gefühle bei der Schwester auslösen; Neid hinsichtlich der Pflege, die den Patienten zuteil wird."

„Das Bedürfnis der Angehörigen der Organisation, diese zur Angstbeschwichtigung zu verwenden, führt zur Entwicklung sozial strukturierter Abwehrmechanismen, die als Bestandteile der Struktur, der Kultur und der Funktionsmodalität der Organisation zutage treten. Ein wichtiger Aspekt eines solchen sozial strukturierten Abwehrmechanismus ist die Bemühung einzelner, ihre charakteristischen psychischen Abwehrmechanismen nach außen zu verlegen und sie zum wesentlichen Bestandteil der äußeren Realität zu machen. Ein soziales Abwehrsystem entsteht im Lauf der Zeit durch aus der Interaktion erwachsende Absprachen und Vereinbarungen – oft unbewußter Art – zwischen Mitgliedern der Organisation über die Form, die dieses System annehmen soll. Die sozial strukturierten Abwehrmechanismen tendieren dann dazu, ein Aspekt der äußeren Realität zu werden, dessen Bedingungen alte und neue Mitglieder der Institution erfüllen müssen."

Im einzelnen fand Menzies folgende Abwehrsysteme:

1. Aufspaltung der Schwester-Patient-Beziehung.
   Jede Schwester erhält nur eine Teil-Aufgabe, so daß sie sich dem einzelnen Patienten nur wenig widmen kann und mit ihm als Gesamtperson keinen Kontakt – der Angst machen würde – aufnehmen kann.

2. Depersonalisierung, Kategorisierung, Leugnung der Bedeutung des Individuums.
   Unpersönlichmachen oder Ausschalten der individuellen Besonderheit bei der Schwester wie beim Kranken (wenn Schwestern über Patienten reden, nennen sie nicht ihre Namen, sondern ihre Bettnummer, die Krankheit oder das erkrankte Organ: „Die Lungenentzündung im Bett 15"). Alle Patienten sind gleich; zu einer bestimmten Zeit werden Reinigungsarbeiten gemacht ohne Rücksicht auf Bedarf; die Individualität der Schwester verschwindet hinter ihrer Tracht.

3. Objektivität und Gefühlsverleugnung.
   Man muß lernen, seine Gefühle zu kontrollieren, sich nicht allzu sehr zu engagieren, störende Identifikationen zu vermeiden und seine Unabhängigkeit zu behaupten. Der Schmerz und die seelische Not, die eine abgebrochene Beziehung

verursachen, werden vom System stillschweigend ignoriert. Betont „flotte“ Ratschläge sollen über Depressionen hinweghelfen: „Sich nur nicht unterkriegen lassen!“, „Nehmen Sie sich eben zusammen!“

4. Der Versuch, Entscheidungen durch ritualisierte Aufgabendurchführung aus dem Wege zu gehen.
   Die Pflegetätigkeit wird ritualisiert, die Schwestern sollen keine eigene Initiative zeigen, das entlastet sie in Krisenlagen.

5. Verringerung der Verantwortungslast bei der Entscheidungsfindung durch Kontrollen und Gegenkontrollen.
   Verpflichtende Entscheidungen werden auf viele einzelne aufgeteilt, es wird geprüft, zweitgeprüft und hinausgezögert, so daß nicht eine einzelne allein alle Verantwortung trägt.

6. Abgesprochene soziale Neuverteilung von Verantwortung und Verantwortungslosigkeit.
   Die Entscheidungsverantwortung wird auf Kolleginnen (jüngere, rangniedrige) oder Ärzte abgeschoben.

7. Zweckvolle Unklarheit bei der formellen Verantwortungsaufteilung.
   Weil Rolleninhalt und Festlegung (vor allem für höhere Ränge) unklar sind, ist es leichter, klaren Festlegungen auszuweichen.

8. Reduktion der Verantwortung durch das „Nach-oben-Delegieren“.
   Man schiebt Aufgaben den hierarchisch Höheren zu und ist so von jeder Verantwortung befreit.

9. Idealisierung und Unterbewertung der Möglichkeiten persönlicher Entwicklung.
   „Zur Krankenschwester muß man geboren sein“, „Krankenschwester ist kein Beruf, sondern eine Berufung“ sollen die Belastungen kaschieren und die hohe Abwanderungsquote rechtfertigen (der Bedarf überstieg das Ist um das Vierfache!).

10. Das Vermeiden von Veränderungen.
Jede Veränderung betrifft Arbeitsinhalte und Beziehungen und gefährdet oft mühsam etablierte Gleichgewichte.

Durch derartige allgemein akzeptierte Verhaltensgrundsätze wird versucht,

„dem einzelnen das Vermeiden von Angst-, Schuld-, Zweifel- und Unsicherheitsgefühlen zu ermöglichen. Soweit möglich, geschieht das durch Ausschalten von Situationen, Ereignissen, Aufgaben, Tätigkeiten und Beziehungen, die Angst erzeugen, oder korrekter gesagt, Ängste erwecken, die, psychologisch gesehen, mit primitiven Überresten in der Persönlichkeit verbunden sind."

Dieses Beispiel könnte in ähnlicher Form auch übertragen werden auf spezielle Belastungen, die Außendienstmitarbeiter in einem stark umkämpften Markt haben, oder Ausbildungsabteilungen, die ihre Arbeit planen und rechtfertigen müssen oder Forschungs- und Entwicklungsleute, die mit dynamischer Konkurrenz mithalten müssen.

Die „Organisationskultur" wäre in solchen Fällen durch die *kollektive* Antwort bestimmt, die auf die konkreten Problemsituationen organisations- oder abteilungsweit gefunden wird.

An einigen Beispielen soll nun illustriert werden, welche verbreiteten Einrichtungen für welche Ängste als Abwehr eingesetzt werden (wobei impliziert ist, daß jede Abwehr – soll sie Bestand haben – primäre und sekundäre Gewinne bringen muß; die Gewinnerwartung erlaubt somit die Rekonstruktion der zugrundeliegenden Angst).

Hierarchie: Sie ist gleichsam eine kollektive Übertragung der ursprünglichen Kind-Eltern-Beziehung: Vorgesetzte mindern die Angst vor Rat-, Schutz- und Hilflosigkeit. Sie suggerieren, daß „alles seinen Sinn" hat, den „die da oben" kennen (was auch genügt, denn „unsereiner" würde es sowieso nicht begreifen). Vorgesetzte symbolisieren den „garantor of decisions" (g. o. d.), jene Instanz, die die Gewähr bietet, daß alle Entscheidungen und Handlungen letztlich einem übergeordneten Ziel dienen (25). In ihrer Führung erlebt sich die Gruppe stellvertretend. Von Eingeborenenstämmen werden zahlreiche Praktiken berichtet, die sichtbar machen, daß der „Häuptling" die Kraft oder das Leben des Stammes verkörpert: wird er alt, verwundet, krank oder zeugungsunfähig, läuft der Stamm Gefahr, selbst hinfällig zu werden. Deswegen wird der Häuptling rituell getötet, so daß sein Mana unmittelbar auf den bestellten Nachfolger übergehen kann und nicht unversehens ent- oder verschwindet (26). Auch moderne Organisationen legen großen Wert auf eine vitale, dynamische Führungs*mann*schaft. Ihr wird – zur Entlastung des einzelnen – die Verantwortung übertragen; sie muß sich isolieren und exponieren, von ihr wird die Lösung aller Probleme erwartet; sie regelt ansonsten chaotische Beziehungen; sie dient als Projektionsobjekt für Liebe (bei Erfolg) und Haß (bei Versagen).

Formalisierung (Verschriftlichung, Programmierung, Ver-Regelung, Standardisierung): Entlastung von überwältigender Komplexität stets neuer Problemlösungen; Befreiung von immer erneuter Konsensfindung im Dialog, denn Strukturen sind beendete Dialoge; Vermeidung der personalen Konfrontation mit individuellen Schicksalen; Regelung anarchischer Beziehungen; Sicherheit und Planbarkeit der Zukunft.

Arbeitsteilung (Differenzierung, Spezialisierung): Angst vor Überforderung, Unzulänglichkeit, Erfolglosigkeit; Illusion der Beherrschbarkeit; Angst vor Ich-Diffusion: Übereignung eines Besitztitels für ein abgegrenztes Territorium von Aufgaben; Angst vor Nähe: Vermeidung des Kontakts mit anderen; Angst vor Aggression: Illusion der konfliktlosen Abstimmbarkeit der einzelnen Bereiche.

Einrichtung von Nebenhierarchien (wie zum Beispiel Betriebsrat, Sprecherausschuß): Kanalisierung von Aggressivität, Delegation eigener „böser" Impulse an die Vertreter, stellvertretendes Ausagieren; Abgrenzung und Selbstdefinition durch Aufbau der Gegner-Position; Förderung der internen Kohäsion durch die ständige Bedrohung durch den „Gegner".

Einrichtung von Stäben, Assistenten, Ausschüssen: Instanzen zur Verschiebung von Aggressionen, die sich gegen die „gute Hierarchie“ wenden; Aufbau stabiler interpersonaler Abwehrkonstellationen gegen Bedrohung „von unten“ und „von außen“; Kompetenz- und Wissenserweiterung durch ein angegliedertes „Denkorgan“; Verstärkung der Illusion, alle Probleme seien durch rationale Analyse lösbar.

Technisierung, Systematisierung, Versachlichung. Belastende unmittelbare Konfrontation wird durch „Sachzwänge“ ersetzt: Neutralisierung bzw. Ablenkung von Aggression; schizoide Angst vor Kontakten und „Beziehungsarbeit“; Angst vor der Unberechenbarkeit und Unsteuerbarkeit menschlicher Interaktionen; Angst vor dem Einsatz (und damit Verbrauch) von personaler Autorität.

Konferenzen: Angst vor alleiniger Verantwortung; Möglichkeit der „Abspaltung“: Identifizierung „guter“ und „schlechter“ Objekte; Aufbau von Identifikations- und Aggressionsobjekten; Angst vor Isolation und Trennung; Angst vor Komplexität und Unsicherheit, die durch soziale Validierung bewältigt werden soll.

Trennung von Arbeit und Leben: Angst vor Ausgeliefertsein und Chaos: Ausgrenzung eines „rational“ beherrschbaren Bereichs; Angst vor Nähe und Beziehung; Angst vor Identitätsverlust: Möglichkeit einer spezifischen Selbstdefinition.

Identifikation mit dem Unternehmen: Angst vor individueller Vergänglichkeit und Bedeutungslosigkeit; Angst vor Schuldgefühlen wegen individueller Handlungen.

Engagierung externer Berater: Angst vor Aggression: Ablenkung von Feindseligkeit auf Externe; Angst vor Isolation: Suche nach Koalitionspartnern; Angst vor narzißtischer Kränkung wegen Rat- und Hilflosigkeit: Bündnis mit bewährten Experten, Stärkung der Illusion der Machbarkeit.

Die institutionalisierte Abwehr ist *keine* individuelle Leistung, sie ist vielmehr eine Schablone oder „Konserve“, die die Gesellschaft zur Verfügung stellt. Es handelt sich um bewährte und tradierte

Lösungen, die generelle und typische Konflikte bewältigen helfen. Insofern können sie unter evolutionstheoretischer Perspektive betrachtet werden: sie haben sich – weil sie überlebt haben – offensichtlich als geeignet erwiesen, fundamentale und bedrohliche Probleme nicht unbedingt zu lösen, sondern zu verlagern oder zu verdecken, also aus dem Zentrum der kollektiven Aufmerksamkeit zu rücken. Damit überhaupt von „Abwehr" geredet werden kann, ist vorauszusetzen, daß das „Abgewehrte" nicht beseitigt, „verarbeitet" wurde, sondern weiterhin existiert, nur in die Latenz oder Inaktivität abgedrängt wurde, von dort her seine Ansprüche anmeldet und deshalb für die weitere Abwehr Energie bindet. Um es anders zu formulieren: Triebwünsche und begleitende Affekte müssen erfüllt und genossen oder „verarbeitet" werden; wenn das nicht gelingt, ist mit der „Wiederkehr des Verdrängten" zu rechnen. Organisationskulturen unterscheiden sich darin, was sie „verdrängen" und wie sie dieses Verdrängte latent halten, beziehungsweise welche der gesellschaftlich bereitgestellten Institutionen sie herausgreifen, um mit ihren jeweiligen Hauptproblemen fertig zu werden. Da in bestimmten Gesellschaften Organisationen gesellschaftstypische *und* jeweils organisationstypische Probleme zu bearbeiten haben, werden neben quasiuniversellen Abwehrinstitutionen auch je organisationsspezifische und zeittypische zu finden sein. In der Pionierphase eines Unternehmens sind darum andere Konflikte zu bewältigen als in der Wachstums- oder Konsolidierungsphase.

6. Kapitel

Die Erschaffung der Unternehmenskultur

Bei unserer Analyse des Unternehmenskulturbegriffs haben wir in Kapitel 2 die Ansätze in zwei Gruppen geteilt: In jene, die sich eher mit den äußeren Erscheinungsformen (der soziokulturellen Gestalt), und jene, die sich vor allem mit dem Wesensinhalt, der geistigen Substanz (den mentalen Programmen), befassen. Genau genommen ist *jede* Veränderung in *jedem* der kulturbestimmenden Merkmale *Kulturwandel* (das Beziehen eines neuen Gebäudes ebenso wie die Veröffentlichung von Führungsgrundsätzen oder die Modernisierung der Fertigungstechnologie). Die Unternehmenskultur unterliegt so fortwährendem unmerklichen ungewollten Wandel. Weil Unternehmen offene Systeme sind, die durch ihre interne und externe Dynamik ausgezeichnet sind, ist es *praktisch* unmöglich, eine bestehende Kultur zu konservieren.

Wir wollen aber nicht von den Tausenden von mikroskopischen Veränderungen sprechen, die sich tagtäglich ereignen, sondern von den absichtlich inszenierten Versuchen der Kulturgestaltung. Den Praktiker interessiert die Variable Unternehmenskultur vor allem aus instrumentellen Gründen: dieser „weiche Faktor" soll ihm helfen, die Unternehmensziele (oder auch: seine Ziele) besser zu erreichen. Häufig steht dabei das Bild einer starken Kultur als Wunschkultur vor Augen, einer Unternehmung mit vielen Händen, aber einer Seele, die besessen ist von einer gemeinsamen „Mission": „Den besten Service der Welt anbieten!"

Wegen der Dominanz *aktiver* und *gezielter* Einflußnahmen steht jene Theoriegruppe mit Abstand im Vordergrund, die wir in unserem Schema (siehe S. 26) „Soziale Einflußmodelle" genannt haben. Es fehlt den „Machern" die Geduld oder die abstinente Haltung, evolutionistische Prozesse nachträglich zu registrieren, ökologische Determinanten in ihrer überwältigenden Macht hinzunehmen, sich mit der historischen Einmaligkeit einer bestehenden Kultur abzufinden oder ungesteuerte Diffusionsprozesse zu tolerieren. Zur Selbstdefinition von Managern gehört es zu gestalten und das heißt meist: beabsichtigte, monetär bewertbare Wirkungen effizient und in einem überschaubaren Zeitraum herbeizuführen.

Deswegen müssen Evolutionen forciert, Diffusionen kontrolliert, Partikularismen konfektioniert und ökologische Nischen erkannt, angesteuert und gezielt genutzt werden.

Wir werden uns in der folgenden Diskussion diesem vorherrschenden Trend anschließen und uns auf den Einflußansatz konzentrieren. Er streicht die strategische Rolle der Unternehmensleitung heraus: das Management ist für alle Gestaltungsmaßnahmen zuständig und verantwortlich, auf jeden Fall aber hat es die Entwicklungen zu sanktionieren und zu ratifizieren (selbst jene, die es nicht selbst beabsichtigt oder eingeleitet hat).

Strategien der Einflußnahme: Ein Ordnungsschema

Um unsere Darstellung zu strukturieren und die Orientierung zu erleichtern, werden wir zunächst eine Klassifikation von Einflußfaktoren vorstellen. Danach werden wir Kulturveränderungsstrategien darstellen, die sich auf einzelne Einflußfaktoren stützen oder aber Kombinationen solcher Faktoren einsetzen („Pakete“).

Klaus Türk (1) hat in seiner Habilitationsschrift ein Gliederungsschema der „Prozesse und Medien sozialer Kontrolle in Organisationen“ vorgelegt. Es geht ihm dabei um jene Einflußgrößen, die die Steuerung des Handelns in Unternehmen erlauben. Wir haben die soziologischen und organisationstheoretischen Fachbegriffe Türks zur besseren Verständlichkeit für Nichtfachleute durch alltagssprachliche Bezeichnungen ersetzt und jeweils mit Beispielen erläutert. Das Schema von Türk eignet sich nach unserer Meinung gut zur Ordnung von Interventionsstrategien beim „Kulturmanagement“.

Formen der Einflußnahme in Organisationen (nach Türk 1981)

- Vor- und außerbetriebliche Programmierungen
  - Allgemeine gesellschaftliche Erziehungspraktiken und -ziele (z. B. Leistungshaltung, Belohnungsaufschub, Unterordnungsbereitschaft, Besitzstreben);
  - konkrete Inhalte und Formen der Allgemein- und Berufsbildung (z. B. Training in musischen, sprachlichen, technischen Fertigkeiten, Differenzierung von Bildungswegen, duales System der Berufsausbildung).
- Allgemeine und grundlegende Einflußnahmen des Unternehmens
  - Personalanwerbung und -auswahl (nur Mitarbeiter mit bestimmten „passenden" Werten, Haltungen, Fähigkeiten werden aufgenommen).
  - Personalverteilung (in bestimmte Positionen oder Aufgabenbereiche kommen nur bestimmte Personen; z. B. kaum Frauen oder Arbeiterkinder ins Topmanagement).
  - Einführung und innerbetriebliche Sozialisation neuer Mitarbeiter (der lange und nur zum Teil bewußt gesteuerte Prozeß, in dem Mitarbeiter dem Unternehmen angepaßt oder „zugeritten" werden, „den Stallgeruch annehmen").
  - Gezielte und programmgesteuerte Aus-, Fort-, Weiterbildung und Organisationsentwicklung.
- Spezifische und aktuelle Einwirkungen auf die Handlungen im Unternehmen
  - Auf unpersönliche Weise
    - Eingesetzte Technologie („Sachzwänge": eine Roboterstraße erfordert anderes Handeln als handwerkliche Teilefertigung);
    - organisatorische Regelungen des Arbeitsablaufs und der Leistungsanreize (z. B. Informations-, Bezahlungs-, Karrieresystem);
    - konkrete Aufgabenbündelung in bestimmten Stellen (wofür jemand zuständig ist, welche Befugnisse er/sie erhält);
  - Auf persönliche Weise
    - durch die Unterstellten („Führung von unten", „Druck von der Basis", alltägliche „Tauschgeschäfte");
    - durch die Gleichgestellten (Kooperation oder Rivalität mit Kollegen ...);
    - durch die Vorgesetzten (Führungsstil, symbolic management, Vorgesetztenmacht).

Vor- und außerbetriebliche Programmierungen

Türks Einteilung macht darauf aufmerksam, daß Unternehmenskultur nicht im, sondern vor dem Unternehmen beginnt, weil gesamtgesellschaftliche Werthaltungen eine wichtige Vor-Bedingung sind für das, was im Unternehmen als normal oder möglich angesehen wird. Es macht zum Beispiel verständlich, warum sich führende Unternehmensvertreter oder Arbeitgeberverbände gegen die „Aufweichung des Leistungsprinzips", gegen den „Werteverfall" oder gegen „antiautoritäre Erziehung" engagieren und auf Struktur und Inhalt von Bildungsgängen Einfluß nehmen wollen.

Personalanwerbung und -auswahl

Auch die Aufnahme „geeigneter" Mitarbeiter ins Unternehmen ist eine kulturbewahrende und kulturschaffende Maßnahme. Dabei geht es nicht so sehr um die fachlichen Fähigkeiten, sondern um die sogenannten „extrafunktionalen Qualifikationen", jene Arbeitstugenden also, die aufgabenübergreifend wirksam sind (wie Loyalität, Einsatzfreude, Kooperationsbereitschaft, Selbständigkeit). Der öffentliche Dienst weist mit Hilfe des Verfassungsschutzes „Radikale" zurück, aber auch jedes andere Unternehmen sucht mehr oder weniger offen Aufschlüsse über die Gesinnung von Bewerbern zu erhalten („Wehrdienst oder nicht?", „Gewerkschaftsmitglied?", „Konfession?", „Familienstand?").

Von besonderer Bedeutung in der Managementliteratur ist aber die Aufmerksamkeit, die der Auswahl der Unternehmensleiter geschenkt wird. Kopfjäger sollen den Mann (fast nie: die Frau) finden, die zu einer bestehenden oder künftig gewollten Kultur paßt. Ganz offen wird hier von „industry transplants" gesprochen: Einzelne Personen mit ausgeprägten Vorstellungen werden in eine bestehende Kultur implantiert und es wird von ihnen erwartet, daß sie alle Immunreaktionen überstehen und ihrer neuen Wirtskultur ihren eigenen Stempel aufprägen (der Gründer, der Sanierer, der Integrator ...).

Wie vom Wechsel des Trainers in Bundesligamannschaften der Klassenerhalt oder die Tabellenführung erwartet wird, genauso „müssen Köpfe rollen" oder „frisches Blut" ins Unternehmen, wenn es wieder aufwärtsgehen soll. So hat zum Beispiel Iacocca (allein!?) Chrysler vor dem sicheren Zusammenbruch gerettet, Nordhoff hat VW großgemacht, während Borgward „die Zeichen der Zeit“ nicht erkannte ...

Personalverteilung
Auf die mögliche Rolle einzelner bei der Formung von Unternehmenskultur haben wir bei der Diskussion neurotischer Persönlichkeitsstrukturen schon hingewiesen. Dort war auch schon die Rede von Kollusionen, Koalitionen, Delegationen (zum Beispiel der Sündenbockrolle), so daß aus dieser Perspektive auf „Personalverteilungsmaßnahmen“ schon hingewiesen wurde (etwa: gezielte Versetzungen, „Abschießen“, „Wegloben“, Seilschaften und Promotionsbündnisse).

Einführung und Sozialisation neuer Mitarbeiter
Von besonderer Bedeutung ist die Sozialisation neuer Mitarbeiter. Wir sind schon darauf eingegangen, daß Neulinge erst die geheimen Interpretationsregeln erlernen müssen, um selbst die einfachsten Vorkommnisse und Botschaften richtig zu entschlüsseln und in der Lage zu sein, mitzuspielen ohne aufzufallen. Es gibt dementsprechend auch in verschiedenen Bereichen unterschiedliche (Sub-)Kulturen: In der Fertigung „geht es ganz anders zu“ als zum Beispiel in der Entwicklung, dem Marketing oder dem Controlling. Einen, der gut zu den „Bürokraten in der Personalabteilung“ paßt, kann man nicht zu den „lässigen Werbetypen“ stecken. Bestimmte Varianten des Unternehmenskultur-Ansatzes fordern dazu auf, den Prozeß der „Initiation“ gezielt in die Hand zu nehmen, um nicht nur eine äußere Fügsamkeit (das Mitmachen der *patterns of behavior*), sondern auch eine Verinnerlichung der Grundregeln *(patterns for behavior)* sicherzustellen. In sogenannten „totalen Institutionen“ (wie etwa Klöstern, Militär, Gefängnissen) ist eine solche Umpolung von Identitäten immer schon mit Nachdruck und großer Konsequenz betrieben worden. Es ist bezeichnend, daß im Zuge des Unternehmenskulturansatzes wieder verstärkt Methoden ins Gespräch kommen, die mit Gehirnwäsche und Werteinfusion in Beziehung gebracht werden können:

Beispiel:
Als Beispiel sei eine Studie über US-Firmen referiert, die über Generationen hinweg eine geschlossene Unternehmenskultur bewahren konnten (2). Bei den untersuchten traditionsbewußten und erfolgreichen Firmen fügen sich wie in mittelalterlichen Klöstern eine Reihe von Maßnahmen, von denen jede einzelne allein betrachtet unbedeutsam erscheinen mag, zu einem machtvollen Konvertierungssystem zusammen.

Zu Beginn steht eine aufwendige *Auswahlprozedur* für Bewerber. Persönlichkeit und Firmenwerte müssen zueinanderpassen. Dem Bewerber wird durch die strenge Auswahl signalisiert: „Du hast es mit einem außergewöhnlichen Unternehmen zu tun!" Der so in Dankbarkeit und Ehrfurcht versetzte Novize erfährt dann in seiner *ersten Position* systematisch narzißtische Kränkungen; frustrierende, monotone oder erniedrigende Tätigkeiten vermitteln ihm die Botschaft: „Du bist zwar ein netter Junge, aber was du bisher gelernt hast, kannst du vergessen!" Dadurch wird ein Prozeß der Selbstreinigung eingeleitet, der den Mitarbeiter empfänglicher für die Firmenwerte macht. Zunehmend wird die Unternehmenskultur zum zentralen Rahmen der Orientierung, die es nun im Verlauf der beginnenden Karriere des Mitarbeiters zu zementieren gilt. Dazu dienen umfangreiche, mit Beförderungsmöglichkeiten versehene *Entwicklungsprogramme,* durch die das erforderliche Handwerkszeug von der Pike auf erlernt wird. Dabei werden rigoros Systeme der Erfolgsmessung eingesetzt, die sich vor allem auf jene Aspekte beziehen, die unmittelbar geschäftlichen Erfolg (etwa Umsatz, Marktanteil oder Rendite) und Einhaltung der zentralen Firmenwerte ausdrücken.

Erst wenn sich der Mitarbeiter voll mit den idealisierten *Firmenwerten* identifiziert, ist das Ziel der Indoktrination erreicht. Vordergründig verbinden diese Firmenwerte den Zweck des Unternehmens mit übergeordneten gesellschaftlichen Wertvorstellungen: der Menschheit dienen, ein erstklassiges Produkt für die Gesellschaft herstellen, persönliche Entfaltung ermöglichen und so weiter. Die Identifizierung mit solchen Werten fördert die Loyalität zum Unternehmen, obwohl oder gerade weil die eigene Tätigkeit mit großen persönlichen Opfern (etwa lange Arbeitszeiten, Einhalten starrer Regeln oder Zusammenarbeit mit schwierigen Vorgesetzten) verbunden sein mag. Gleichzeitig lenkt die konsequente Kultivierung philanthropischer Werte von unbewältigbaren innerbetrieblichen Konflikten ab, indem sie angestaute Aggressionen auf profitable Ziele in der Außenwelt richtet.

Aus-, Fort-, Weiterbildung und Organisationsentwicklung
Nachdem wir im Rahmen der innerbetrieblichen langfristigen und allgemeinen „Potentialsteuerung" bisher auf Personalauswahl und -plazierung sowie Sozialisation eingegangen sind, wollen wir jetzt auf die Maßnahmen der systematischen (Aus-, Fort-, Weiter-) Bildung im Unternehmen zu sprechen kommen.

Dabei geht es nicht so sehr um die Frage, ob ein Betrieb die vereinbarten oder staatlich vorgegebenen Lehrpläne der Berufsausbildung auch erfüllt, im Mittelpunkt stehen vielmehr jene nicht reglementierten Bildungsveranstaltungen, die das Unternehmen in freier Initiative seinen Mitarbeitern anbietet. Auf fachbezogene Veranstaltungen, die für eine bestimmte neue Technologie qualifizieren sollen, werden wir später noch eingehen. Wenn aber Mitarbeiter Fremdsprachen erlernen dürfen, sich für eine Karriere weiterqualifizieren können oder Vorgesetzte Rhetorik-, Kommunikations- und Konferenztrainings erhalten, dann werden im Regelfall mit den konkreten Fertigkeiten auch Haltungen, Ziele und Werte eintrainiert und Mythen gepflegt (wie Leistung lohnt, Marschallstab im Tornister, offen miteinander sprechen, Mensch im Mittelpunkt). Ordnet man die üblichen Bildungsveranstaltungen in das Instrumentarium von Techniken der Organisationsentwicklung (OE) ein, dann sind sie durch ihren *personalen* Ansatzpunkt gekennzeichnet: es geht darum, dem aus seinen Sozial- und Aufgabenbeziehungen herausgelösten Einzelnen bestimmte Fertigkeiten und Werthaltungen zu vermitteln. Wer ein Sensitivity-Training mitmacht, soll sensibler werden für eigene Bedürfnisse, Ängste und Schwachstellen (und die anderer), er soll Offenheit und Rückmeldung lernen, soll künftig besser zuhören und Gruppensituationen diagnostizieren können. Wer als Vorgesetzter übt, wie Anerkennung und Kritik ausgesprochen und Zielsetzungsgespräche geführt werden, soll sich dann „zu Hause" an seinem Arbeitsplatz leichter tun.

Weil solch rein personale Interventionsstrategien die konkreten Bedingungen am Arbeitsplatz nur ungenügend simulieren und vor allem beeinflussen können, bieten moderne Verfahren der Organisationsentwicklung eine viel breitere Palette von Techniken an, die der realen Komplexität eher gerecht werden. Comelli hat dazu eine praxisnahe informative und differenzierte Übersicht veröffentlicht, auf die wir hier nur verweisen können (3). Dort wird auch auf interpersonelle (gruppenbezogene) und intergruppen- beziehungsweise Organisationsansätze eingegangen. Bei solch umfassenderen Strategien werden nicht mehr Einzelpersonen, sondern soziale Beziehungen und Strukturen verändert (indem zum Beispiel eine Arbeitsgruppe gemeinsam und „vor Ort" an ihren unmittelbaren Problemen arbeitet, maßgeschneiderte Lösungen entwickelt und verbindlich festlegt). Fast alles von dem, was von Personal- und Unternehmensberatern derzeit als „Unternehmenskulturmanagement" angeboten wird, ist alter Wein in neuen Schläuchen: es handelt sich um lediglich umbenannte Strategien aus dem Arsenal der OE-Techniken. Die pragmatisch erfolgreichen OE-Interventionsstrategien erhalten durch den Unternehmenskulturansatz eine theoretische Begründung, die der Praxelei vieler OE-Spezialisten – insbesondere durch die Dimension der „Symbolischen Führung" (auf die wir noch eingehen werden) – eine neue Ausrichtung gibt. Bei der Besprechung des AT&T-Projekts einer Unternehmenskulturänderung werden wir auch die Elemente systematischer Bildungsmaßnahmen an zentraler Stelle wiederfinden (siehe S. 243ff.).

Technologie

Wir kommen nun zu einer Einflußgruppe, die bei der üblichen Unternehmenskulturdiskussion „vergessen" wird, aber von fundamentaler Bedeutung ist: der eingesetzten Technologie. Wir wollen den Punkt hier nicht vertiefen, sondern nur daran erinnern, welch tiefgreifende Einflüsse auf Arbeitshaltungen, Sozialbeziehungen und äußere Arbeitsgestaltung neue Büro- und Fertigungstechnologien haben: Anforderungen an Arbeits- und Führungskräfte, Strukturen der Organisation und Kommunikation, Planungs-, Ausführungs- und Kontrollverfahren ändern sich grundlegend und mit diesen (in unserer Terminologie) soziokulturellen Gestaltungen ändert sich die Unternehmenskultur. Jahrhundertealte Berufskulturen können durch neue Fertigungs- oder Herstellungsverfahren quasi über Nacht ausgelöscht werden (zum Beispiel Handsatz durch Lichtsatz, Feinmechanik durch Elektronik, Metallbearbeitung durch NC- und CNC-Anlagen) oder ganz neue Bürokulturen (Bildschirmarbeitsplätze) werden geschaffen.

Organisatorische Regelungen
Zu drastischen Außeneingriffen gehören auch organisatorische Umstellungen (Einführung neuer Organisationsstrukturen, Fusionen mit anderen Bereichen oder Unternehmen), Veränderung von gewohnten Kontroll-, Arbeitsbewertungs-, Bezahlungs-, Beförderungssystemen und -kriterien. Eine Umstellung von Akkord- auf Zeitarbeit, die Abschaffung der Unterscheidung zwischen Arbeitern und Angestellten, die Einführung flexibler Arbeitszeiten sind organisatorische Maßnahmen, die veränderte „mentale Programme" erzeugen (und zu ihrem Gelingen voraussetzen). Die erzwungene Umstrukturierung des personalstärksten US-Unternehmens AT&T ist ein exemplarischer Fall mit ungewöhnlicher Größenordnung (4).

Beispiel: Gestaltung der AT & T-Kultur
Jahrzehntelang schlummerte der US-Telefonriese American Telephone & Telegraph Co. (AT & T) im Schutz einer stabilen und wohlabgesicherten Umwelt: der Staat schrieb die Höhe der Fernsprechgebühren vor; die lokalen Telefondienste der AT&T hatten eine Monopolstellung; ihren Kunden boten sie jeweils ein komplettes Dienstleistungsprogramm im Telekommunikationssektor an – vom Kabel bis hin zum Endgerät.

AT & T verstand sich als ein Unternehmen mit Anspruch auf Erbringung universeller Dienstleistung (in einer regulierten Umwelt): Jedem Bürger sollte es durch entsprechende Tarifgestaltung ermöglicht werden, sich ein Telefon leisten zu können. Diese Mission geht zurück auf zwei einflußreiche Führungspersönlichkeiten aus der Vergangenheit des Unternehmens: Theodore Vail und Walter Gifford. Vail stellte den Grundsatz auf: „Ein System, eine Politik, universelles Dienstleistungsangebot". AT & T-Präsident Gifford setzte diesen Grundsatz in ein konkretes Wertsystem um: das Unternehmen habe die bestmögliche Dienstleistung zu geringstmöglichen Kosten zu erstellen, die vereinbar mit einer gerechten Behandlung von Belegschaft und Anteilseigner sei. Geleitet von diesen Grundsätzen entwickelte sich eine unverwechselbare, den gesamten Konzern mit seinen mehr als einer Million Mitarbeitern umspannende, einheitliche Unternehmenskultur, die offensichtlich maßgeblich den Unternehmenserfolg garantierte.

Aus *interner* Sicht waren typische Kennzeichen der AT&T-Kultur: lebenslange Beschäftigung der Mitarbeiter, ungetrübte Loyalität der Belegschaft zu ihrem Unternehmen, ihr Gefühl, vom Unternehmen gerecht behandelt zu werden, firmeninterne Rekrutierung der Führungsmannschaft, betontes Statusdenken und ein auf Konsens ausgerichtetes Management; weiterhin die Orientierung an einem ausgeprägten Dienstleistungsethos, das durch ein ausgefeiltes und quantifiziertes Beurteilungssystem für Servicequalität unterstützt wird (ebenso durch Wachhalten von heroischen Arbeitseinsätzen in offiziell verbreiteten Geschichten wie zum Beispiel der eines Leitungsmonteurs, der mit dem Blizzard kämpfte, um gerissene Telefonleitungen wieder instandzusetzen); schließlich ein intensiver Wettbewerb zwischen einzelnen Unternehmenssparten um die größtmögliche betriebliche Effizienz.

Die *Öffentlichkeit* gewann indessen einen anderen Eindruck über die Wirksamkeit der selbstauferlegten Verpflichtungen zu Qualitätssteigerung und Kosteneffizienz. In den siebziger Jahren setzte gegen die kartellmäßige Beherrschung des Kommunikationssektors durch einige wenige Großkonzerne eine Flut staatlicher und privater juristischer Prozesse und legislativer Schritte ein, die in der Aufhebung der tariflichen Preisfestlegung für Zubehörprodukte und Entflechtung des AT&T-Konzerns gipfelten. Mit der Entflechtung mußte AT&T seine 22 lokalen Telefongesellschaften abgeben. Zudem wurde der verbliebene Konzern in einzelne relativ eigenständige Subunternehmen (die unter anderem für überregionale Fernsprechversorgung, das Zubehörgeschäft und integrierte Computer- und Kommunikationssysteme zuständig waren) aufgeteilt. All dies erforderte konzernweite strukturelle *und* geistige Umwälzungen. Beispielsweise mußten aus der Konzernzentrale die meisten der dort beschäftigten 15000 Mitarbeiter in andere Konzernteile integriert werden.

In geistiger Hinsicht mußte zum Beispiel eine wirtschaftsgeographische Umorientierung erfolgen – weg von der Ausrichtung auf geographisch klar abgrenzbare profitable Pfründe und hin zu landesweiten Geschäftsbeziehungen in heterogenen und heißumkämpften Märkten.

Für die Anpassung an die gewandelten unternehmerischen Randbedingungen waren einige der bis dahin vorherrschenden und positiv bewerteten unternehmenskulturellen Elemente eher hinderlich. Das AT&T-Management hat deswegen zu Beginn der 80er Jahre bereits im Vorfeld der einschneidenden Restrukturierungen Pläne für die Änderung der Unternehmenskultur entwickelt und dann nach und nach realisiert.

Tunstall, einer der Vizepräsidenten des Unternehmens, mitverantwortlich für die Planung und Koordination des Restrukturierungsprozesses, hat drei Schritte für die Kulturgestaltung entworfen:

1. Analyse der bestehenden Kultur,
2. Trennung von Spreu und Weizen,
3. Durchführen von Gestaltungsmaßnahmen.

Der erste Schritt ergab die oben bereits erwähnten kulturellen Elemente. Im zweiten Schritt wurde entschieden, welche Elemente beizubehalten und zu verstärken und welche aufzugeben waren. Als *positive* kulturelle

Elemente, die auch in der Zukunft weiter Geltung besitzen sollten, wurden faire Behandlung der Mitarbeiter, Qualitätsethos, Mitarbeiterloyalität, Gemeinschaftssinn, Wertschätzung von technischen Fähigkeiten und Sicherheitsstandards erachtet.

Dagegen wurden folgende Kulturmerkmale als *problematisch* angesehen: fehlende Marktorientierung und Managementmethoden, die vorrangig an Konkurrenz ausgerichtet sind (zum Beispiel Aufbau der Organisation nach Marktsegmenten); risikovermeidende Haltung des Managements – daher die Forderung nach mehr unternehmerischen und wagemutigeren Führungspersönlichkeiten und Öffnung der Führungspositionen für Kandidaten von außerhalb oder aus dem nichttechnischen Bereich; statische Denkhaltung und Ablehnung von Neuerungen, die ein Hindernis für die in einer dynamischen Umwelt zunehmend häufigeren und notwendigen strukturellen und organisatorischen Anpassungen sind.

Die Wandlung der AT&T-Kultur in Richtung von mehr Konkurrenz, Dynamik und Risiko wurde durch eine Reihe von sich ergänzenden Maßnahmen angestrebt, von denen insbesondere die vielfältigen intensiven *Informationskampagnen* auffällig sind:

- konzernweite Verteilung einer strategisch bedeutsamen Rede des Chairmans;
- konzernweite Übertragung eines Videobandes, das Spitzenführungskräfte darstellt, die Fragen von Mitarbeitern zur neuen Unternehmensstruktur beantworten;
- Serie von Artikeln in der Firmenzeitschrift (etwa mit dem Titel: „Keiner wird dir den Weg zeigen“);
- Gespräche der Vorgesetzten mit ihren Unterstellten über die neue Vision, die neuen Ziele, erwünschte Verhaltensweisen und Werte;
- Ankündigung einer Serie von einwöchigen Unternehmensforen für die 800 Spitzenmanager, durch die sie ein Verständnis über das neue Unternehmen und ihre Umwelt gewinnen sollten;
- Entwicklung eines zweibändigen Managementhandbuchs, um zu zeigen, wie AT&T nunmehr funktioniert und um ein Verständnis dafür zu erwecken, was die neue AT&T ist;
- Förderung eines Werbeprogramms, in dem die neuen Werte besonders herausragend und auffällig dargestellt sind;
- formale Anerkennung von herausragenden Leistungen im Sinne der erwünschten neuen Verhaltensweisen.

Die informationalen Maßnahmen wurden von strukturellen und organisatorischen Maßnahmen begleitet. Das gesamte Managementsystem bis hin zu tagtäglichen Führungsstilelementen wurde umgekrempelt. Neue Personalauswahlkriterien und -methoden wurden entwickelt, um das Unternehmen langfristig mit dem für es geeigneten Personal auszustatten. Neue Formen des Führungskräftetrainings wurden eingeführt (etwa Unternehmenspolitikseminare). Zudem gab sich die Firma ein neues

Logo und bezog auch ein neues Hauptquartier, das rein äußerlich bereits den Beginn einer neuen Ära symbolisieren sollte.

Wie steht AT&T heute da, einige Jahre nach dem Versuch, sich eine neue Kultur überzustreifen? Eine Analyse von Mark Maremont in *Business Week* zeigt ein differenziertes Bild (5). In seinen angestammten Bereichen (dem überregionalen Fernsprechdienst und der apparativen Ausrüstung von Fernsprechunternehmen) liegt das Unternehmen gut im Rennen. Anders sieht es dagegen in dem neu zusammengeschweißten, für das Geschäft von Telefonanlagen (für Wirtschaft und Haushalte) und Computern zuständigen Unternehmensbereich AT&T-Informationssysteme aus. AT&T erhoffte sich aufgrund seiner Finanzstärke und der Leistungsfähigkeit seiner Forschungs- und Entwicklungslabors, relativ rasch auf diesem heiß umkämpften High-tech-Markt mitreden zu können. Inzwischen stellte sich heraus, daß es schwieriger als erwartet ist, im informationstechnologischen Feld zu einem Superstar aufzusteigen: die Verluste im Rechner- und Kommunikationsanlagengeschäft summierten sich 1985 auf 1,6 Milliarden Dollar; im selben Jahr wurden 24000 Arbeitsplätze (bei insgesamt 110000 Beschäftigten) gestrichen. Zum Teil liegen die Gründe dafür im schlechten Timing: AT&T startete mit seinen Computern in dem Augenblick, als die gesamte Branche einen tiefen Einbruch erlitt. Insider meinen dagegen, daß das Unternehmen richtungslos zu sein scheint. Im Gesamtunternehmen ist es zum Beispiel unklar, welche Geschäftszweige welche Kunden mit welchen Produkten bedienen sollen. Oder gewinnbringende Bereiche werden zugunsten verlustträchtiger Geschäfte zurückgeschraubt.

Schwerer scheint aber noch zu wiegen, daß es dem Unternehmen bislang nicht gelungen ist, konkurrenzorientiert, wie es im freien Spiel der Marktkräfte erforderlich ist, zu denken und zu handeln. Die Vorstandsvisionen, durch die dem Unternehmen eine dynamisch-marktorientierte Kultur eingetrichtert werden sollen, tragen dazu offensichtlich wenig bei. Die Reden des Vorstandsvorsitzenden Charles L. Brown, deren Botschaften sich in Aussagen erschöpfen wie „Be the best you can be“ – „Gib dein Bestes!“, werden von vielen Adressaten als lächerlich empfunden. Notwendige unternehmerische Maßnahmen, wie die Durchsetzung von Kostenreduzierungsprogrammen, schreiten mit gletscherartiger Geschwindigkeit voran. Hartgesottene Manager, die bei Verlustgeschäften eingreifen, fehlen. Entscheidungsfreudigkeit ist bei AT&T immer noch ein Fremdwort. Kunden beschweren sich beispielsweise, daß Geschäftsverträge im Hauptquartier geprüft und gebilligt werden müssen, die dann dort monatelang bearbeitet werden. Es gibt zu viele Stäbe, Projektgruppen und Komitees. Ein enttäuschter Verkaufsmanager, der zur Konkurrenz überwechselte, bringt AT&Ts in Jahrzehnten gewachsene und daher auch kurzfristig wohl kaum zu überwindende bürokratische Unternehmenskultur auf einen kurzen Nenner:

„So gehen sie an Entscheidungen heran: sie untersuchen sie zu Tode.“

Aufgabenbündelung
In seiner Aufstellung hat Türk die konkrete Aufgabenbündelung in einer betrieblichen Position als eigenständige Einflußgröße von den organisatorischen Regelungen abgehoben. Mit dieser systematisch kaum begründbaren Differenzierung wollte er wohl auf die Bedeutung des „Stellenzuschnitts“ hinweisen und den Mythos der „rationalen“ Stellengliederung entlarven. Die spezifische Vereinigung von Aufgaben in einer bestimmten Position ist nämlich im Regelfall traditional (und „affektuell“) und nicht rein zweckrational bestimmt. Es ist Kulturgestaltung, wenn bestimmte Tätigkeiten ausgegliedert, in einer neuen „Funktion“ zusammengefaßt, auf verschiedene Stellen verteilt oder gar mehrfach bearbeitet werden. Eine Illustration, die ein Randphänomen veranschaulicht: Firmen, die sich zum Beispiel etwas zugutehalten auf ihre humane Personalpolitik, kündigen verdienten älteren Mitarbeiter nicht einfach (zumindest nicht leitenden Angestellten!), sondern „erfinden“ für sie neue Aufgabengebiete mit wohlklingenden Titeln (siehe auch die „Penalty Box“ bei der IBM – eine Art „Strafbank“, auf die ein wiederholt gescheiterter Manager eine Bewährungs-Zeitlang kommt). Ähnliches gilt für leistungsgeminderte Mitarbeiter, Alkoholiker oder andere sogenannte „Sozialfälle“.

Personale Einwirkungen
Die letzte Gruppe von Steuerungsstrategien bezieht sich auf personale Einwirkungen, die von verschiedenen hierarchischen Ebenen ausgehen können: von Unterstellten, Kollegen und Vorgesetzten. Wir werden hier nur kurz auf die beiden erstgenannten Ebenen eingehen, weil sie zwar wichtige Facetten der Unternehmenskultur darstellen, aber der gezielten und absichtlichen *Gestaltung* nur schwer zugänglich sind: eine Vorgesetzte von hochqualifizierten Spezialisten findet andere Haltungen, Gewohnheiten und Praktiken vor als eine Vorgesetzte, die einen „bunt zusammengewürfelten Haufen“ von Anfängern als unumstrittene Expertin führt. *Untergebene* können ihre Chefs durch Fachwissen, solidarischen Zusammenhalt, Dienst nach Vorschrift und Schwejkismus, Kuhhandel und Tauschgeschäfte (Großzügigkeit gegen Extraeinsatz) „von unten führen“. Ein Unternehmen,

in dem eine starke gewerkschaftliche Basis geschaffen wird oder in dem zum ersten Mal ein aktiver unkorrumpierbarer Betriebsrat gewählt wird, erlebt einen Kulturwandel.

Noch weniger formalisiert und institutionell abgesichert sind die *Kollegenbeziehungen.* Dennoch kennt der Praktiker Auswirkungen auf die Unternehmenskultur, wenn zum Beispiel nach der Strategie „Teilen und Herrschen" Rivalität und Mißtrauen gesät werden, wenn durch sichtbare Bevorzugungen Günstlinge herausgehoben werden, oder wenn sich verschiedene Ebenen oder Bereiche solidarisieren und gemeinsame Interessen durch einen Sprecher vertreten.

Weit mehr als auf Untergebene und Kollegen sind *Führungskräfte* zu den Agenten des kulturellen Wandels erklärt worden. Wir werden deshalb auf diesen Einflußfaktor ausführlicher eingehen. Natürlich wirken Vorgesetzte (insbesondere die Unternehmensleitungen) auf *alle* bisher dargestellten organisatorischen Veränderungsstrategien ein – denn sie legen die Richtlinien der Personalauswahl, -verteilung und -schulung fest, sie entscheiden über Technologie und Organisation!

Symbolisches Management

Wir konzentrieren uns hier auf ein neues Aufgabenfeld für Vorgesetzte, das unter dem Titel *symbolisches Management* firmiert. Dabei interessieren nicht konkrete physische Veränderungen, die ein Vorgesetzter einleitet, sondern seine „Deutungs-Arbeit":

In dieser *interpretativen* Funktion hat er dafür zu sorgen, wie was (im Chaos vielfältiger und widersprüchlicher Meinungen) zu sehen und zu verstehen ist. Er ist erfolgreich, wenn alle Mitarbeiter *seine* Wirklichkeitsdeutung wahr-nehmen und für-wahr-nehmen. Denn eine gemeinsame Wellenlänge, ein Kreis von Gleich-Gesinnten stärkt den Zusammenhalt und schafft damit die Voraussetzung, den Betrieb als eine Gemeinschaft (als große Familie) zu erleben.

Wir werden im folgenden näher untersuchen, in welcher Weise die Führungskraft in der *sozialen* Konstruktion der Wirklichkeit mitwirkt. Mit Berger und Luckmann, die zur theoretischen Fundierung des „interpretativen" Kulturansatzes herangezogen werden sollen, können zwei sich überlagernde Prozesse unterschieden werden: Schaffen und Legitimieren von Wirklichkeit durch *primäre* und *sekundäre* Objektivation.

„Dieser Ansatz geht davon aus, daß Wirklichkeit ein Phänomen des Bewußtseins ist. Dieses ist immer intentional. Es hat immer etwas im ‚Sinn' und ist auf Objekte gerichtet. Wir können niemals Bewußtsein als solches erreichen, nur Bewußtsein von etwas – unabhängig davon, ob sein Gegenstand zur äußeren, physischen Welt gehört oder als Element einer inneren, subjektiven Wirklichkeit erlebt wird" (6). Weiteres Kennzeichnen der Wirklichkeit ist ihr objektivierter Charakter: „Ihre Phänomene sind vor-arrangiert nach Mustern, die unabhängig davon zu sein scheinen, wie ich sie erfahre, und die sich gewissermaßen über meine Erfahrung von ihnen legen."

Zunächst zur *primären Objektivation.* In diesem Prozeß kann die Führungskraft durch ihre Erscheinung, ihr Auftreten, ihr Wirken einen sozialen Konsens darüber erreichen, was „wirklich" ist. Zum Beispiel: Wie ist ein Ereignis (etwa ein Markteinbruch), ein Gegenstand (eine neue Produktidee), eine Person (ein Bewerber) zu sehen? Wie gestaltet man eine ordentliche Mitarbeiterbesprechung? Die Wirklichkeitskonstruktion erfolgt – angesichts des durch viele und unplanbare Störungen zerstückelten Arbeitsalltags vieler Führungskräfte – zum größten Teil nebenher oder im Hintergrund zum Alltagsgeschäft, insbesondere ist sie durch *Sprache* vor-geregelt. Ihr dauernder Gebrauch ist ein wirklichkeitswahrender Mechanismus und nur durch fortgesetzte Teilnahme an der *„Konversationsmaschine"* (7) kann die Führungskraft den Aufbau subjektiver Wirklichkeiten beeinflussen. Aus diesem Grund darf der Vorgesetzte auch kein Schreibtischtäter bleiben oder eine Aura der Unnahbarkeit um sich verbreiten, sondern muß durch „Management by Wandering Around" oder eine „Politik der offenen Tür" Gesprächsbereitschaft signalisieren und sich am Klatsch und Tratsch seiner Mitarbeitergruppe beteiligen. Dabei kommt es nicht darauf an, mit großen Worten über das

Wesen der Welt zu philosophieren, weil sich Wirklichkeitsbestimmung vielmehr vor dem Hintergrund einer Welt vollzieht, die stillschweigend für gewiß gehalten wird.

Neben der Sprache bestehen noch andere Möglichkeiten, Ordnung in die je subjektiv sich bildenden Wirklichkeitsauffassungen zu bringen:

- *Zeitbudget:* Eine Führungskraft kann durch die Verteilung ihrer Zeit auf verschiedene Aktivitäten zeigen, welche Ziele und Bereiche für das Unternehmen von Bedeutung sind: Seminare abhalten in Gymnasien oder Universitäten, Anwesenheit bei Einstellungsgesprächen, um die Wichtigkeit der Rekrutierung qualifizierten Nachwuchses zu demonstrieren.
- *Aufmerksamkeitszuwendung:* Hierunter sind Akzentsetzungen im Verhalten zu verstehen, mit denen man Ereignisse bemerkt, kommentiert, mißt, kontrolliert oder belohnt: regelmäßiges Nachfragen in Besprechungen zu Kosten in der Produktion oder im Verkauf, um zu verdeutlichen, daß Sparsamkeit (und nicht etwa ein gutes Produkt) wichtigstes Ziel ist; Gestaltung der Tagesordnung oder systematisches Ignorieren aufgeworfener Probleme und Fragen.
- *Symbolische Gesten:* Sie stellen besondere Subformen der Aufmerksamkeitszuwendung dar, bei denen durch dramatische oder theatralische Überhöhung von Beiläufigkeiten oder Nichtigkeiten stellvertretend auf wichtige Werte hingewiesen werden: Mitanpacken in der Produktion; einen wichtigen Kunden am Portal empfangen; das erste Produkt einer Serie persönlich zum Verkauf freigeben; Zigarettenstummel aufheben, die auf dem Parkplatz erblickt werden (wie Walt Disneys Managern nachgesagt wird); Weihnachtsfeier eröffnen.
- *Reaktionen auf kritische Ereignisse oder in Krisensituationen:* Situationen mit Bedrohungscharakter zeichnen sich durch einen gesteigerten Affektpegel der Betroffenen aus: auf das Jahresgehalt verzichten (wie Iacocca, als er bei der darniederliegenden Chrysler-Firma das Ruder übernahm); den Betriebsrat rechtzeitig und umfassend von schlechter Geschäftslage informieren.

- *Gestaltung der physischen Umwelt:* Sie wirkt aus den Hinterhöfen des Bewußtseins, aber dennoch als andauernd präsenter Faktor auf die Sinn-Bildung ein: Gestaltung von Parkplätzen, Grünanlagen, räumlichen Details; Farbgebungen (die 194 Büros in 41 Ländern der US-Agentur Ogilvy & Mather sind alle rot-weiß möbliert); Design der Printmedien; Art und Qualität von Materialien (Veloursteppiche; Holzschreibtische).

Jede Auffassung über organisatorische Strukturen, Technologien und Ziele, bedarf überdies einer *sekundären Objektivation,* einer Legitimation, um aus Macht Herrschaft werden zu lassen. Die Funktion dieses Vorgangs besteht darin, den Sinn institutionaler Ordnungen „objektiv" zugänglich und subjektiv einsichtig zu machen. Die *Sinnproduktion* bewegt sich dabei auf zwei Ebenen: auf einer horizontalen wird dem Ganzen der institutionalen Ordnung, und zwar für alle daran Beteiligten, ein übereinstimmender Sinn gegeben und auf einer vertikalen dem einzelnen das Ganze seines Lebens in der Abfolge institutionell vorgeformter Phasen subjektiv plausibel gemacht.

In der *Gründungsphase* eines Unternehmens ist der Bedarf an Legitimation noch verhältnismäßig gering. Für alle Betroffenen ist die ersten Konturen annehmende Unternehmenswirklichkeit Gewißheit, da sie aktiv in diesen Prozeß verwickelt sind. Nicht selten dominiert in dieser Phase eine verehrte Gründerfigur (wie Bosch, Benz oder Nixdorf), die ihrer Gefolgschaft einige wenige Merksätze eintrichtert. Für nachfolgende Generationen ist die in einer Unternehmenskultur geronnene Wirklichkeit keineswegs unmittelbar einsichtig. Ihre Konservierung bedarf daher unermüdlicher Sinn-Gebung. Ausdruck dieses Bemühens ist etwa der aufwendige *Personenkult,* der um die Gründer aus entrückten Zeiten getrieben wird.

Die Möglichkeit der Rück-Besinnung auf (personifizierte) Kulturdenkmäler bleibt indes den meisten Unternehmen mangels fehlender Supermänner in ihrer Geschichte verwehrt. Diese Unternehmen sind auf andere Sinnquellen angewiesen, um – wie Berger und Luckmann es ausdrücken – ihren pragmatischen Imperativen die Würde des Normativen zu verleihen. Der Nachhol- oder Aufholbedarf an sinn-reichen Aktivitäten äußert sich in der geschäftigen Betriebsamkeit, mit der sich gegenwärtig viele Firmen durch Formulierung von Werten, Prinzipien, Verfassungen oder Philosophien ein legitimierendes Gewand überziehen.

Personenkulte oder verbriefter Sinn (wie Führungsgrundsätze) sind als Bestandteile umfassender Legitimationssysteme zu sehen, die jedes Unternehmen zur Stützung seines Wirklichkeitsgehäuses entwickelt. Nach Berger und Luckmann bestehen diese Systeme aus vier Ebenen:

1. *Fundamentale legitimierende Erklärungen.* Dies sind die wirkungsvollsten Antworten auf „Warum"-Fragen des Kindes. Im betrieblichen Alltag kommen sie ebenso zum Einsatz: „Wir kennen es hier nicht anders." „Der Chef macht es genauso." „Das war schon immer der Fall."
2. *Theoretische Postulate in rudimentärer Form.* Sie verknüpfen höchst pragmatisch und mit konkretem Tun verbunden verschiedene Sinngefüge miteinander. Dazu zählen die bereits vorgestellten Geschichten, Anekdoten, Witze und Sprüche.
3. *Explizite Legitimationstheorien.* Sie liefern mehr oder weniger geschlossene Bezugssysteme für Ausschnitte institutionalen Handelns und sind ihrer Schwierigkeit und Differenziertheit wegen häufig einem besonderen Personenkreis anvertraut, der sie in formalisierten Initiationsriten weitergibt. Zu diesen Systemen gehören die oben erwähnten schriftlich fixierten Sinnvorgaben oder jeweils moderne Management- und Führungstheorien.
4. *Symbolische Sinnwelten.* Sie überhöhen die institutionale Ordnung als symbolische Totalität, indem sie auf andere nicht mehr erfahrbare Wirklichkeiten verweisen als die der Alltagserfahrung. Sie begründen ein allumfassendes Bezugssystem, weil jede menschliche Erfahrung darin eingeordnet werden kann. Selbst das trivialste Geschäft der Alltagswelt erhält dadurch tiefere Bedeutung. Stützkonzeptionen für solche Sinnwelten entstammen vor allem der *Mythologie, Religion, Philosophie* und *Wissenschaft.* Neben philosophischen und religiösen kommen in Unternehmen auch differenzierte wissenschaftliche Bezugssysteme zum Tragen, die oft durch griffige und sinnige Vereinfachungen (wie „Marktwirtschaft ist,

wenn sich Leistung lohnt“) auf ein allgemeinverständliches Niveau gebracht werden. Organisationsmythen transportieren gleichfalls in verdichteter Weise symbolische Sinnwelten.

Die hier unterschiedenen Legitimationsebenen durchdringen sich in der Praxis des symbolischen Managements zu einem geschlossenen Sinngebungssystem, das darüber hinaus nicht selten mit dem Prozeß der primären Objektivation untrennbar verbunden ist. Sprache, Symbole, Geschichten, Setting, Zeremonien und vieles andere mehr definieren eine Unternehmenswelt und rechtfertigen sie gleichzeitig. Weil durch symbolisches Management konkrete Machtinteressen gewahrt werden, wobei es nicht auf die Intention des Managers ankommt, sondern auf die erzielten Wirkungen, entpuppt es sich als neueste Variante von *Ideologieproduktion* (nach Human-Relations-Bewegung, kooperativer Führung, Verhaltensgitter, Organisations- und Teamentwicklung und so fort).

Kombinierte Strategien der Kultur-Gestaltung

Wir haben bereits erwähnt, daß in der Praxis meist mehrere der von uns künstlich isolierten einzelnen Strategien kombiniert werden. Dabei herrschen pragmatische Zusammenstellungen vor, die wiederum nicht zufällig sind, sondern Aspekte der Unternehmenskultur offenbaren. Es wäre beispielsweise mit einer demokratischen, die Selbständigkeit einzelner Bereiche und Mitarbeiter respektierenden Unternehmenskultur unvereinbar, wenn mit brachialer Gewalt, ohne Vorinformation und Interessenberücksichtigung, Neuerungen durchgesetzt würden.

Die Abfolge von Gestaltungsmaßnahmen wird in der Unternehmenskulturliteratur häufig in zyklischen Modellen dargestellt, die in ihrer Grundstruktur dem klassischen Organisationsentwicklungsansatz von Kurt Lewin mit den Phasen *unfreezing* (auftauen), *moving* (verändern) und *refreezing* (stabilisieren) ähneln. Im Vergleich zu den traditionellen Ansätzen der Organisationsentwicklung werden aber in Kulturgestaltungsprogrammen insbesondere die Rolle von Auslösern (Krisen, Innovationen, Fusionen), Visionen des Managements und symbolisierenden Prozessen betont.

Ein Beispiel für ein zyklisches Modell (8):

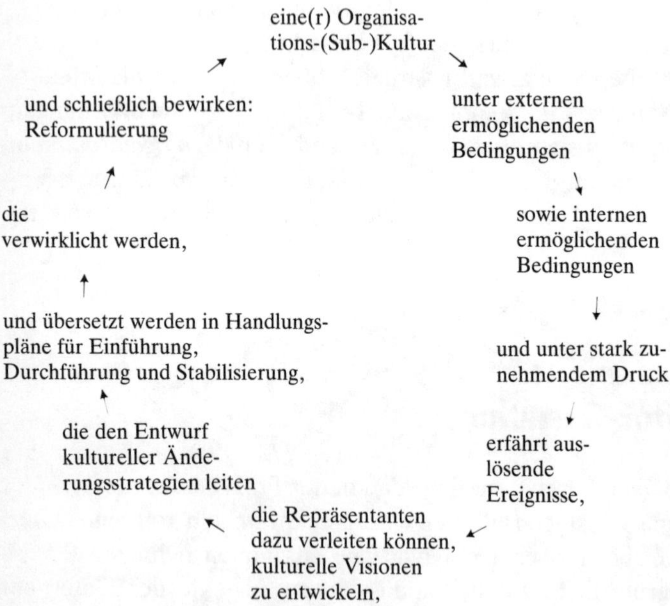

Wir werden im folgenden vier grundlegende Orientierungen skizzieren, die der Wahl einer kombinierten Kultur-Änderungs-Strategie zugrundeliegen können: Macher-, Gärtner-, Krisen- und Autonomieansätze. Der Unterschied zwischen ihnen liegt vor allem in dem Ausmaß, in dem der Gestaltungsablauf als rational planbar angesehen wird. Die *Macheransätze* halten dies für weitgehend möglich, die *Gärtneransätze* dagegen nur in Richtungen, die bereits in der Kultur angelegt sind, und die *Krisenansätze* nur unter bestimmten Bedingungen, das heißt, wenn sich durch fortwährende und nicht mehr lösbare Schwierigkeiten ein genügend hoher Problemdruck angestaut hat. Die *Autonomieansätze* enthalten sich gezielter – auf ein *festgelegtes* Ziel hin orientierter – Einflußnahmen und beschränken sich auf die Aktivierung und Begleitung eines selbstgesteuerten Prozesses.

Der Vergleich der vier Ansätze zeigt, daß die Führungsschicht eine jeweils charakteristische Rolle im Kulturentwicklungsprozeß einnehmen kann:

Der *Macheransatz* beinhaltet einen „Topdown"-Prozeß (von oben nach unten), in dem in mechanistisch-bürokratischer Orientierung alle Register des symbolischen Managements gezogen werden, um eine Vision zu erfüllen. Als Grundthematik herrscht vor: Analyse von Barrieren und Überwinden von Widerständen. Die Vereinnahmung der Mitarbeiter für eine Vision mag auf eine recht subtile Weise geschehen, indem etwa bei den Betroffenen ein Gefühl von „Ownership" (Eigenverantwortung) zu erzeugen versucht wird oder Nonkonformisten durch rhetorische Floskeln oder manipulative Argumentation überzeugt werden sollen. Es wird also unterstellt, daß Mitarbeiter grundsätzlich im Sinne einer Vision gelenkt werden können.

Im *Gärtneransatz* sieht sich dagegen das Management weniger in dieser Dompteurpose als vielmehr in der Rolle eines Stylisten, der einem Modell noch den letzten Schliff verpaßt, oder in der eines Lehrers, der ein vorhandenes Potential zur Entfaltung bringt (9). Hier liegt die Vorstellung zugrunde, daß der kulturelle Kern der Persönlichkeit eine gewisse Trägheit besitzt, gegen die anzukämpfen den Einsatz zu vieler wertvoller Ressourcen binden würde. Hauptaufgabe des Managements ist es daher, „die Herde ungefähr nach Westen zu treiben" (10). Dazu bedarf es empathischer und diagnostischer Fähigkeiten, um mögliche Entwicklungsrichtungen zu erkennen sowie der Schaffung eines lernfreundlichen Rahmens, durch den bevorzugte Richtungen begünstigt werden.

Im *Krisenansatz* ist weder der empathische Didaktiker noch der selbstherrliche Sozialingenieur gefordert, denn es wird eine geringe Lernbereitschaft des Menschen unterstellt, der mit aller Macht an seinen Überzeugungen festhält und sie gegen Änderungsversuche verteidigt (11). Daher ist auch eine drastische Krise notwendig (unter Umständen eine künstlich erzeugte – eine

Möglichkeit, die in der Managementliteratur unter dem Stichwort „Strategie des Bombenwurfs“ für geplanten Wandel durchaus ernsthaft diskutiert wird, 12). In diesem Ansatz müssen erfolgreiche Manager ein inneres Radar – neben einem Sinn für Timing – entwickeln, das sie laufend über die neuesten Entwicklungen im Betrieb und in der Außenwelt ins Bild setzt. Sie müssen versuchen, im rechten Moment das Steuer herumzureißen. Andererseits muß der Krisenmanager sich davor hüten, von der Entwicklung überrollt zu werden. Er zeichnet sich deswegen dadurch aus, daß er die Winkelzüge des politischen Spiels beherrscht, die Szenerie der Machtverteilung durchschaut und ein gerüttelt Maß an „Impression Management“ betreibt.

Der Begriff *„Autonomieansatz“* klingt für den nüchternen Praktiker zu hochtrabend und vielversprechend, denn er weiß, daß sich kein Unternehmen und kein Bereich im Unternehmen wirklich autonom, das heißt unabhängig von den Zwängen des Marktes, der Hierarchie, der Ressourcen, der Traditionen entwickeln kann. Gemeint ist hier von der Unternehmensspitze *zugestandener* Freiraum, nicht etwa die von der Basis ausgesprochene Unabhängigkeitserklärung. Zudem ist der Spielraum der Autonomie begrenzt durch die Vernetzung von Menschen, Ressourcen und Zielen. Es geht also um *mehr* Autonomie der Basis als etwa in den anderen drei Ansätzen, bei denen jeweils eine aktiv intervenierende Unternehmensleitung die dominierende Rolle spielt.

Im Unterschied zu den top-down-Macher-Ansätzen (von oben nach unten) verlaufen die Autonomieansätze „bottom-up“ (von unten nach oben): die von Veränderungen Betroffenen haben die Chance, diese Veränderungen selbst zu gestalten; sie suchen, planen und entscheiden nicht für andere, sondern für sich. Voraussetzung dazu ist, daß ihnen alle relevanten Informationen zugänglich gemacht werden, daß sie Zeit und Gelegenheit für Diskussionen und experimentelle Projekte bekommen und – im vorgegebenen Rahmen – die Kompetenz haben, jene Maßnahmen zu realisieren, für die sie sich entschieden haben.

Insbesondere in kleineren überschaubarenUnternehmen (oder Unternehmensbereichen), die mit komplexen Technologien in turbulenten Märkten arbeiten und über relativ qualifiziertes und engagiertes Personal verfügen (typisches Beispiel: Computerindustrie), haben sich solche Strategien bewährt.

Der Autonomieansatz unterscheidet sich von den anderen drei Grundorientierungen vor allem dadurch, daß er vom Konzept der einheitlichen und starken Unternehmenskultur abgeht. Er ist die Gegenposition zu jener Gleichschaltung, die die managementorientierten Ansätze betreiben. Statt dessen macht er Ernst mit der Auffassung, daß es in jeder Kultur neben der „offiziellen" Hoch-Kultur der Herrschenden eine Vielzahl von Alternativ- und Subkulturen gibt, deren Dynamik die Vitalität der Hochkultur ausmacht, die ansonsten erstarren würde, wenn sie sich nicht den Herausforderungen der Gegenkulturen stellen, sie assimilieren oder integrieren würde. In Nischen und Freiräumen werden neue Möglichkeiten entwickelt und erprobt und was der etablierten Kultur zunächst avantgardistisch, verrückt, anstößig oder extrem erscheint, wird nicht selten über kurz oder lang zur Normalkultur. Nicht umsonst fordern die Beobachter der Managementszene, der Gefahr der Verkrustung durch die Betonung von Championship und die Einrichtung von Talentschuppen („skunk works") zu begegnen. Kulturelle Reichhaltigkeit ist für das Überleben in einer komplexen Umwelt allemal vorteilhafter als kulturelle Homogenität. Das bedeutet jedoch automatisch, daß man sich innerhalb von Unternehmen mit Kultur-Kämpfen wird auseinandersetzen müssen, weil Vielfalt ohne Widersprüche nicht zu haben ist.

O'Toole stellte wohlinformierten Auskunftspersonen eine simple Frage: „Wenn Sie wählen könnten zwischen den großen amerikanischen Unternehmen, in welchem würden Sie arbeiten wollen?" (13). Nur eines der acht „beliebtesten" Unternehmen (nämlich Levi Strauss) zählt auch zu den von Peters und Watermann auserkorenen exzellenten Firmen. Dieses Ergebnis führt vor Augen, daß gerade unter einer Kulturperspektive die *eindimensionale* Managersichtweise andere „Leistungen" ausblendet, die ein Unternehmen ebenso produziert oder verhindert: Herrschaft, Sinn, Freude, soziale und physische Umwelt, Angstbewältigung, Beziehungen und so weiter. Bezeichnenderweise stehen nach O'Toole in den „beliebten" Firmen andere Merkmale im Vordergrund als in den „exzellenten": Partnerschaft für Gewerkschaften, Vermögensbeteiligung, Maßnahmen zur Arbeitsplatzsicherung, lebenslange Weiterbildung für alle, bedürfnisgerechte Arbeitszeiten und Gewährung geldwerter Leistungen, Entscheidungsbeteiligung und Wertevielfalt. Firmen, die sich aufmachen, so die Kluft zwischen der Graswurzel- und Elitekultur zu schließen, steht ein steiniger, mit schmerzlichen Erfahrungen verbundener, mühevoller Weg bevor. Es lohnt sich (wenn der Weg das Ziel ist).

7. Kapitel

Unternehmenskultur ist Ansichtssache

Zusammenfassende Schlußbemerkungen

Der Unternehmenskulturansatz hat viele Gesichter (wir erinnern an unsere Einteilung, in der wir elf verschiedene Akzentsetzungen erläutert haben). Man kann deshalb nicht hoffen, in einer zusammenfassenden Würdigung säuberlich Pros und Contras gegenüberstellen zu können, um abschließend Bilanz zu ziehen. Was für den einen Betroffenen oder Interessenten ein Plus ist, kann für den anderen ein Minus sein. Wir werden deshalb die verschiedenen An-Sichten durchaus pointiert formulieren, so daß kontroverse Bewertungen nicht verschleiert werden. Diese Zusammenstellung von Standpunkten verstehen wir auch als Korrektiv der vorherrschenden einseitig euphorischen Kommentierung des Kultur-Ansatzes.

Wir haben bei unserer Unternehmenskulturdefinition zwei Facetten unterschieden: einmal die äußeren Erscheinungsformen (Sprachregelungen, Riten, Firmenlogos und so weiter), zum anderen die Werte, Schemata, Pläne, Normen, die aus diesen Manifestationen erschlossen werden (sie werden nicht so sehr erkannt, als daß auf sie erkannt wird!).

Die sichtbaren Zeichen erfolgreicher Unternehmen kann man beschreiben, nachahmen und zur Schau stellen, aber darin erschöpft sich Kultur nicht. Man liefert dabei nur, was Horkheimer und Adorno (in ihrer Kritik der Kulturindustrie) ironisch den „photologischen Beweis" nennen: Wenn Wirklichkeit geschönt und geglättet wiederholt wird, tritt sie plötzlich auf mit dem Anspruch, das Wahre zu sein. Es kommt zur Vergötzung dessen, was ist, genauer: was Schein ist. Sich Versatzstücke fremder „erfolgreicher" (?) Kulturen aneignen, ist unterwürfige Anmaßung (sich etwas Unpassendes an-messen). Es ist abgeschautes

Kulturgehabe, wenn man – weil es die „Exzellenten" tun – die Anrede mit Vornamen, die Politik der offenen Tür, Führungsgrundsätze und zündende Slogans kopiert (wie wenn sich der Neureiche die mitgebrachte Negermaske und den renovierten Beichtstuhl in die Kellerbar stellt).

Es geht also nicht um diese Äußerlichkeiten, sondern um den „Geist" (oder die Begeisterung dahinter), um „morale", „spirit", Dynamik, Stil.

Der Unternehmenskulturansatz verheißt die Befreiung des Geistes aus der Flasche, die Entfesselung der Kräfte, die im Unternehmen stecken. Dieser Geist wird aber zumeist nicht in seiner dionysischen Wildheit, Widersprüchlichkeit, Anarchie, Zerrissenheit, Leidenschaftlichkeit und Dunkelheit gesehen, sondern apollinisch verklärt zur erfolgreich gestalteten Ordnung, die sich seiner gezähmten Kräfte bedient.

Sicherheits- und Herrschaftsverlangen münden in den Ruf nach einer (starken) Kultur, die (mit starker Hand?) die Angst vor Dekadenz, Renitenz, Unruhe, Bedrohung beseitigt. Die Kulturdesigner betreiben so eine Plankultur (die sowohl nach Plan wie plan ist). Je mehr sie darin Erfolg haben, desto schwächer wird die Vitalität und – paradoxerweise, aber folgerichtig – desto dringender die Beschwörung des „Geistes".

Kulturleistungen sind – das hat Freud offengelegt – die Vorderansicht von Triebverdrängung, Verzicht und Zwang. Welche Verzichte aber fordert Unternehmenskultur, was wird durch sie bekämpft und latent gehalten? Im einzelnen und konkret sind wir darauf schon eingegangen, als wir die 15 Wertepolaritäten unserer Geschichtenanalysen erörtert haben. Hier soll in einer globaleren Weise noch einmal gefragt werden, was der Kultur als das Andere gegenübergestellt wird.

Wir sehen folgende Gegensätze zu Kultur:

Kultur steht im Gegensatz zu *Natur* als dem Inbegriff dessen, was spontan entstanden ist, aus sich selbst heraus existiert, seine Bestimmung in sich trägt und dem blinden Kampf ums Dasein unterliegt. Kultur ist demgegenüber Zähmung, Zucht, Dienstbarkeit, Menschenwerk: das Natürliche wird mit dem *Künstlichen* konfrontiert.

Kultur ist auch der Gegenpol zu *Barbarei* als dem Sammelbegriff für Fremdheit, Grobheit, Unmenschlichkeit, Ungezügeltheit. Kultur ist anstelle dessen Gesittetheit, Form, *Kultiviertheit.*

Des weiteren kann Kultur mit *Banausentum* konfrontiert werden, gegenüber dessen spießiger Unbildung, Desinteresse an verfeinerter Lebensart, geistiger Beschränkung und Borniertheit Kultur als das stil- und geschmackvolle *Elitäre* gilt.

Ein Trennungsstrich wird auch zwischen *Zivilisation* und Kultur gezogen. Zivilisation ist technisch-rationale Naturbeherrschung unter dem Diktat von Nützlichkeit und Effizienz, Kultur ist demgegenüber die untechnische „humanistische" *Bildung* und Vergeistigung, die Muße und Muse pflegt, sich mit dem Romantischen, Irrationalen oder Idealistischen beschäftigt.

Überträgt man diese Gegensatzpaare auf das Konzept der Unternehmenskultur, erschließen sich verborgene Hintergrundmotive, die die Attraktivität des Kultur-Ansatzes erklären können:

Unternehmenskultur richtet sich zunächst gegen *Unternehmenszivilisation* als der Herrschaft der nüchternen kalkulierenden Rationalität; diesen „harten S" werden die „weichen S" gegenübergestellt (siehe S. 11). Das ist die übliche Polarisierung, auf die wir unten noch ausführlich eingehen werden.

Unternehmenskultur kann auch die Überwindung von *Unternehmensbarbarei* bedeuten: eine solche Hinsicht wäre sehr entlarvend, weil sie einer vorherrschenden Rohheit und Brutalität die Forderung nach Humanisierung und menschlichem Maß entgegenstellte.

Unternehmenskultur ist überdies die Kur für *Unternehmensbanausentum.* Wenn der Präsident der Katholischen Universität Eichstätt vor Führungskräften der Wirtschaft in Schloß Gracht fordert, „eine obere Führungskraft muß Geige spielen können", dann umschreibt er symbolisch das Abgrenzungskriterium einer geschlossenen Gesellschaft gegen hemdsärmelige Parvenüs und den innigen Wunsch der „Leistungselite", zu den gehobenen Schichten oder gar der Neuen Aristokratie zu gehören, vom Motorenraum auf die Kommandobrücke zu wechseln und sich im Glanz der Kapitänswürde des Traumschiffes Gesellschaft zu sonnen.

Stellt man Unternehmenskultur der *Unternehmens-Natur* gegenüber, so ist zunächst nach der eigentlichen „Natur" von Unternehmen zu fragen. Die Antwort gibt das Epizentrum der Kulturwelle: die Reagonomics predigten die Rückkehr zu einer freien Marktwirtschaft und den alten unternehmerischen Tugenden von Eigennutz und Leistung. Unternehmenskultur wäre für eine solche Rück-Wende die Verhausschweinung des Kapitalismus, die so nicht gemeint gewesen sein kann. Also ist sie bloß der Schafspelz, den er sich übergezogen hat? Eine differenziertere Antwort wird möglich, wenn man sich vor Augen führt, warum *verschiedene Interessenten* zu Beginn der 80er Jahre das Kultur-Angebot so begierig aufgegriffen haben:

Seine Popularität bei den *Wissenschaftlern* verdankt der Unternehmenskulturansatz einer Pendelbewegung der Zeitströmung. Nach einer langen Periode der Verherrlichung der objektiven, funktionalen, exakten, eindeutigen, absoluten, endgültigen und quantitativen Programmatik fügt sich der Kultur-Ansatz in den Trend subjektiver, expressiver, symbolischer, mehrdeutiger, relativer, geschichtlicher und qualitativer Aussagen und Gestaltungen.

In den 60er und 70er Jahren war die Organisations- und Managementlehre empirisch geworden. Das hieß im Regelfall: Sammlung großer Datenmengen, Verarbeitung auf EDV-Anlagen mit raffinierten statistischen Verfahren, unüberschaubare Produktion von Einzelbefunden, die sich zudem meist widersprachen und nur geringe Erklärungskraft besaßen. Die Reaktion: Enttäuschung und Abwendung, scharfe theoretische und methodologische Kritik. Konsequenz: Suche nach neuen Paradigmen (anstelle des mechanistischen Kontingenz-Ansatzes) und neuer Methodologie (anstelle des positivistisch-rationalistischen Ansatzes). Die Hoffnung: Organisationskultur und qualitative Sozialforschung.

Für Wissenschaftler, die dem positivistischen Methodenideal verpflichtet blieben, eröffnet sich eine Chance, die Erklärungskraft ihrer Modelle zu vergrößern, indem der Faktor „Unternehmenskultur" als eine weitere wichtige Zwischen-Variable eingebaut und (quantifizierend) erfaßt wird. Ziel bleibt nach wie vor, die Effizienz von Unternehmen in Abhängigkeit von einzelnen Einflußgrößen zu erklären.

Der Unternehmenskultur-Ansatz stellt sich gegen das vorherrschende ungeschichtliche und ungesellschaftliche Wissenschaftsprogramm der Betriebswirtschaftslehre. Statt das Unternehmen als eine Einrichtung zu sehen, die nach eigenen Gesetzen funktioniert und der (übrigen) Gesellschaft als Hort von Rationalität und Effizienz gegenübersteht, wird sie als *Teil* der Gesellschaft erkannt. Die *empirische* Untersuchung des Unternehmens hat deshalb der ganzen Bandbreite kultureller, gesellschaftlicher, menschlicher Äußerungsformen Rechnung zu tragen, um Erklärungsbeiträge zu entdecken, die der bisherigen Vorgehensweise unzugänglich waren.

Gegen das „Weltformelbedürfnis" (Max Weber) der Theoretiker, das sich von der Wirklichkeit zur Wahrheit der Gesetze und Abstraktionen entfernt, setzt der geradezu romantisch zu nennende Kultur-Ansatz Erklärungen zum Anfassen. Hier spielen konkrete Menschen die Hauptrolle, Personen, die man kennt, mit denen man sich identifizieren, die man fürchten oder hassen kann. Wenn man gar zu Mythos und Mission, Totem und Tabu vordringt, kann man sich auch den verdrängten Wunsch erfüllen, sich über das Alltägliche zu erheben und am Besonderen teilzuhaben.

Unternehmensberater, Bildungsverantwortliche in den Firmen, *Wirtschaftsjournalisten* und *angewandte Wissenschaftler* profitieren von der „Kulturmode":

Es zeichnete sich in den 70er Jahren eine Marktsättigung für die herkömmlichen Themen (Computerisierung, Divisionalisierung, Führungsstile, Organisationsentwicklung) ab. Die Ansätze waren bekannt, realisiert oder einfach veraltet. Neue Produkte, die „in die Landschaft paßten", waren gefragt. Angesichts der Wertwandeldiskussion, der Japan-Mode und fundamentalistischer, pseudoreligiöser und spiritualistischer Massenbewegungen fand der Kultur-Ansatz einen bereiteten Boden: er versprach Anschluß an den Zeitgeist.

Unternehmensberater und Ausbildungsleiter fanden im Kultur-Ansatz ein neues Tätigkeitsfeld, mit dem sie ihre Angebotspalette bereichern konnten. Uttal spricht in diesem Zusammenhang von der „corporate culture vultures" (Unternehmenskultur-Geiern), die mit uneinlösbaren Versprechen Akquisition treiben (1). Unternehmenskultur wird quasi als neue Dienstleistung vermittelt, durch die Unternehmen den Anschluß an die neuesten Trends kaufen können (wodurch sie vor allem die Berater sanieren).

Sarkastisch formulieren Heide Huck und Andreas Sourisseaux:

> „Schlagen Sie nach, in den Gelben Seiten unter Kulturberater, CI-Berater, Ethikberater, New-Age-Berater, Zivilisationsberater, oder suchen Sie die Rubrik ‚Kultur' in ‚Wer liefert was' ... Aus dem umfangreichen Katalog des Beraters sucht man sich die gewünschte Kultur aus. Diese kann dann noch in unwesentlichen Einzelheiten auf das Unternehmen maßgeschneidert werden" (2).

Den Anbieter von Unternehmens-Kultur stört das Argument nicht, daß man Kultur nicht „machen" kann. Das will er gar nicht – er will *in* Kultur machen.

An der Unternehmenskulturwende sind auch die *Manager* interessiert:

Akademische Theoretiker und Computerspezialisten drohten in den 60er und 70er Jahren das Heft an sich zu reißen und als neue Herren rationale Systeme, Strategien und Strukturen zu etablieren. Die alten Macher wurden als unzulänglich, weil unkalkulierbar und suboptimal eingestuft, das Schicksal der Facharbeiter schien sich an ihnen zu wiederholen, die vielfach durch Automation in ihrer Stellung entwertet worden waren. Da kam die Kultur-Welle gerade zur rechten Zeit: Sie gab alten Tugenden wie Intuition, Phantasie, Mut, Charisma wieder Auftrieb. Es wurde nicht länger von Koeffizienten, Korrelationen, Simulationsmodellen und dergleichen geredet, statt dessen wurde auf „Paralyse durch Analyse" erkannt; Tatkraft, Vision, Dynamik, Mission und Championship kamen wieder zu ihrem Recht. Wissenschaftler, die *diese* Sprache sprachen, waren gefragt, damit sie den langersehnten Trost spendeten. „In Zeiten, wo jeder Werbekampagne, jeder Limoflasche, jedem Kleidungsstück eine verdammte Kulturgeschichte hinterhergeschrieben wird, warum sollte da das Unternehmen hintanstehen?" (3).

Auch den *Zeitkritikern* kam der Kultur-Ansatz gelegen: Das Unternehmen als Kultur sehen heißt, es als *Menschenwerk* sehen.

Das bedeutet zunächst, es als eine Schöpfung zu sehen, die den Menschen als Realität gegenübertritt und sie sowohl widerspiegelt wie auch formt. Über diese materialistische erste Stufe hinaus bietet eine solche Sichtweise weitere idealistische Perspektiven:

- Dieses „Menschenwerk“ folgt einem Plan und Interessen; es muß sich somit begründen oder rechtfertigen lassen.
- So, wie es im Ergebnis ist, *muß* es nicht sein – es gibt immer die „Möglichkeit des Andersseins“.
- Es ist nie fertig, sondern immer ein Projekt: in Arbeit, unvollendet.

Anders als die Maschinen- oder Organismusmetapher regt der Kultur-Ansatz dazu an, das Bestehende nicht zu akzeptieren. Er verlangt und erlaubt Interpretation, Legitimation, Experimentation, Kreation. Es kommt eben, wie Gert Heidenreich bemerkte, heute nicht unbedingt mehr darauf an, die Welt ein weiteres Mal zu verändern, es kommt vielmehr darauf an, im „Machen“ innezuhalten und sie neu zu interpretieren!

Der Kultur-Ansatz inspiriert zum „zweiten Blick“: Die Unternehmenswirklichkeit ist eine Tat-Sache – und hinter jeder Tat stehen Motive, Ziele, Interessen. Es gibt darum keine unstrittige Objektivität: alles bedarf der Deutung. Alles hat neben seinem instrumentellen Mittel-Charakter für genannte Ziele auch noch Mittel-Charakter für nicht genannte Ziele oder einen Wert als eigenständiges Ziel.

Die objektive Lage ist damit „nur“ die (vor-)herrschende Ansicht; andere Wirklichkeitsdefinitionen sind genauso wahr, ihnen fehlt nur die Macht, sich als verbindlich durchzusetzen.

Der interpretative Kulturansatz fordert auf zur Relativierung und Demokratisierung.

Darin liegt die Chance, bestehende „Selbstverständlichkeiten“ als Verkrustungen zu sehen und zu überwinden; multinationale Unternehmen, die in verschiedenen Kulturen operieren können, lernen mit und in alternativen Wirklichkeiten zu existieren.

Der Unternehmenskulturansatz begräbt die Illusion, daß alles nach Plan (zu machen) geht und daß eine wohlinformierte Spitze alles im Griff hat. Die Wahrscheinlichkeit von Willkür, Anarchie, Zufall, Ratlosigkeit und Blindheit ist genauso hoch. Die Unternehmenskulturperspektive politisiert, weil sie zugrundeliegende Mythen aufdeckt. Damit werden nicht nur Welt-Anschauungen bewußt gemacht, sondern auch dahinterliegende Interessen und Ziele offengelegt und frag-würdig beziehungsweise rechtfertigungsbedürftig. Eine solche Entmythologisierung (4) kann Selbstbewußtsein stärken, Spontaneität ermutigen und Kreativität fördern, sie kann aber auch Vertrauen erschüttern sowie Resignation und Desinteresse nähren.

Für *Unternehmensangehörige* gibt die Unternehmenskulturperspektive der Alltagserfahrung von Beweihräucherung, leerlaufender Konvention, lächerlichem Imponiergehabe, Selbstbespiegelung, Irrationalität, subversivem Schwejkismus, Doppelzüngigkeit, innerer Emigration und Mikropolitik einen neuen Sinn: Es sind dies nicht länger Störungen des rationalen Plans, die individueller Unfähigkeit oder Böswilligkeit geschuldet sind, sondern unvermeidbare und universelle Reaktionsweisen von Menschen in hierarchischen, konkurrenzorientierten und normierten Systemen.

Diese Einsicht mündet in zwei grundverschiedene Forderungen:

Es kann als tröstende und befreiende Erfahrung erlebt werden, daß es nicht bedauerliches individuelles Schicksal ist, unter solchen Unzuträglichkeiten leiden beziehungsweise sich auf solch unethische oder fragwürdige Art wehren zu müssen: Andere erfahren und tun das Gleiche!

Zum zweiten haben solche Abweichungen für das System ihr Gutes: Sie sind für den, der die Macher-Haltung verinnerlicht hat, herausfordernde Chancen, weil sich in solchen Symptomen Potentiale irregeleiteter Vitalität zeigen, die – richtig behandelt – konstruktiv genutzt werden können. Organisationsgestalter wissen, daß die Koordinations- und Steuerungsprobleme exponentiell steigen, wenn Unternehmen größer und komplexer werden. Die traditionelle Art mit diesen Schwierigkeiten fertig zu werden, bestand darin, den komplexen Prozeß zu zerlegen, die Bestandteile zu standardisieren und nach einer rationalen Prozedur wieder zu resynthetisieren. Dabei mußte durch allgegenwärtige und sofortige Kontrolle sichergestellt werden, daß sich alle Teile des Systems plangetreu verhielten. Dieser technizistische Ansatz erfordert einen hohen Planungs-, Standardisierungs- und Kontrollaufwand und wird schnell unökonomisch, wenn häufige Anpassungen nötig sind oder wenn auf viele spezielle Wünsche eingegangen werden muß.

In dieser Situation verspricht der Kultur-Ansatz eine verblüffend einfache Lösung:

Maßgeschneiderte vorgeplante Reglementierungen werden überflüssig, wenn es gelingt, in den Mitarbeitern die Mission (das Ziel) zu verankern und sie für ihre Aufgabe zu begeistern, sie zur verschworenen Gemeinschaft zu machen, in der sie sich gegenseitig stimulieren und überwachen. Dann erledigt sich „von selbst", flexibel, situationsgerecht und zielbezogen, was durch technische oder bürokratische Maßnahmen kaum zu schaffen wäre.

Ein Beispiel für eine fragwürdige gelungene normative Stabilisierung (5):

„Ich erinnere mich an eine Telefonistin, die ihren Dienst an einem einsamen Platz versah, von dem aus sie in einiger Entfernung das Haus sehen konnte, in dem ihre Mutter krank zu Bett lag. Sie opferte sich auf, um für ihre Mutter zu sorgen und ihr jenes Haus zu erhalten. Um das zu können, wählte sie entgegen anderen Neigungen diese Beschäftigung in jener besonderen Lage. Dennoch blieb sie am Klappenschrank, während sie sah, wie das Haus niederbrannte. Kein offizieller Kodex und keine Bestimmung der Organisation, die für diese Umstände gegolten hätten, leiteten ihr Verhalten, ja, sie verletzte einige private und andere Normen. Dennoch zeigte sie, wie man sagen müßte, außerordentlichen ‚moralischen' Mut, um einer Verhaltensregel ihre Organisation zu entsprechen – der moralischen Notwendigkeit zu ununterbrochener Dienstbereitschaft der Telefonvermittlung. Das bedeutete hohe Verantwortlichkeit im Hinblick auf diese Norm."

Ist das Unternehmen ein „Clan", also von *einer* gemeinsamen Kultur durchdrungen, so fällt die interne Stabilisierung leichter. Um die Systemidentität zu definieren, wird die Problem- und Bestandsformel durch die *Sozialformel* erweitert (6). Je mehr fraglose Selbstverpflichtung, desto mehr Reserven können für die Auseinandersetzung mit der externen Umwelt freigesetzt werden.

Weil die Steuerung auf einer „tieferen" Schicht (als Belohnungsversprechen oder Appell an Einsicht und Notwendigkeit) erfolgt, ist sie auch umfassender und widerstandsfähiger gegen externe Störungen: eine konsistente Programmierung, die sich in Symbolen, Handlungsmustern und Produktionen gleichsinnig zeigt, macht sich von Einzeleinflüssen unabhängig.

Neben dem funktionalen Erfolgsbeitrag wird noch eine zweite Leistung erbracht: Es ist nicht mehr nötig, den Mitarbeitern mit künstlicher Rhetorik Einbettung, Sinn und Notwendigkeit ihrer Arbeit zu erklären, weil die Einheit und Ganzheit des Unternehmens in ihrem Engagement täglich neu erfahren und erzeugt wird.

Die Vokabel Unternehmens-Kultur suggeriert Halt, Sinn, Ganzheitlichkeit in einer Lebenswelt, die durch Zerstückelung, Machtlosigkeit, Beliebigkeit, Bedrohung, Leere und Gleich-Gültigkeit gezeichnet ist. Das Versprechen der Identitätsstützung verbindet sich mit dem der Eingliederung in eine Gemeinschaft Gleichgesinnter oder Gleichbestrebter – und je mehr es sind, desto größer ist das Vertrauen, auf dem richtigen Weg zu sein.

Für *Praktiker* leitet sich daraus die Hoffnung ab, die Lethargie, Erstarrung, Unbeweglichkeit und Unregierbarkeit bürokratischer Riesenunternehmen durch Werte-Infusion (quasi nach der Art einer Aufputschdroge) wieder steuerbar zu machen und Schwung, Begeisterung und Identifikation aus (und mit) Nichts zu erzeugen.

Horkheimer und Adorno erkennen in einer solchen Situation auf „seelische Winterhilfe" (7):

> „Die betriebswissenschaftliche Kameradschaftspflege, die schon jede Fabrik zur Steigerung der Produktion sich angelegen sein läßt, bringt noch die letzte private Regung unter gesellschaftliche Kontrolle, gerade indem sie die Verhältnisse der Menschen in der Produktion dem Schein nach unmittelbar macht, reprivatisiert."

Manager glauben, den ihnen aufgezwungenen Wolfscharakter des Kapitalismus (der nicht den Lebenssinn, sondern Geld vermehren will) dadurch verbergen zu können, daß sie Kulturkreide fressen.

Im „Kampf um die Seele des Arbeiters" ist jedes Mittel recht, solange es nur wirkt. Die Undurchschaubarkeit, Nüchternheit, Normierung, Anonymität, Unbarmherzigkeit der (Groß-)Unternehmen wird ins Hollywood-Idyll von Eingeborenenstämmen zurückgeholt: Riten, Symbole, Bräuche, Traditionen, Mythen und Legenden, Gesänge, Feiern, Idole, Credos – es menschelt, man fühlt sich aufgehoben, zu Hause.

In der Ablenkung auf „Brot und Spiele" (Conventions, Ehrennadeln, Prämien, Statussymbole, Mottos, Anekdoten) unterbleibt die kritische Auseinandersetzung zwischen den antagonistischen Interessengruppen in einer Organisation. Insofern ist der „Kultur"-Ansatz die modernisierte Neuauflage der Human-Relations-Bewegung der 30er Jahre: Eine Organisation, eine Kultur, ein Führer!

Allerdings ist diese Wendung nicht zwangsläufig, vor allem dann nicht, wenn am Konzept der „starken *Sub*-Kulturen" festgehalten wird, weil es dann möglich wird, widerstrebenden Strömungen Ausdruck zu geben und einen „Kultur-Kampf" zuzulassen.

Eine Unternehmenskultur, die dies unterbindet, gerät leicht zur „corporate madness" (Firmen-Irresein): einige wenige versuchen, *ihre* Vorstellungen vom richtigen Leben allen anderen einheitlich aufzuoktroyieren. Der „ganze Mensch" wird durch Herrschaft 3. Grades mit Leib und Seele in Besitz genommen, so daß ihm die Möglichkeit des Andersseins gar nicht mehr in den Sinn kommt. Die unkontrollierbaren enthumanisierenden Wirkungen einer solchen „starken" Kultur hat das Nazi-Regime drastisch vor Augen geführt.

Für dieses Problem werden zwei Lösungen angeboten:

a) Eine „starke" Kultur ist an sehr abstrakten und allgemeinen Werten orientiert, so daß die Berufung auf die nichtoperationalen Grundwerte ein sehr weites Spektrum konkreter Handlungen zu legitimieren erlaubt.

b) Der zweite Ansatz argumentiert konträr:
„Oberste, die Überlegungen leitende These ist es, daß es Kultur als *die* Kultur, Kultur als großes integratives Muster, das kompakte phänomenale wie praktische Einheit stiftet, im Kern gar nicht gibt; Kultur ist vielmehr etwas Pluralistisches: ein lockerer Verbund von Bildern, Themen, Werten und

Handlungsfiguren, die in einer Gesellschaft wirksam sind ...“ (8).

Wenn jede Kultur Sub-Kulturen hat, dann kann man – nach dem System von Checks und Balances – dafür sorgen, daß es starke lebendige Sub-Kulturen gibt, die sich gegenseitig Konkurrenz machen. Für unterschiedliche Entwicklungen der Umwelt liegen dann jeweils verschiedene Antwortmuster parat und eine optimale Anpassung an *eine* Nische erfolgt nicht. Eine sehr gute Anpassung würde zwar Spezialisierungsgewinne sichern, aber bei Bedingungsveränderungen letal wirken.

Optimal wäre es, eine starke Unternehmenskultur (übergreifende *gemeinsame* Werte) intern mit starken Sub-Kulturen zu konfrontieren. Die anderen drei möglichen Kombinationen dieser beiden je zweiwertigen Parameter sind weniger wünschenswert.

Eine solche Polarisierung wird jedoch unterlaufen, wenn als Unternehmenskultur nur *Kultur-Attrappen* angeboten werden, oberflächliche Nachbildungen von Originalen („Wie die Erfolgsfirmen es geschafft haben“); sie sollen als Lockmittel dienen und Menschen lemmingshaft in die (Unternehmens-)Falle treiben.

Es ist eine allzu glatte, entdialektisierte Kultur, die hier entworfen wird. Eine Nes-Kultur, die im Instantverfahren bereitet werden kann; ein schaler Aufguß, aus dem die Widersprüche und Widerborstigkeiten ausgefiltert sind. Magenfreundlich und herzschonend. Ein Schlaftrunk, der einlullen soll, so daß man den Traum von der einzig richtigen, starken, behütenden Kultur träumen kann.

Der Unternehmenskulturansatz ist deshalb auch eine Entstörungsaktion, bei der es darum geht, das Absonderliche und Ungewollte, das Anlaß zu Umdenken und Handlungsveränderung sein könnte, wieder zurückzuholen ins „bloß Menschliche“ – und zu entschärfen.

Unternehmenskultur war als Erweiterung des Blickfeldes gedacht, die aber schnell zur überwunden geglaubten Einseitigkeit degenerierte: statt *neben* Versachlichung, Differenzierung, Quantifizierung *auch* das Subjektive, Symbolische, Ganzheitliche, Qualitative zu sehen, wird dieses Gegen-Teil selber wiederum verabsolutiert. Es wiederholt sich so auf spiegelverkehrte

Weise der Vorgänger-Fehler: Die Kultur-Metapher erklärt sich zur alleinseligmachenden Lehre. Gegen die verkalkten „harten S" (Systeme, Strategien, Strukturen) wird Unternehmenskultur als Weichspüler eingesetzt. Ein Meßbecher genügt. Damit werden all die fruchtbaren Spannungen, die zwischen beiden Polen bestehen, weggelogen.

Der Kultur-Ansatz versucht das Milieu optimalen Funktionierens (des Unternehmens) selber herzustellen. Genauso wie ein Otto-Motor nur unter ganz bestimmten Betriebsbedingungen störungsfrei läuft, so soll auch alles Störende in Organisationen ausgeblendet oder abgeschottet und eine „günstige" interne Lage erzeugt werden.

Damit hängt zusammen, daß „man" sich unabhängig machen möchte von der vorgefundenen Umwelt: Das Unternehmen wird zum „Staat im Staate", zu einem Reich, das nicht von deren Welt ist. Im Unternehmen wird ein Bollwerk errichtet gegen Wertewandel und Traditionsverfall außerhalb: man ist autark und gegen Anfeindungen gefeit.

Möglicherweise fühlen sich die, die Unternehmenskultur machen wollen, in ihrer *eigenen* Bedeutung verunsichert: sie wollen sich selbst ein Denkmal setzen; „ihr" Unternehmen soll ihre unverwechselbare Handschrift zeigen und durch ihr Produkt wollen sie Wert und Unsterblichkeit erlangen.

„Oberste Führungskräfte sind von einem kreativen Schaffensdrang beseelt. Sie haben das Bedürfnis, einen Beitrag an die Gesellschaft zu leisten und sie haben auch das Bedürfnis, dieser Leistung ihren persönlichen unverwechselbaren Stempel aufzudrücken: man könnte auch sagen: ihre eigene Kultur einzubringen ... Sie spüren den deutlichen Wunsch, selber kulturprägend zu wirken, das Unternehmen nach ihren Vorstellungen und ihrem eigenen Vorbild zu prägen" (9).

Hinzukommt, daß in einem „narzißtischen Zeitalter" (10) dieser Narzißmus nicht bei Individuen Halt macht, sondern auch Organisationen erreicht: Ihre Besonderheit, Größe und Macht soll in eindrucksvoller Weise allen (nach innen und außen) präsentiert werden. No business without show-business! Wie immer sie beschaffen sein möge, die Corporate Identity muß kultiviert (!) werden.

Es ist für das Selbstgefühl von Führungskräften abträglich, sich *nur* als (Geld-)Macher zu definieren, zu eng sind die Assoziationen zu Banausentum, Krämerseele und unbedarfter Hemdsärmeligkeit. Wer einen hohen Status in *einer* gesellschaftlichen Wertungsdimension (Geld) erreicht hat, sucht nach Statuskonsistenz, das heißt er will die Angleichung in anderen Dimensionen (Geist, Kunst, Macht, Lebensstil). Kultiviertheit erschöpft sich dann nicht im Mäzenatentum (in Nachfolge der alten Führungsschichten), sondern ufert aus in den narzißtisch-grandiosen Versuch, am wirtschaftlichen Wesen die ganze Kultur genesen zu lassen, sie nach dem eigenen effizienzorientierten Bilde umzuschaffen, Kultur durch „Kulturindustrie" zu ersetzen.

Ein Plädoyer für Organisationskultur kann auch aus der Enttäuschung mit der „Entzauberung der Welt" resultieren: die Herrschaft zweckrationalen Denkens und naturwissenschaftlicher Logik hat irrationalen Sehnsüchten, mystischen Erlebnissen, mythologischen Wirklichkeitsdeutungen, emotionalen Eindrükken keinen Raum mehr gelassen. „Kultur" verspricht nun wie eine Zauberformel die Wiederkehr dieses Verdrängten: Be-geistert sein, statt denken; fühlen und vertrauen, statt kritisieren und kontrollieren – ein Programm, das jenen gelegen kommt, die an der Erhaltung *ihrer* Macht interessiert sind. Organisationskultur wird zur Beschwörung eines „New Age", in dem es zur Versöhnung der Gegensätze kommt und ein neues (goldenes) Zeitalter anbrechen kann (11). Ein solches antiaufklärerisches Programm läuft jedoch Gefahr, zu einer neuen Infantilisierung der Menschen durch hemmungslose Paradiesversprechen zu führen.

Glossar

Allegorie
(griech.: „anders reden“)

Verbildlichte → metaphorische Darstellung von Ideen, Personen, Sachen oder Ereignissen; meist demonstrativ belehrend und künstlich-konventionell (im Gegensatz zu Symbol und Mythos).

Beispiel:
„Wir sitzen alle in einem Boot“
„Jeder hat den Marschallstab im Tornister“.

Anekdote
(griech.: „un-aus-gegeben“, unveröffentlicht)

Unterhaltsam präsentierte unbestätigte Episode aus dem Leben einer bekannten Person, um markante Charakterzüge durch diese Kurz-Geschichte offenzulegen.

Beispiele: s. S. 72, 81, 87, 91.

Aphorismus
(griech.: ab-getrennt, ab-gegrenzt)

Knapper verdichteter Sinnspruch, der in prägnanter Formulierung überraschende Einsichten vermittelt; kurzer treffender Satz; ein „Gedankensplitter“, der ab-getrennt, aus dem Zusammenhang gerissen, lose, ohne systematische Begründung vorgelegt wird.

Argot (der, das)
(franz.)

Spezieller Wortschatz einer abgegrenzten beruflichen, sozialen, ethnischen etc. Gruppe mit für Außenstehende meist unverständlichen Spezialausdrücken (z.B. die Sondersprache von Gaunern, Soldaten, „Szene“) („Rotwelsch“).

Beispiele für das Trainer-Argot sind auf S. 118 abgedruckt.

Artefakte (bzw. Artifakte)
(lat.: Kunst-Erzeugnis, künstlich Hergestelltes)

Alle von Menschen hergestellten oder entscheidend bearbeiteten Gegenstände, insbesondere Werkzeuge und Geräte. Im erweiterten Sinn auch: durch Forschungsmethoden oder Eingriffe erst hervorgerufene Erscheinungen, die aber fälschlicherweise als eigenständige naturwüchsige Phänomene angesehen werden.

Byzantinismus

In Anlehnung an das Herrscherzeremoniell des Kaiserkults in Byzanz (der Hauptstadt des Oströmischen Reichs, dem späteren Konstantinopel bzw. Istanbul) geprägter Begriff, der demonstratives Machtgepräge, gottähnliche Verehrung des Herrschers (und Unterwürfigkeit und Intrigenwirtschaft) bezeichnen soll.

Corporate Identity
(engl.: Firmen-Identität)

Die nach Möglichkeit geschlossene und einheitlich gestaltete Selbstdarstellung einer Unternehmung gegenüber Mitgliedern und Öffentlichkeit. Sie soll das besondere „Profil" oder den unverwechselbaren „Charakter" des Unternehmens zum Ausdruck bringen oder herstellen. Die C. I. soll alle Äußerungsformen prägen (Produktdesign, Architektur, Briefköpfe, Visitenkarten, Farbgestaltung, Firmen → Logo usw.).

So wie sich ein Eingeborenenstamm von anderen durch besondere Zeichen, Bemalungen, Geschichten usw. abhebt, so sucht ein Unternehmen seine Besonderheiten sichtbar zu machen, um Identifikation im Doppelsinn des Wortes (Erkennen und Einswerden) zu erleichtern.

Credo
(lat.: „ich glaube")

Glaubensbekenntnis (mit „Credo" wurden/werden die Glaubensbekenntnisse der katholischen Kirche eröffnet).

Im übertragenen Sinn: die unumstößlichen Wahrheiten, die in einer Gemeinschaft gelten.

In (amerikanischen) Unternehmen wird als „credo" die Zusammenstellung der zentralen Werte und Ziele bezeichnet (→ Mission).

Emblem
(griech.: das Eingelegte)

Auf Kleidung, Produkten, Gebäuden, Arbeitsmitteln usw. angebrachtes Sinnbild oder Kennzeichen, mit dem die Zugehörigkeit zu einer Gemeinschaft ausgedrückt werden soll (z. B. Wappen, Fahne, Abzeichen; s. a. → Logo).

Epigramm
(griech.: Auf-Schrift)

Ursprüngl. Aufschrift auf Kunstwerke, Grabmäler, (Weihe-)Geschenke usw.

Heute: kurzer, oft satirischer, treffender Sinnspruch, meist in Versform, mit geistreicher Pointe (s. a. → Aphorismus, Graffito).

Ethnographie
(griech.: Volksbeschreibung)

Systematische wissenschaftliche Beschreibung der kulturellen Äußerungen eines Volkes (Artefakte, Riten, Mythen, Bräuche, Kulte usw.).

Euphemismus
(griech.: „schön reden")

Beschönigende, verharmlosende, verschleiernde Begriffswahl (z. B.: Endlösung für Judenmord, Freisetzen für Kündigen, Minuswachstum für Verlust).

Fabel
(lat.: fari, fabula: Erzählung)

Eine erdichtete kurze Geschichte, in der meist am Beispiel sprechender und handelnder Tiere bestimmte moralische Einsichten vermittelt werden.

„Wenn wir einen allgemeinen moralischen Satz auf einen besonderen Fall zurückführen, diesem besonderen Fall die Wirklichkeit erteilen und eine Geschichte daraus dichten, in welcher man den allgemeinen Satz anschauend erkennt: so heißt diese Erdichtung eine Fabel" (Gotthold E. Lessing).

Unter „fabulieren" versteht man das erkennbar übertriebene Berichten von nur scheinbar wahren Begebenheiten.

Fetisch
(lat.: factitius: „künstlich gemacht", portugies.: feitiço: „Zaubermittel")

Von Menschen angefertigter oder ausgesuchter Gegenstand, der stellvertretend für eine Gottheit verehrt wird und/oder schützende und abwehrende Kraft hat.

Unternehmensverfassungen, Vorstandsschreiben, Verfahrensgrundsätze, Firmenembleme usw. können Fetisch-Charakter annehmen: Sie sind unantastbar, heilig, und werden zur magischen Abwehr von Bedrohungen rituell eingesetzt.

Im weiteren Sinn auch: Jedes Ersatzobjekt, auf das Triebenergie umgelenkt wird, weil sie nicht am eigentlichen oder üblichen Objekt befriedigt werden kann.

Fiktion
(lat.: fictio: Erfindung, Entwurf)

Zum einen die täuschende, irreführende Vorgaukelung einer erfundenen Wirklichkeit; zum anderen eine in ihrem Wahrheitswert (noch) nicht bestätigte gedankliche Konstruktion, die aber zur Beweisführung benutzt wird, als ob sie erwiesen sei („gehen wir einmal davon aus, daß ...").

Unternehmensfiktionen können sein: Leistungsgerechte Bezahlung, Gleichbehandlung von Männern und Frauen, Chancengleichheit aller bei Beförderungen ...

Graffito
(ital.: Einkratzung)

Ursprünglich in Mauern eingekratzte Inschriften (s. etwa in Pompeji); heute: Kritzeleien und Sprayschriften an Wänden, öffentlichen Verkehrsmitteln, Möbeln usw. mit einem breiten Inhaltsspektrum, von vulgären, obszönen Aussagen bis hin zu kurzen, witzigen provokativen Wortspielen.

Beispiel: s. S. 129ff.

Hermeneutik
(griech.: erklären, auslegen, deuten, übersetzen)

Im engeren Sinn ist darunter die Fertigkeit im Auslegen von Texten und ihren Theorien zu verstehen. Als „Kunstlehre des Verstehens" (Schleiermacher) beinhaltet dies das Verstehen menschlicher Produkte aus sich und ihrem Kontext heraus. Nach der modernen Auffassung ist unter Hermeneutik jeder alltägliche Prozeß gemeint, durch den Menschen Sinn in ihrer Welt erkennen. Grundlegendes Prinzip ist, daß jedes Verstehen historisch verankert ist, d. h. bedingt ist durch die jeweils vorherrschende kulturelle Tradition.

Ideologie
(griech.: Ideen-Lehre)

Von Destutt de Tracy 1801 eingeführter Begriff, der sich ursprünglich auf die Gesamtheit der in einer Kultur vorhandenen Denksysteme oder Weltanschauungen bezog. Heute hat der Begriff meist eine abwertende Bedeutung: Ideologien sind Rechtfertigungslehren, die im Interesse einer bestimmten Gruppe und unter Verschleierung gegebener Machtverhältnisse einer (falschen oder einseitigen) Auffassung eine pseudowissenschaftliche Begründung geben.

Idiosynkrasie
(griech.: eigentümliche Mischung)

Unübliche Abneigung oder Widerwille gegenüber einem bestimmten Gegenstand; charakteristische Einmaligkeit eines Menschen, Besonderheit.

Idol
(griech.: Bild)

Götzenbild; von einer bestimmten Gruppe angebetete, kultisch verehrte und verherrlichte Figur oder Person (s. etwa einen Schlagerstar als Teenageridol; Pele als Fußballeridol).

Im Unternehmen wird nicht selten der Gründer oder derzeitige Vorsitzende zum Idol (v)erklärt.

Image
(engl.: Bild)

Die (meist absichtlich in eine bestimmte vorteilhafte Richtung gelenkte) wertende Wahrnehmung (der „Ruf") von Personen, Produkten, Unternehmen durch die allgemeine Öffentlichkeit (s. a.: → Corporate Identity).

Institution
(lat.: Einrichtung)

a) Sozialgebilde oder soziale Organisation (wie etwa Gewerkschaft, Parlament, Behörde, Familie ...), denen einzelne Personen *angehören.*

b) Die in einer bestimmten Gesellschaft gültigen und aufeinander abgestimmten Verfahren und Handlungsmuster, die formell ausgestaltet und sanktionsbewehrt sind und denen Personen unterworfen sind (I. unterscheiden sich damit nur graduell z. B. von Sitten und Bräuchen). Insofern ist z.B. die Ehe eine I., weil sie das Zusammenleben der Geschlechter, die Fortpflanzung und Aufzucht usw. gesellschaftstypisch regelt.
Man spricht in diesem Sinn von „Institutionalisierung", wenn eine bislang informell geübte Praxis systematisch, offiziell und verbindlich geregelt wird.

In Unternehmen gibt es zahlreiche präzis reglementierte Verfahren, mit denen wichtige offizielle und inoffizielle Ziele erreicht werden sollen (s. a.: Riten).

Ironie
(griech.: Verstellung, Spott)

Das Gegenteil dessen meinen, was ausgesprochen wird, um dadurch in kritischer Absicht eine Ansicht, Gegebenheit oder Auffassung zu relativieren oder in Frage zu stellen.

(Beispiel: Ein Vorgesetzter sagt zu einem notorischen Zuspätkommer: „Sie kommen so pünktlich, danach kann man die Uhr stellen!")

Jargon
(franz.)

Für Uneingeweihte meist kaum verständliche Sondersprache (z. B. „Fachchinesisch" oder „Szenensprache"), die absichtlich oder unbekümmert ungewöhnliche Ausdrücke und Redeweisen benutzt.

Kalauer

Verballhornung des franz. „calembour(g)", d.h. Wortspiel, das ohne Tiefsinn auf alberne Sinnvertauschungen setzt; blödeln mit Worten. Beispiel: Eine Kuh macht Muh, viele Kühe machen Mühe.

Legende
(lat.: „das zu Lesende")

Eine unverbürgte, über Generationen hinweg überlieferte Geschichte über bemerkenswerte Taten und Personen.

In der UK-Diskussion werden vor allem „Gründer-Legenden“ berichtet (so bei Solman u. Friedman z. B. über Head und Reynolds; s. a. Peters u. Waterman).

Logo
(griech.: Abkürzung von „Logogramm“ = Wortzeichen)

Ursprünglich das Wortzeichen einer Bilderschrift; heute meist das Kenn- oder Markenzeichen (Emblem) einer Firma.

Beispiel: das BAYER-Kreuz, die QUELLE-Hand, der FORD-Schriftzug, der MERCEDES-Stern.

Magie
(altpers., griech.: von der persischen Priesterkaste der Mag(o)i ausgeübte Zauberkunst, Hexerei)

Mit genau vorgeschriebenen ritualisierten magischen Handlungen und unter Inanspruchnahme übernatürlicher Kräfte wird ein gewünschtes Ergebnis erzeugt oder eine gefürchtete Konsequenz vermieden; feindliche oder wohlgesonnene Mächte werden unter Kontrolle gebracht.

Wortzauber: Besprechungen, Beschwörungsformeln; Bildzauber: Abbildungen von Göttern, Jagdopfern, Feinden usw., an denen erwünschte Handlungen (Versöhnung, Tötung) stellvertretend vollzogen werden; Bewegungszauber: beschwörende Handlungen, Tänze.

In Unternehmen werden alle Zauberformen eingesetzt (Führungsrichtlinien, Vorstandsreden, Jahresberichte, Betriebsversammlungen, Vorstandsbesuche ...).

Mana
(polynes.)

Vorwiegend auf Personen übertragene geheimnisvolle übernatürliche Kraft, die die Energien in Menschen, Tieren, Pflanzen oder Naturerscheinungen hemmen oder stärken kann.

Mantik
(griech.: Weissagung, Seherkunst, Prophezeiung)

Die – insbesondere im Altertum verbreitete und hochgeschätzte – Kunst, künftige Ereignisse vorherzusagen. Seherkunst ist entweder eine persönliche visionäre Begabung, die insbesondere in Zuständen von Ekstase oder Trance wirksam wird (s. Orakel), oder eine eher technisch geregelte

Disziplin (siehe z. B. Deutungen aus Vogelflug oder -eingeweiden; dem Stand der Sterne; Naturerscheinungen wie Erdbeben, Blitzen, Kometen; Handlinien, Träumen usw.).

In der UK-Diskussion gelten Verfahren der Personalauslese, (strategischen) Planung, Investitionsrechnung usw. als mantische Handlungen.

Maxime
(lat., Abkürzung von „maxima propositio" = Haupt-Voraussetzung in einer Schlußfolgerung)

Grundsatz, Leitlinie, Handlungsanweisung.

Beispiel:
„Handle so, als ob du auf der Gehaltsliste des Kunden stündest" (IBM).
„Das Beste oder gar nichts" (Daimler).

Metapher
(griech.: Übertragung)

Mit einer Metapher werden zwei normalerweise nicht in einem Bedeutungszusammenhang stehende Begriffe aufeinander bezogen („Der Mensch ist ein Wolf"); dadurch werden auf einen der Begriffe (Mensch) Sinninhalte des anderen Begriffs (Wolf) übertragen; jedoch beinhaltet die neue resultierende Bedeutung mehr als nur die Summe beider Begriffsinhalte: etwas Schöpferisches, Kreatives, Unerwartetes.

metaphorisch: übertragen, bildlich gemeint.

Mission
(lat.: Sendung)

In der katholischen Religion: Bekehrungsauftrag; in (amerikanischen) Unternehmen: jene Aktivitäten und Ziele, die die Daseinsberechtigung des Unternehmens auf einen Nenner gebracht zum Ausdruck bringen.

Motto
(ital.: das Wort)

Leitspruch, der ein Handlungsprinzip kennzeichnet.

Beispiel:
„Wir reißen uns 6 Beine für Sie aus" (AGIP).
„Alle reden vom Wetter, wir nicht" (Bundesbahn).

Mythos
(griech.: Wort, Aussage, Kunde)

Mythos wird heute in zwei Bedeutungen verwandt:

1. Mythen sind aus den Urzeiten der jeweiligen Kultur überlieferte (heilige) Geschichten, in denen die Ursprünge der Welt, der Menschen, der Geschlechter, der Götter, des Bösen, der Krankheiten, des Todes usw. dargestellt werden, wobei überzeitliche Wahrheiten ausgesagt werden.
   Mythos wurde schon früh in Gegensatz zu „Logos" (ebenfalls: Wort, Inbegriff wissenschaftlichen Diskurses) gebracht. Daraus leitet sich auch die zweite Bedeutung ab:
2. Mythos ist eine objektiv und rational nicht beweisbare Behauptung; das Illusionäre, Trügerische, Täuschende, Unglaubwürdige; eine im Gewand der Wahrheit auftretende Lüge. Der Schein des Gültigen, Selbstverständlichen, Großartigen umgibt „vergötterte" Personen, Ereignisse oder Dinge (s. z. B. den „Mythos Greta Garbo" oder den „Mythos Mercedes").

In der UK-Diskussion wird die 2. Bedeutung unterstellt, wenn aus den erzählten Geschichten und den gültigen Verfahren auf zugrundeliegende Organisations- und Führungsmythen geschlossen wird.

Beispiel: s. S. 101ff.

Parabel
(griech.: „daneben geworfen", „nebeneinanderseiend").

Gleichnis; in pädagogischer Absicht wird eine abstrakte Aussage oder Verhaltensregel in die Schilderung einer konkreten Handlung „übersetzt".

Die „Moral von der Geschicht'" ist trotz Verkleidung unmittelbar erkennbar oder wird als Resümee ausdrücklich formuliert.

Beispiel: s. S. 78, 91.

Ritus, Ritual
(lat.: Brauch, Übung)

Überlieferte, feierlich inszenierte (kultische) Handlung, die einem festgelegten Ablauf folgt, nicht der Produktion verwertbarer Güter oder Leistungen dient, sondern symbolischen Charakter hat.

Slang
(engl.: *s*ling *lang*uage)

Saloppe Umgangssprache, die durch verfremdende Wortneuschöpfungen und ungewöhnliche Verwendung gebräuchlicher Wörter gekennzeichnet ist und die soziale oder regionale Herkunft des Sprechers charakterisiert (Sprache einer Subkultur). Mitteilungen sind zum Teil nur für Eingeweihte verständlich.

Beispiel: für kündigen (z.B. feuern, rausschmeißen, vor die Tür setzen).

Slogan
(gälisch.: Schlachtruf)

Kennwort, Schlagwort, kurzer Leitspruch mit identifizierender oder motivierender Absicht (s. a. Motto und Maxime).

Beispiel: „Think“ (IBM).

Symbol
(griech.: Zusammen-fügung)

Ursprünglich ein in zwei Teile zerbrochener und an verschiedene Personen ausgehändigter Gegenstand (Ring, kleines Bild, Siegelabdruck etc.), der zusammengefügt werden mußte, um als Erkennungszeichen oder Identitätsmarke akzeptiert zu werden.

Heute: Sinn-Bild, „Vereinigung des Sichtbaren mit dem Unsichtbaren“, Darstellungen oder Gegenstände, die auf einen Sinngehalt verweisen.

Charakteristisch für Symbole sind der unmittelbare, meist nicht erklärungsbedürftige Bezug zwischen Zeichen und Bezeichnetem und die Bedeutungsvielfalt, die sich nie eindeutig bestimmen und begrenzen läßt.

Beispiel: Kreis, Kreuz, Drache, Auge, Taube, Sphinx, Rose ... Manchmal werden in Firmen → Logos Symbole verwandt (Kreuz, Hand, nach rechts oben gerichteter Pfeil, Stern, vereinigte Ringe, Blitz ...).

Tabu
(polynesisch: das „stark Gezeichnete“, Ungewöhnliche)

Meint gleichzeitig das Heilige *und* das Verfluchte, also dasjenige, was von normalen Sterblichen unbedingt gemieden werden muß, wenn sie nicht in den Sog einer unheimlichen tödlichen Kraft (Mana) kommen wollen.

Es gibt tabuisierte Orte, Personen, Speisen, Handlungen, Gegenstände usw.

Beispiel: s. S. 176ff.

Totem
(indian.: „ototeman", „totema")

Ein Totem ist „In der Regel ein Tier ... seltener eine Pflanze oder eine Naturkraft (Regen, Wasser), welches in einem besonderen Verhältnis zu der ganzen Sippe steht. Der Totem ist erstens der Stammvater der Sippe, dann aber auch ihr Schutzgeist und Helfer ..." (Freud, 1984, S. 296).

Das Totemtier darf nicht getötet oder gegessen werden, es ist heilig. Wer dasselbe Totem hat, gehört derselben Gruppe an.

In Organisationen werden bestimmte Produkte (Autos, Computer, Arzneimittel ...) oder Gebäude („Stammhaus"!) wie Totems verehrt, die nicht angetastet werden dürfen, weil sie Geschichte und Zukunft verbürgen. In Eingangshallen finden sich Plaketten, Plastiken oder Produkte, die in Analogie zu Totempfählen die „Abstammungsgeschichte" nacherleben lassen.

Unternehmenskultur

Die Gesamtheit sowohl der manifesten soziokulturellen Gestaltungen (Sprache, Handlungsmuster, materielle Produkte) wie auch der diesen Manifestationen zugrundeliegenden oder zugeschriebenen Begründungen (Werte, Normen, Regeln, Wirklichkeitsauffassungen ...).

Kurz: Soziale Tat-Sachen und ihr Code.

Voodoo
(kreol.)

In der Karibik (vor allem Haiti) und Südamerika verbreiteter religiöser Geheimkult. In einem System von Riten, die auf Zauberei, Hexerei und Fetischismus beruhen und Zustände von Trance, Ekstase oder Besessenheit nutzen oder herstellen, werden Verbindungen zu Totengöttern, Verstorbenen oder lebenden Toten (Zombies) hergestellt.

Es wird berichtet, daß Eingeborene, die durch einen Voodoo-Zauber verhext wurden, ohne sichtbare Verletzung, Infektion usw. eine Art psychosomatischen Tod starben.

Witz
(althochdeutsch „wizzi" = Wissen, Weisheit, Verstand)

Später im Sinn von „esprit" geistreiche Schlagfertigkeit. Witze sind vorgefertigte Kurz-Geschichten mit einer plötzlichen Wende (Pointe); durch dieses Überraschungsmoment wird ein neuer Sinn einer Sachlage enthüllt. Witze haben meist eine verdeckt aggressive Komponente: sie machen sich lustig über und auf Kosten von jemand.

Literaturverzeichnis

Adorno, T. W.; Frenkel-Brunswik, E.; Levinson, D. J.; Sanford, R. N. (1950): The authoritarian personality. New York (Harper & Row)

Allaire, Y.; Firsirotu, M. E. (1984): Theories of organizational culture. Organization Studies 5 (No. 3), 193–226

Allen, R. F. (1985): Four phases for bringing about cultural change. In: Kilmann, R. H.; Saxton, M. J.; Serpa, R. and Associates: Gaining control of the corporate culture (332–350), San Francisco (Jossey-Bass)

Audi AG (1979): Führungsgrundsätze

Bäumler, E. (o.J.): Rolf Sammet. Eine biografische Skizze. (ohne Ort, ohne Verlag)

Bales, R. (1950): Interaction process analysis. Chicago (University of Chicago Press)

Bammé, A.; Holling, E.; Lempert, W. (1983): Berufliche Sozialisation. München (Max Hueber)

Barnard, Ch. I. (1970): Die Führung großer Organisationen. Essen (Girardet)

Bastian, H. (1979): Speck und dicke Bohnen. In: Droege, H. u.a. (Hrsg.): Vertrauensleute berichten. (123–137). Frankfurt/M. (Fischer)

Baumgarten, F. (1956): Berufs- und sozialpsychologische Untersuchungen an Arbeitern. Zürich (Rascher)

Berger, P.; Luckmann, Th. (1969): Die gesellschaftliche Konstruktion der Wirklichkeit. Eine Theorie der Wissenssoziologie. Frankfurt/M. (Fischer)

Berne, E. (1970): Spiele der Erwachsenen. Reinbek (Rowohlt)

Bierce, A. (1986): Wörterbuch des Teufels. Zürich (Haffmans)

Bion, W. R. (1971): Erfahrungen in Gruppen. Stuttgart (Klett)

Bleicher, K. (1984): Auf dem Wege zu einer Kulturpolitik der Unternehmung. Zeitschrift Führung und Organisation 54, 494–500

Bloch, A. (1985): Murphy's law complete. All the reasons why everything goes wrong. London (Methuen)

Bloch, A. (1986a): Der Grund, warum alles schiefgeht, was schiefgehen kann! Murphy's Gesetz. München (Goldmann)

Bloch, A. (1986b): Noch mehr Gründe, warum alles schiefgeht, was schiefgehen kann! Murphy's Gesetz, Bd. II. München (Goldmann)
Bloch, A. (1986c): Schiefe Gründe, warum alles besser geht, wenn es schiefgeht! Murphy's Gesetz, Bd. III. München (Goldmann)
Boas, F. (1948): Race, language and culture. New York (McMillan)
Boland, R. J.; Hoffman, R. (1983): Humor in a machine shop: An interpretation of symbolic action. In: Pondy, L. R.; Frost, P. J.; Morgan, G.; Dandridge, T. C. (eds.): Organizational Symbolism (187–198). Greenwich, Conn. (JAI Press)
Bosetzky, H.; Heinrich, P. (1985): Mensch und Organisation (3. Auflage). Köln (Deutscher Gemeindeverlag, Verlag Kohlhammer)
Bradney, P. (1957): The joking relationship in industry. Human Relations 10, 179–187
Breitenstein, R. (1977): Der Chef ist halb so wichtig. Reinbek (Rowohlt)
Bundesministerium des Innern (1978): Richtlinien für die Zusammenarbeit und den Personaleinsatz im Bundesministerium des Innern
Burrell, G.; Morgan, G. (1979): Sociological paradigms and organizational analysis. London (Heinemann)
Chapman, A. H. (1972): Regeln gegen Mitmenschen. Reinbek (Rowohlt)
Churchman, Ch. W. (1973): Philosophie des Managements. Ethik von Gesamtsystemen und gesellschaftlicher Planung. Freiburg (Rombach)
Cleverley, G. (1973): Managers and magic. Harmondsworth (Penguin)
Comelli, G. (1985): Training als Beitrag zur Organisationsentwicklung. München (Hanser)
Conrad, P.; Sydow, J. (1984): Organisationsklima. Berlin, New York (de Gruyter)
Cray, E. (1978): Levi's. Boston (Houghton-Mifflin)
Daft, R. L. (1983): Symbols in Organizations: A dual-content framework of analysis. In: Pondy, L. R.; Frost, P. J.; Morgan, C.; Dandridge, T. C. (eds.): Organizational Symbolism (199–206). Greenwich, London (JAI Press)
Dahms, K. (1963): Über die Führung. München (Reinhardt)
Daimler-Benz Aktiengesellschaft (o. J.): Arbeitsordnung der Daimler-Benz Aktiengesellschaft. Stuttgart-Untertürkheim
Deal, T. E.; Kennedy, A. (1982): Corporate Cultures: The rise and rituals of corporate life. Reading, Mass. (Addison-Wesley)
Deal, T. E.; Kennedy, A. A. (1983): Culture: A new look through old lenses. The Journal of Applied Behavioral Science 19 (No. 4), 498–505
De Board, R. (1978): The Psychoanalysis of Organisations. London (Tavistock)

DeLorean, J. E. (1980): Die Autokäufer zahlen drauf. Der Spiegel (Nr. 23), 168–182
Der Spiegel (1985 a): Das Riesen-Monopoly der Deutschen Bank. Der Spiegel (Nr. 7), 40–66
Der Spiegel (1985 b): Der Stern strahlt noch in 100 Jahren. Der Spiegel (Nr. 37), 36–37
Derschka, P. (1980): Verkäufer auf Trab bringen. Manager Magazin 10 (Nr. 5), 140–146
Dierkes, M.; Hoff, A. (1982): Das Humanvermögen in der Sozialbilanz des Unternehmens. In: Schmidt, H. (Hrsg.): Humanvermögensrechnung. (679–720). Berlin (DeGruyter)
Dithmar, R. (Hrsg.) (1970): Fabeln, Parabeln und Gleichnisse. München (dtv)
Dorroch, H. (1974): Wer die Gewalt sät. Reportagen und Protokolle. Frankfurt (Fischer)
Dufter, H. (1986): Materielle Gestaltungselemente der Unternehmenskultur – eine empirische Untersuchung. Unveröffentlichte Diplomarbeit an der Universität Augsburg
Dyer, G. W.(1985): The cycle of cultural evolution in organizations. In: Kilmann, R. H.; Saxton, M. J.; Serpa, R. & Associates: Gaining control of the corporate culture. (200–229). San Francisco (Jossey-Bass)
Ebers, M. (1985): Organisationskultur: Ein neues Forschungsprogramm? Wiesbaden (Gabler)
Fayol, H. (1929): Allgemeine und industrielle Verwaltung. München, Berlin
Ferreira, A. J. (1963): Family myth and homeostasis. Archives of General Psychiatry 9, 55–61
Frazer, J. G. (1928): Der goldene Zweig. Das Geheimnis von Glauben und Sitten der Völker. Leipzig (Hirschfeld)
Freise, E. B. (1979): Das verkannte Medium. Manager Magazin 9 (Nr. 6), 134–141
Freud, S. (1971; zuerst 1921): Massenpsychologie und Ich-Analyse. Frankfurt/M. (Fischer)
Freud, S. (1984; zuerst 1913): Totem und Tabu. Einige Übereinstimmungen im Seelenleben der Wilden und der Neurotiker. Frankfurt/M. (Fischer)
Geertz, C. (1973): The interpretation of cultures. New York (Basic Books)
Geneen, H.; Moscow, A. (1985): Manager müssen managen. Landsberg (moderne industrie)

Gerken, G. (1985): Der Einzug der Spiritualität in das Business. Management Wissen (Nr. 2), 27–23

Gimpl, M. L.; Dakin, St. R. (1984): Management and Magic. California Management Review XXVII (Nr. 1, Fall), 125–136

Goodenough, W. H. (1971): Culture, language, and society. Reading, Mass. (Addison-Wessley)

Gottschall, D. (1979): Impulse aus der Tiefe. Psychostrukturen im Unternehmen. Manager Magazin 9 (Nr. 3), 110–119

Gottschall, D. (1986): Führungsgrundsätze: In den Wind geschrieben. Management Wissen (Nr. 9), 14–28

Greiner, L. E. (1972): Evolution and revolution as organizations grow. Harvard Business Review (July/Aug.), 37–46

Handy, C. (1978): The gods of management. London (Penguin)

Harris, M. (1969): The rise of anthropological theory. A history of theories of culture. London (Routledge & Kegan)

Harris, M. (1979): Cultural materialism. The struggle for a science of culture. New York (Random House)

Harrison, R. (1972): Understanding your organization's character. Harvard Business Review (May/June) 119–128

Heinen, E. (1985): Entscheidungsorientierte Betriebswirtschaftslehre und Unternehmenskultur. Zeitschrift für Betriebswirtschaft 55, 980–991

Hensler, H. (1979): Da wankte der Chemiegigant. In: Droege, H. u. a. (Hrsg.): Vertrauensleute berichten. (21–55). Frankfurt/M. (Fischer)

Henss, K.; Mikos, L. (1983): Personalinformationssysteme: Der große Bruder im Betrieb. Berlin (Die Arbeitswelt)

Hoffmann, K. (1986): Es bleibt in der Familie. Manager Magazin 16 (Nr. 6), 40–50

Hoffmann, R.-W. (1981): Arbeitskampf im Arbeitsalltag. Formen, Perspektiven und gewerkschaftspolitische Probleme des verdeckten industriellen Konflikts. Frankfurt/M. (Campus)

Hofstede, G. (1980): Culture's consequences. International differences in work related values. Beverly Hills (Sage)

Horkheimer, M.; Adorno, T. (1972): Dialektik der Aufklärung. Frankfurt/M. (Fischer)

Huck, H. H.; Sourisseaux, A. (1986): Unternehmenskultur. Blick durch die Wirtschaft 29 (Nr. 163), 1

Jaques, E. (1955): Social systems as a defence against persecutory and depressive anxiety. In: Klein, M.; Heimann, P.; Money-Kyrle, R. (eds.): New directions in Psychoanalysis. (478–498). London (Tavistock)

Jugendwerk der Deutschen Shell (Hrsg.) (1981): Jugend '81. Lebensentwürfe, Alltagskulturen, Zukunftsbilder. Bd. 1. Hamburg (Jugendwerk der Deutschen Shell)

Kardiner, A. (1939) (ed.): The individual and his society. New York (Columbia University Press)

Kaufmann, W. (1986): Sind Statussymbole noch zeitgemäß? Personal 38 (Heft 5), 204–206

Keesing, R. M. (1974): Theories of culture. Annual Review of Anthropology 3, 73–97

Kernberg, O. F. (1979): Regression in organizational leadership. Psychiatry 42, 29–39

Kets de Vries, M. (1980): Organizational paradoxes: Clinical approaches to management. London (Tavistock)

Kets de Vries, M.; Miller D. (1984): The neurotic organization. San Francisco u. a. (Jossey-Bass)

Kieser, A.; Kubicek, H. (1983): Organisation. Berlin, New York (de Gruyter)

Kilmann, R. H.; Saxton, M. J. (1983): The Kilmann-Saxton culture-gap survey. Pittsburgh, Penn. (Organizational Design Consultants)

Kirsch, W.; Esser, W.-M.; Gabele, E. (1979): Das Management des geplanten Wandels von Organisationen. Stuttgart (Poeschel)

Kleinfield, S. (1981): The biggest company on earth: A profile of AT&T. New York (Holt, Rinehart and Winston)

Kompa, A. (1984): Personalbeschaffung und Personalauswahl. Stuttgart (Enke)

Kroeber, A. L.; Kluckhohn, C. (1952): Culture. A critical review of concepts and definitions. New York (Random House and Knopf)

Kubicek, H. (1984): Führungsgrundsätze als Organisationsmythen und die Notwendigkeit von Entmythologisierungsversuchen. Zeitschrift für Betriebswirtschaft 54, 4–29

Kume, T. (1985): Managerial attitudes toward decision-making: North America and Japan. In: Gudykunst, W. B.; Stewart, L. P.; Ting-Toomey, L. S. (eds.): Communication, Culture, and organizational processes. (231–251), Beverly Hills (Sage)

Lasch, Ch. (1980): Das Zeitalter des Narzißmus. München (Steinhausen)

Lewin, K. (1963): Feldtheorie in den Sozialwissenschaften. Bern (Huber)

Lipp, W. (1979): Kulturtypen, kulturelle Symbole, Handlungswelt. Zur Plurivalenz der Kultur. Kölner Zeitschrift für Soziologie und Sozialpsychologie 31, 450–484

Lotz, K. (1978): Lebenserfahrungen: Worüber man in Wirtschaft und Politik auch sprechen sollte. Düsseldorf (Econ)

Lundberg, C. C. (1985): On the feasibilitiy of cultural intervention in organizations. In: Frost, P. J.; Moore, L. F.; Louis, M. R.; Lundberg, C. G.; Martin, J. (eds.): Organizational culture. (169–186). Beverly Hills (Sage)

Maccoby, M. (1977): Die neuen Chefs. Reinbek (Rowohlt). Originalausgabe: The Gamesman. The New Corporate Leaders. New York (Simon & Schuster) (1976)

Malinowski, B. (1931): Culture. In: Encyclopedia of the Social Sciences. (621–646). New York (McMillan)

Maremont, M.; Welch, R.; Wilke, J.; Pollock, M. (1986): Why AT & T isn't clicking. Business Week (May 19), 78–82

Martin, J. (1982): Stories and scripts in organizational settings. In: Hastorf, A. H.; Isen, A. M. (eds.): Cognitive Social Psychology. (255–305). New York (Elsevier North Holland)

Martin, J.; Feldman, M. S.; Hatch, M. J.; Sitkin, S. B. (1983): The uniqueness paradox in organizational stories. Administrative Science Quarterly 28, 438–453

Mathewson, St. B. (1969, zuerst 1931): Restriction of output among unorganized workers. Carbondale and Edwardsville (Southern Illinois Univ. Press)

McKelvey, B.; Aldrich, H. (1983): Populations, natural selection, and applied organizational science. Administrative Science Quarterly 28, 101–128

Mentzos, St. (1976): Interpersonale und institutionalisierte Abwehr. Frankfurt/M. (Suhrkamp)

Menzies, I. E. P. (1974): Die Angstabwehr-Funktion sozialer Systeme – ein Fallbericht. Gruppendynamik 5, 183–216

Meyer, J. W.; Scott, W. R. (1983): Organizational environments. Ritual and rationality. Beverly Hills (Sage)

Mintzberg, H. (1984): Power and organization life cycles. Academy of Management Review 9 (No. 2), 207–224

Morgan, G. (ed.) (1983): Beyond method. Strategies for social research. Beverly Hills (Sage)

Neuberger, O. (1983): Führen als widersprüchliches Handeln. Psychologie und Praxis. Zeitschrift für Arbeits- und Organisationspsychologie 27, 22–32

Neuberger, O. (1985): Führung. Ideologie, Struktur, Verhalten. 2. Auflage. Stuttgart (Enke)

Neuberger, O. (im Druck): Spiele in Organisationen, Organisationen als Spiele. In: Ortmann, G.; Küppers, W. (Hrsg.): Mikropolitik in Organisationen (im Druck)

Ortmann, G. (1984): Der zwingende Blick. Frankfurt/M. (Campus)
O'Toole, J. (1985): Vanguard management. New York (Doubleday)
Ouchi, W. G. (1981): Theory Z. Reading, Mass. (Addison-Wesley)
o. V. (1976): Orden und Ehrenzeichen in der Firma. Capital (Heft 3), 84–85
o. V. (1983): Nestlé: Führungsgrundsätze einmal anders. Personal 35 (Heft 2), 81
o. V. (1985 a): Abschied vom Dolce Vita. Wirtschaftswoche 39, (Heft 32), 30–32
o. V. (1985 b): Daimler Benz. Griff nach den Sternen. Industriemagazin (Juni), 17–37.
o. V. (1986 a): Die 13 Gebote von BMW. Wirtschaftswoche 40 (Nr. 1/2), 40
o. V. (1986 b): Norsk Data. Aufbruch aus dem Fjord. Wirtschaftswoche 40 (Nr. 6), 48–54
Page, M. (1972): Managen wie die Wilden. Düsseldorf, Wien (Econ)
Pascale R. T. (1985): The paradox of „corporate culture“: Reconciling ourselves to socialization. California Management Review XXVII (No. 2, Winter), 26–41
Pascale, R. T.; Athos, A. G. (1982): The art of Japanese management. Applications for American executives. New York (Warner)
Paturi, F. R. (1977): Der Rolltreppeneffekt. Reinbek (Rowohlt)
Peter, L. (1985): Schlimmer gehts immer. Tübingen (Wunderlich)
Peter, L.; Hull, R. (1970): Das Peter-Prinzip: oder Die Hierarchie der Unfähigen. Reinbek (Rowohlt)
Peters, Th. J. (1983): Unterschätzt: Hervorragende Unternehmen. Eine Nachlese. gdi impuls 4, 27–38
Peters, T. J.; Waterman, R. H. (1982): In search of excellence. New York (Harper & Row) (dt.: Auf der Suche nach Spitzenleistungen. Landsberg, Moderne Industrie, 1983)
Pettigrew, A. M. (1979): On studying organizational cultures. Administrative Science Quarterly 24, 570–581
Pfeffer, J. (1981): Management as symbolic action: The creation and maintenance of organizational paradigms. In: Staw, B. M.; Cummings, L. L. (eds.): Research in organizational behavior 3. (1–52). London (JAI Press)
Pinchot, G. III (1985): Intrapreneurship: Why you don't have to leave the corporation to become an entrepreneur. New York (Harper & Row)
Radcliffe-Brown, A. R. (1952): Structure and function in primitive society. Glencoe, Ill. (Free Press)

Raithel, H. (1985): Kultur der Hosenträger. Manager Magazin 15 (Nr. 10), 271–278

Rappaport, R. A. (1984): Pigs for the ancestors. Ritual in the ecology of a New Guinea people. A new, enlarged edition. New Haven (Yale University Press)

Ratzel, F. (1882): Anthropo-Geographie oder Grundzüge der Anwendung der Erdkunde auf die Geschichte. Stuttgart (J. Engelhorn)

Reichertz, J. (1986): Probleme qualitativer Sozialforschung. Die Entwicklungsgeschichte der Objektiven Hermeneutik. Frankfurt/M. (Campus)

Redl, F. (1976): Gruppenemotion und Führerschaft. In: Ammon, G. (Hrsg.): Analytische Gruppendynamik (114–130). Hamburg (Hoffmann & Campe)

Richter, H.-E. (1969): Eltern, Kind, Neurose. Reinbek (Rowohlt)

Riehl, W. H. (1883): Die deutsche Arbeit. Stuttgart, Berlin (Cotta)

Rohrlich, J. (1984): Arbeit und Liebe. Frankfurt/M. (Fischer)

v. Rosenstiel, L.; Falkenberg, T.; Hehn, W.; Henschel, E.; Warns, I. (1983): Betriebsklima heute. München (Bayerisches Staatsministerium für Arbeit und Sozialordnung)

Roy, D. (1960): "Banana time". Job satisfaction and informal interaction. Human Organization 18, 158–168

Sackmann, S. (1983): Organisationskultur: Die unsichtbare Einflußgröße. Gruppendynamik 14, 393–406

Sathe, V. (1985): How to decipher and change corporate culture. In: Kilmann, R. H.; Saxton, M. J.; Serpa, R. and Associates: Gaining control of the corporate culture. (230–261). San Francisco (Jossey-Bass)

Schein, E. H. (1984): Coming to a New Awareness of Organizational Culture. Sloan Management Review (Winter), 3–16

Schein, E. H. (1985): Organizational culture and leadership: A dynamic view. San Francisco (Jossey-Bass)

Schindler, R. (1957): Grundprinzipien der Psychodynamik in der Gruppe. Psyche 14, 308–314

Schneider, P. (1970): Die Frauen bei Bosch. Kursbuch 21, 83–109

Schreyögg, G. (1984): Mythen und Magie in der Unternehmensführung. Management Forum 4, 167–179

Schumpeter, J. A. (1950): Kapitalismus, Sozialismus und Demokratie. München (Francke)

Schwerdtfeger, S. (1973): Ein Arbeitstag. In: Werkkreis der Literatur der Arbeitswelt (Hrsg.): Stories für uns. (34–38). Frankfurt/M. (Fischer)

Sennett, R. (1985): Autorität. Frankfurt/M. (Fischer)

Smircich, L. (1983): Organizations as shared meanings. In: Pondy, L. R.; Frost, P. J.; Morgan, G.; Dandridge, T. C. (eds.): Organizational symbolism. (55–65). Greenwich, Conn. (JAI-Press)
Sölter, A. (1973): Nun kooperiert mal schön. Eine Kooperationsfibel in Lernzitaten mit Humorzutaten. Frankfurt (Rationalisierungskuratorium der Deutschen Wirtschaft)
Sölter, A. (1977): Kartelliaden. 20 Jahre deutsches Wettbewerbsgesetz. Rück-, Durch- und Ausblick. München (Moderne Industrie)
Sölter, A. (1984): Top-Tips. Erfolgsrezepte führender Manager. Königstein (Audiowissen)
Solman, P.; Friedman, Th. (1983): Gewinner–Verlierer–Überlebende. Erfahrungsberichte über Aufstieg und Fall von Unternehmen. Landsberg (Moderne Industrie)
Steward, J. (1955): The theory of culture change. Urbana (University of Illinois)
Stierlin, H. (1973): Group fantasies and family myths – Some theoretical and practical aspects. Family Process 12, 111–125
Straube, G. (1979): Hitze macht frei. In: Droege, H. u.a. (Hrsg.): Vertrauensleute berichten. (151–157). Frankfurt/M. (Fischer)
Szasz, T. (1972): Geisteskrankheit – ein moderner Mythos? Grundzüge einer Theorie des persönlichen Verhaltens. Olten (Walter)
Treiber, H. (1973): Wie man Soldaten macht. Sozialisation in „kasernierter“ Vergesellschaftung. Düsseldorf (Bertelsmann Universitätsverlag)
Trice, H. M.; Beyer, J. M. (1984): Studying organizational cultures through rites and ceremonials. Academy of Management Review 9, 633–669
Türk, K. (1981): Personalführung und soziale Kontrolle. Stuttgart (Enke)
Tunstall, W. B. (1983): Cultural transition at AT & T. Sloan Management Review (Fall), 15–26
Tunstall, W. B. (1985 a): Breakup of the Bell system: A case study in cultural transformation. In: Kilmann, H. R.; Saxton, M. J.; Serpa, R. and Associates: Gaining control of the corporate culture. (44–65). San Francisco (Jossey-Bass)
Tunstall, W. B. (1985 b): Disconneting parties – Managing the Bell system – An inside view. New York (McGraw-Hill)
Tylor, E. B. (1871): Primitive culture. London (J. Murray)
Uttal, B. (1983): The corporate culture vultures. Fortune (17. Oct.) 66–72
Van Gennep, A. (1960): The rites of passage. Chicago (University Press)
Wacker Chemitronic GmbH (1979): Leitlinien für Zusammenarbeit und Führung der Wacker-Chemie

Wallraff, G. (1980): Industriereportagen. Reinbek (Rowohlt)
Wallraff, G. (1985): Enthüllungen. Frankfurt (Zweitausendeins)
Waterman, R. H. (1985): Innovation und Imitation. Interview in der Wirtschaftswoche 39 (Nr. 44), 58–62
Watson, Th. J. Jr. (1963): A business and its beliefs: The ideas that helped build IBM. New York (McGraw-Hill)
Weber, M. (1972): Wirtschaft und Gesellschaft. Grundriß der verstehenden Soziologie. Fünfte, revidierte Auflage, besorgt von Johannes Winckelmann. Studienausgabe. Tübingen (Mohr, Siebeck)
Weick, K. (1985): Der Prozeß des Organisierens. Frankfurt/M. (Suhrkamp)
Werkkreis Literatur der Arbeitswelt (Hrsg.) (1979): Vertrauensleute berichten. Frankfurt/M. (Fischer)
Werlen, I. (1984): Ritual und Sprache. Tübingen (Narr)
Westerlund, G.; Sjöstrand, S.-E. (1981): Organisationsmythen. Stuttgart (Klett-Cotta)
Willi, J. (1975): Die Zweierbeziehung. Reinbek (Rowohlt)
Wilkins, A. L.; Ouchi, W. G. (1983): Efficient cultures: Exploring the relationship between culture and organizational performance. Administrative Science Quarterly 28, 468–481
Wilkins, A. L.; Patterson, K. J. (1985): You can't get there from here: What will make culture-change projects fail. In: Kilmann, R. H.; Saxton, M. J.; Serpa, R. and Associates: Gaining control of the corporate culture. (262–291). San Francisco (Jossey-Bass)
Wilson, R. A. (1986): Timothy Learys 8 Stufen des Bewußtseins. Psychologie Heute 13 (Nr. 1), 60–67
Zehnder, E. P. S. (1985): Kulturmanager. Blick durch die Wirtschaft (10.7.1985), 1
Zürn, P. (1985): Vom Geist und Stil des Hauses. Unternehmenskultur in Deutschland. Landsberg (Moderne Industrie)

Anmerkungen

1. Kapitel

1 Spiegel 1985b, S. 50
2 Peters und Waterman 1983, S. 22
3 Pascale und Athos, zit. aus: Kubicek 1984
4 o.V. 1985b, S. 37
5 o.V. 1985b, S. 19
6 Pinchot 1985
7 Pinchot 1985

2. Kapitel

1 Sathe 1985
2 Hofstede 1980, S. 13
3 Kroeber und Kluckhohn 1952
4 Keesing 1974, S. 77
5 Dyer 1985, S. 204
6 Deal und Kennedy 1983, S. 503
7 Heinen 1985, S. 987
8 Pettigrew 1979, S. 572
9 Schein 1984, S. 3
10 Sackmann 1983, S. 397
11 Burrell und Morgan 1979; Morgan 1983
12 Harris 1969
13 Keesing 1974
14 Allaire und Firsirotu 1984; Ebers 1986
15 Malinowski 1931
16 Radcliffe-Brown 1952
17 Harris 1979
18 Mintzberg 1984
19 Steward 1955
20 Kieser und Kubicek 1983
21 McKelvey und Aldrich 1983
22 Ratzel 1882
23 Boas 1948
24 Kume 1985
25 Kardiner 1939
26 Bammé u.a. 1983; s.a. Treiber 1973
27 Goodenough 1971
28 Rappaport 1984
29 Meyer und Scott 1983

3. Kapitel

1 v. Rosenstiel u.a. 1983; Fragebogenausschnitt aus: Comelli 1985, S. 322; s.a. Conrad und Sydow 1984
2 Hofstede 1980
3 Kilmann und Saxton 1985
4 Reichertz 1986
5 Cray 1978, zit. in Dyer 1985, S. 204

4. Kapitel

1 Bäumler o.J., S. 159
2 Peters und Waterman 1983, S. 266

3 dies., S. 16f.
4 Hoffmann 1981, S. 51
5 Mathewson 1969, S. 125f.
6 Peters 1983, S. 32
7 Wallraff 1985, S. 94f.
8 Peters und Waterman 1983, S. 152, 292
9 Wallraff 1980, S. 62
10 Kleinfield 1981, S. 307
11 Straube 1979
12 Henss u. a. 1984, zit. in: Wimmer 1985, S. 230; s. a. Ortmann 1984
13 Schein 1985, S. 82f.
14 Peters und Waterman 1983, S. 97
15 Deal und Kennedy 1982, S. 75
16 Schumpeter 1950
17 Hoffmann 1981, S. 51
18 ders. S. 54
19 zit. in: Dithmar 1970, S. 103
20 Wallraff 1985, S. 95
21 Der Spiegel 1980 (23)
22 Hoffmann 1981, S. 40, 45
23 Hensler 1979, S. 47
24 Zürn 1985
25 Lotz 1978, S. 177
26 Peters 1983, S. 32
27 Hensler 1979, S. 39
28 Hoffmann 1981, S. 66
29 ders., S. 107
30 Geneen und Moscow 1985, S. 280
31 Wallraff 1985, S. 89
32 Breitenstein 1977
33 zit. in: Martin u. a. 1983, S. 442
34 Peters und Waterman 1983, S. 183
35 Dorroch 1974
36 Deal und Kennedy 1982, S. 40f.
37 Der Spiegel 1985a, S. 50
38 Der Spiegel 1985b, S. 39, S. 50
39 Westerlund und Sjöstrand 1981
40 Leitlinien für Zusammenarbeit und Führung der Wacker-Chemie, 1979
41 Audi-Führungsgrundsätze 1979
42 Richtlinien für die Zusammenarbeit und den Personaleinsatz im Bundesministerium des Inneren 1978
43 zit. in: Personal 1983 (2), S. 81
44 zit. in: Wirtschaftswoche 1986 (1/2), S. 40
45 zit. in: Manager Magazin 1985 (10), S. 276 (Raithel)
46 zit. in: Wirtschaftswoche 1986 (6), S. 52
47 Dierkes und Hoff 1982
48 Manager Magazin 1979 (6), S. 139
49 zit. in: Deal und Kennedy 1982, S. 115
50 Peter 1985, S. 162
51 Thaddäus Troll, zit. in: Bosetzky und Heinrich 1985, S. 106
52 Peters 1983, S. 30
53 Page 1972, S. 88
54 Wallraff 1980, S. 64
55 Wallraff 1985, S. 64
56 Peters und Waterman 1983, S. 194
57 Wallraff 1985, S. 88

58 Schneider 1970, S. 96
59 Peter und Hull 1970
60 Paturi 1977, S. 73
61 Breitenstein 1977, S. 69
62 aus: Bloch 1985, s. a. Bloch 1986 a, b
63 Boland und Hoffmann 1983
64 Bosetzky und Heinrich 1985
65 Schneider 1970
66 Bastian 1979
67 Bastian 1979
68 Roy 1960
69 Bierce 1986, S. 32
70 Daft 1983, S. 203
71 Süddeutsche Zeitung, 6. 11. 1981
72 Hoffmann 1981
73 Schwerdtfeger 1973, S. 38
74 Weber 1972
75 Hoffmann 1986 (6), S. 50
75′ Werlen 1984
76 Van Gennep 1960
77 Pfeffer 1981, Trice und Beyer 1984
78 o.V. 1985 a, S. 31
79 Derschka 1980 (5), S. 146
80 ders., S. 144
80′ Kompa 1984
81 Cleverley 1973, S. 124 ff.
82 Freud 1984, S. 39
83 Wallraff 1980, S. 78 f.
83′ Neuberger (i. D.)
84 Berne 1980
85 Chapmann, S. 111
86 Dufter 1986
87 Wallraff 1985, S. 61
88 Der Spiegel 1985 b, S. 36
89 Der Spiegel 1985 a, S. 53 f.
90 Kaufmann 1986 (5)
91 Page 1972, S. 179
92 Capital 1976 (3), S. 84–85
93 a. a. O.
94 Der Spiegel 1985 a, S. 50
95 Peters und Waterman 1983, S. 303

5. Kapitel

1 Jaques 1955, S. 481
2 ders., S. 483
3 Horkheimer und Adorno 1972, S. 211 f.; s. a. Adorno u. a. 1950
4 Kets de Vries; Miller 1984
5 Kernberg 1979, S. 33
6 Rohrlich 1984, S. 177
7 ders., S. 50
8 Maccoby 1977, S. 74
9 Gottschall 1979
10 Maccoby 1977, S. 97
11 Rohrlich 1984, S. 159
12 Willi 1975, S. 60
13 ders., S. 77
14 Sennett 1985
15 Kets de Vries 1980
16 Mentzos 1976
17 Gottschall 1979, S. 117
18 Kets de Vries 1980
19 de Board
20 Neuberger 1983
21 Fayol 1929
22 Ferreira 1963; Stierlin 1973
23 Stierlin 1973, S. 123
24 Menzies 1974
25 Churchman 1973
26 Frazer 1928

6. Kapitel

1 Türk 1981
2 Pascale 1985

3 Comelli 1985
4 Tunstall 1983, 1985 a, b
5 Maremont 1986
6 Berger und Luckmann 1969, S. 23, 24
7 dies., S. 163
8 Lundberg 1985, S. 182
9 Wilkins und Patterson 1985
10 Peters und Waterman 1982, S. 144
11 Dyer 1985
12 Kirsch u. a. 1979
13 O'Toole 1985

7. Kapitel

1 Uttal 1983
2 Huck und Sourisseaux 1986
3 dies. 1986, S. 1
4 Kubicek 1984; Schreyögg 1984
5 Barnard 1970, S. 495
6 Bleicher 1984, S. 495
7 Horkheimer und Adorno 1972
8 Lipp 1979, S. 451
9 Zehnder 1985, S. 1
10 Lasch 1980
11 Gerken 1985

Namensregister

Sachregister